"十三五"职业教育规划教材

高职高专物流专业"互联网+"创新规划教材

CAIGOU SHIWU

采购实务

（第2版）

罗振华　孙金丹◎主　编

孙玺慧　王　庆◎副主编

王自勤◎主　审

北京大学出版社
PEKING UNIVERSITY PRESS

内 容 简 介

本书采用"基于工作过程"的项目教学法来编写,全面阐述了采购管理的基本理论和实践知识,共分8个项目:采购组织设计、采购计划和预算编制、供应商管理、采购业务操作、采购谈判与合同订立、招投标采购、采购控制与监管和采购绩效评估。本书还设置了采购业务综合实训,以供教学参考使用。

本书可作为高职高专物流管理、连锁经营管理和市场营销等专业的教材,也可作为经济类和管理类相关专业的教材,同时可作为相关专业及企业一线采购工作人员的参考用书。

图书在版编目(CIP)数据

采购实务/罗振华,孙金丹主编. —2版. —北京:北京大学出版社,2017.1
(高职高专物流专业"互联网+"创新规划教材)
ISBN 978-7-301-27931-1

Ⅰ. ①采… Ⅱ. ①罗…②孙… Ⅲ. ①采购管理—高等职业教育—教材 Ⅳ. ①F253.2

中国版本图书馆 CIP 数据核字(2017)第 009488 号

书　　名	采购实务(第2版)
著作责任者	罗振华　孙金丹　主编
策划编辑	蔡华兵
责任编辑	蔡华兵
数字编辑	陈颖颖
标准书号	ISBN 978-7-301-27931-1
出版发行	北京大学出版社
地　　址	北京市海淀区成府路205号　100871
网　　址	http://www.pup.cn　新浪微博:@北京大学出版社
电子信箱	pup_6@163.com
电　　话	邮购部 62752015　发行部 62750672　编辑部 62750667
印刷者	北京富生印刷厂
经销者	新华书店
	787 毫米×1092 毫米　16 开本　16.5 印张　382 千字
	2011 年 8 月第 1 版
	2017 年 1 月第 2 版　2019 年 1 月第 2 次印刷(总第 4 次印刷)
定　　价	36.00 元

未经许可,不得以任何方式复制或抄袭本书之部分或全部内容。
版权所有,侵权必究
举报电话: 010-62752024　电子信箱: fd@pup.pku.edu.cn
图书如有印装质量问题,请与出版部联系,电话: 010-62756370

前　言

　　采购是物流与供应链管理中的一个重要环节，也是制造企业、流通企业运营中的基础核心支持。现代大多企业面临市场国际化的迅速发展与激烈竞争，一般会遇到采购成本逐年递增、技术垄断、市场预测不准、计划多变、供应商管理难度加大、采购管理制度不健全等很多问题。因此，人们必须对采购管理给予足够重视并加以研究，以科学的采购管理为企业的战略发展提供动力。为了培养现代物流专业人才，给企业优化采购作业管理提供参考，我们组织编写了这本书。

关于本课程

　　采购实务是高职高专物流管理专业的专业核心课，理论性与实践性均较强，教学形式也比较综合。在采购实务课程中，学生可以通过一定的基础理论学习后，在专业教师的指导下，独立设计具体的实训项目场景，模拟采购具体项目环境进行实践操作。

【拓展资源】

　　本课程教学强调学生的参与式学习，以学生为主体。通过本课程的学习，学生能够在较短的时间内在专业技能、实践经验、工作方法、工作技巧等方面有所提高，并为进一步学习研究物流、进行物流采购岗位实操打下坚实的基础。

关于本书

　　本书第 1 版自 2011 年 8 月出版以来，印刷多次，受到许多高职院校师生的欢迎。本次修订是在多年用书、教学实践的基础上进行的，对书中发现的一些问题与差错进行了修改，并适当补充了一些新内容。

　　本书编写具有以下两个特点：

　　（1）本书结合最新的职业教育理念及教学研究成果编写，本着"理论够用，注重实践"的原则，揭示"任务驱动，项目导向"教学理念，以培养职业能力为核心，以工作实践为主线，以工作过程为导向，用任务进行驱动，建立以工作体系为框架的现代职教课程结构，融教、学、做于一体的课程体系。

　　（2）本书采用"基于工作过程"的项目教学法来编写，每个项目单元分若干任务组，每个任务组由工作任务的布置开始，带着任务去学习"相关知识"。知识的学习是为了完成任务，而任务的完成又检验了知识的应用能力。在"相关知识"中，注重知识的实用性和可操作性。每项任务都设有技能训练、案例分析，全面提高每项任务的理论水平和实践能力。

本书编写队伍

本书是校企合作、集体智慧的结晶。由浙江经济职业技术学院物流技术学院罗振华、孙金丹担任主编，由浙江经济职业技术学院物流技术学院孙玺慧、王庆担任副主编，由浙江经济职业技术学院物流技术学院院长王自勤教授主审。

本书具体编写分工为：罗振华编写知识导入、项目1、项目2、项目4，王庆老师编写项目5、项目6，浙江物产物流投资有限公司总经理孙金丹编写项目7、项目8，孙玺慧老师编写项目3、项目9。罗振华负责拟定编写大纲，并对全书进行修改和统稿。

本书在编写过程中，参阅、借鉴了一些采购与物流管理专家、学者的理论观点及研究成果，并汲取了一些从事采购工作人员的实践经验、体会及总结，在此向他们一并表示诚挚的感谢！

由于采购管理理论和实践在不断发展和变化，编者在编写中进行了一些教学方面的有益尝试，但由于水平有限，再加上时间仓促，书中难免存在一些不足之处，敬请广大专家、同行和广大读者批评指正。

编　者

2016年9月

目 录

【资源索引】

知识导入 采购和采购管理 1

项目 1 采购组织设计 10
    任务 1 采购组织设置 11
    技能训练 21
    任务 2 采购岗位职责 21
    技能训练 28

项目 2 采购计划和预算编制 29
    任务 1 采购需求调查 30
    技能训练 38
    任务 2 采购计划制订 38
    技能训练 47
    任务 3 采购预算 47
    技能训练 52

项目 3 供应商管理 53
    任务 1 供应商开发 54
    任务 2 供应商评估 56
    任务 3 供应商绩效考核与管理 59
    任务 4 供应商关系管理 63
    技能训练 69

项目 4 采购业务操作 70
    任务 1 采购业务操作流程 71
    技能训练 79
    任务 2 采购订单管理 80
    技能训练 84
    任务 3 物料跟催管理 85
    技能训练 91
    任务 4 进货验收 92
    技能训练 96
    任务 5 货款结算 96
    技能训练 100

项目 5　采购谈判与合同订立 ... 101

 任务 1　采购谈判方案的制定 ... 102
  技能训练 ... 111
 任务 2　采购谈判实施 ... 111
  技能训练 ... 123
 任务 3　采购合同订立 ... 123
  技能训练 ... 134

项目 6　招投标采购 ... 135

 任务 1　招标 ... 136
  技能训练 ... 142
 任务 2　投标 ... 142
  技能训练 ... 151
 任务 3　开标 ... 152
  技能训练 ... 156
 任务 4　评标 ... 157
  技能训练 ... 164

项目 7　采购控制与监管 ... 165

 任务 1　采购质量控制 ... 166
  技能训练 ... 174
 任务 2　采购成本控制 ... 174
  技能训练 ... 183
 任务 3　采购人员监控 ... 183
  技能训练 ... 189

项目 8　采购绩效评估 ... 190

 任务 1　采购绩效评估指标与标准 ... 191
  技能训练 ... 196
 任务 2　采购绩效评估实施 ... 197
  技能训练 ... 204

项目 9　采购业务综合实训 ... 205

 实训准备　采购业务综合实训要点简介 ... 206
 任务 1　生产资料采购业务综合实训 ... 213
 任务 2　消费资料采购业务综合实训 ... 239

参考文献 ... 258

知识导入

采购和采购管理

 **知识目标**

(1) 掌握采购和采购管理的概念。
(2) 理解采购和采购管理的异同。
(3) 了解采购类型和采购方式。
(4) 熟悉采购管理的目标。
(5) 了解采购管理的发展趋势。

 **案例导入**

从采购中挖掘利润

利润最大化是公司的目标之一，增加利润的方法之一就是增加销售额。假设某公司购进 50 万元的原材料，加工成本为 50 万元，若销售利润为 10 万元，需实现销售额为 110 万元。如果将销售利润提高到 15 万元，那么销售额就需实现 115 万元，这意味着公司必须增加销售量。还有一种方法也可以增加利润，假定加工成本不变，可以通过有效的采购管理使原材料只花费 45 万元，节余的 5 万元就直接转化为利润，从而在 110 万元销售额的基础上将利润提高到 15 万元。

从此案例可以看出：采购成本的降低将直接增加公司的利润，有利于公司在市场竞争中赢得优势。因此，知识导入部分是从采购、采购管理的基本概念入手，分析采购的作用及采购管理的目标。

相关知识

一、采购基础知识

1. 采购的概念

【拓展资源】

采购（Purchasing）是经济发展和社会化分工的产物，在社会化分工高速发展的现代社会中是一个既普遍又重要的概念，采购的概念有狭义和广义之分。

1）狭义的采购概念

狭义的采购是指以购买的方式，由买方支付对等的代价，向卖方换取产品与服务的行为过程。这种以货币换产品与服务的方式是最普遍的采购。

在狭义的采购中，货币成为交易的中介，买方应该先具备购买能力，才能够换取他人的产品与服务来满足自己的需要。

2）广义的采购概念

广义的采购是指除了以购买的方式获取产品与服务以外，还可以通过各种不同的途径，包括购买、租赁、借贷、交换等方式，取得产品与服务的使用权或所有权，以满足某种特定的需求。租赁、借贷和交换的具体说明如下：

（1）租赁。租赁指一方以支付租金的方式取得他人商品的使用权，如租房、租车、租厂房、租设备等。

（2）借贷。借贷指一方以无须支付任何代价的方式取得他人商品的使用权，使用完毕后，返还原商品，这种无偿借用他人商品的方式，通常是基于借贷双方的情谊与密切关系，特别是借方的信用。

（3）交换。交换指通过以物换物的方式取得商品的所有权与使用权，不需支付货款。即当双方交换价值时，不需要以货币的形式补偿对方，当双方价值不相等时，由交换价值低的一方以货币的形式将差额部分补贴给对方。

2. 采购的作用

1）采购的价值作用

在现代企业管理中，采购是最有价值的部分。采购成本是企业产品成本的主体和核心部分。从世界范围看，对于一个典型的企业，一般采购成本占企业产品总成本的 60%以上，在中国企业中，各种物资的采购成本要占企业产品总成本的 70%以上。例如，五金行业的原材料一般占产品成本 50%以上，最大比例占到 90%以上，酒类行业一般占到 60%左右。因此，是否能够有效控制和降低采购成本是企业利润增长的关键。

2）采购的供应作用

在商品生产和流通的整体供应链中，每个企业既是客户也是供应商。为了满足最终客户的需求，企业都力求以最低的成本将高质量的产品以最快的速度供应到市场，以获取最大利润。从整体供应链的角度看，企业为了获取尽可能多的利润，都会想方设法加快物料和信息流动，这样就必须依靠采购的力量，充分发挥供应商的作用，供应商通过提高供应可靠性及灵活性、缩短交货周期、提高送货频率等方式，可以极大地促进企业的采购工作更上一个台阶。

3．采购的类型

采购活动多种多样，可以从采购对象、采购主体和采购技术等不同角度对其进行分类。

1）按照采购对象划分，采购分为有形商品采购和无形服务采购

（1）有形商品采购可分为机器设备采购、原材料采购、零部件采购和 MRO 采购。

① 机器设备采购。机器设备属于在企业生产经营过程中长期、反复使用而基本保持原本实物形态的劳动工具。其采购则具体表现为生产和运营所需的各类设备的购买。采购特点是金额大，技术性和专业性强，往往需要采用招标、租赁、委托与调拨等采购方式灵活进行。

② 原材料采购。原材料是构成产品实体的基本部分，它在生产过程中要改变物理和化学特性，并有较大消耗。企业采购中原材料采购的比重大、频率高。同时，原材料存在不同种类，可依其功能、质地、产业类别、形态和产地做出多种划分，其品种、形式、等级和特性往往有很大差异，采购过程也比较复杂。

③ 零部件采购。在加工装配产业，零部件是最基本的生产资料。随着产业分工的日益深化，企业所使用的大多数零部件需要外购。零部件种类繁多，规格、型号复杂，技术性强，生产过程中又需频繁供应，因此，其采购具有较强的专业性。

④ MRO 采购。即 Maintenance（维护）、Repair（维修）、Operation（运行），简称 MRO，通常是指在实际的生产过程中不直接构成产品，只用于维护、维修、运行设备的物料和服务。MRO 是指非生产原料性质的工业用品。MRO 物料通常都是低值商品，品种繁多，不同行业的 MRO 物料需求差异极大，而且单项商品采购规模一般也较小，但对生产经营地正常进行意义重大。

【拓展资源】

（2）无形服务采购可分为技术采购、服务采购、工程发包。

① 技术采购。技术采购一般包括专利、商标、版权和专业技术诀窍地获取。主要特点是大多采用许可贸易的方式进行，往往是使用权而不是所有权地转让。

② 服务采购。售前服务的提供，即卖方在交易前提供的诸如产品说明、操作示范、制作规范或材料规范说明等产品信息，这些信息可增加采购人员的产品知

识，利于采购决策；售后服务的提供，即卖方提供的关于设备或产品的安装、维护、操作或使用方法的培训、运送及退换货等服务；专业服务的提供，即由律师、管理顾问、会计师、建筑师、电气技师、广告设计师和程序设计人员等所提供的特殊服务；物流和勤务服务的提供，主要涉及物流、信息、通信、餐饮、清洁、警卫等方面的服务。

③ 工程发包。工程发包包括厂房、办公楼等的建设与修缮以及配管工程、机械储槽架设工程、空调或保温工程、动力或网络的综合配线和仪表安装等。

2）按照采购主体划分，采购分为个人采购、企业采购、团体采购和政府采购

（1）个人采购。指个人或家庭通过各种市场渠道进行的旨在满足消费需要的购买行为。

（2）企业采购。指企业为满足生产经营需要进行的购买行为。

（3）团体采购。指政府以外的非营利组织所进行的各种采购活动。

（4）政府采购。指各级政府及其所属实体为了开展日常的政务活动和为公众提供社会公共产品或公共服务的需要，在财政部门的监督下，以法定的方式、方法和程序从国内外市场为政府部门及其所属公共部门购买所需货物、工程和服务的行为。

3）按照采购技术划分，采购分为传统采购和现代采购

（1）传统采购。每月末，企业各部门把下个月的采购申请计划报到采购部门，采购部门把采购申请计划汇总，形成统一的采购计划。采购部门根据采购计划，分别派人找各个供应商订货，然后策划组织运输，将所采购的物资运输回来并验收入库，存放于企业的仓库中，满足下个月的物资需要，这就是传统采购。这种采购以各个部门的采购申请计划为根据，以补充库存为目的，管理比较简单、粗糙，市场响应不灵敏，库存量大，资金积压多，库存风险大。

（2）现代采购。现代采购包括定量订货、定期订货、准时期采购和电子商务采购。

① 定量订货。指预先确定一个订货点和一个订货批量，然后随时检查库存，当库存下降到订货点时，就发出订货。订货批量的大小每次都相同，都等于规定的订货批量。

② 定期订货。指预先确定一个订货周期和最高库存水准，然后按照规定的订货周期定期检查库存，发出订货。订货批量的大小每次不一定相同，订货量的大小等于当时的实际库存量与规定的最高库存水准的差额。

③ 准时制采购。指需要方根据需要对供应商下达订货指令，供应商在指定的时间将指定商品按品种、数量要求送到指定的地点。

④ 电子商务采购。在电子商务环境下的采购模式。采购人员在网上寻找供应商和所需品种，并在网上洽谈贸易、订货，然后经过送货、进货环节支付货款，完成全部采购活动。

4．采购方式的种类

采购方式是指采购主体获取资源（商品）、工程、服务的途径、形式和方法的总称。

1）按照货物需求期限划分，采购方式主要有现货采购、远期合同采购、期货采购

（1）现货采购。现货采购是商品交换中即期实现将货币转化为商品的购买行为。

该方式适用于：企业生产和经营临时需要的物资；企业新产品开发或研制所需要的物资；设备维护、保养、修理或更新改造所需要的物资；企业生产需要的通用、标准、易损件、普通原材料及辅料，工具、夹具和低值易耗品等。

（2）远期合同采购。远期合同采购是供需双方为稳定供需关系、实现商品购销而签订远

期合同的采购方式。通过合同规定，实现商品的供应和资金的结算，并通过法律和供需双方信誉与能力来保证预定交割的实现。

该方式适用于：企业生产和经营长期需要的物资，以主料和关键件为主；科技开发与产品开发进入稳定成长期后的物资；国家战略收购、大宗农副产品收购、国防需要的物资等。

（3）期货采购。期货采购是采购者在交易所买入标准化的、受法律约束的期货合约，在未来的某时间、某地点按规定购入货物的采购方式。

该方式适用于能进行期货交易的商品。

2）按照采购权限的种类划分，采购方式可分为集中采购和分散采购

（1）集中采购。集中采购指企业在核心管理层建立专门的采购机构，统一组织实施企业所需商品的采购进货业务。

该方式适用于：大宗或批量商品，价值高或总量高的商品；关键零部件、原材料或其他战略资源，保密程度高、产权约束多的商品；易出问题或已出问题的商品；最好是定期采购的商品，以免影响决策者的正常工作。

（2）分散采购。分散采购是将企业或企业集团的采购权限分散到下属各个需求单位，需求单位根据自身生产经营需要自行组织实施的采购方式。

该方式适用于：小批量、单件、价格低，总支出在产品经营范围中所占比重小的商品；分散采购优于集中采购的商品；市场资源有保证、易于传达、支付较少物流费用的商品；分散后各基层有采购与检测这方面能力的商品。

3）按照采购主体完成采购任务的途径划分，采购方式可分为直接采购、间接采购、招标采购和网上采购

（1）直接采购。直接采购是采购主体直接向商品供应单位实施采购的方式。一般指企业从商品源头实施采购，满足生产经营的需要。

该方式适用于：需求方的采购量足够大，供应方能够接受并实现的商品；在没有制度限制及各种特权影响的情况下实施采购的商品；采购方自身有相应的采购和储运渠道、机构与设施等的商品。

（2）间接采购。间接采购是通过中间商实施采购行为的方式，也称委托采购或中介采购。

该方式适用于：当地或较近的地区有能够承担采购业务的流通企业或中介组织的商品；直接采购的费用和时间大于间接采购的费用和时间的商品。

（3）招标采购。招标采购是通过招标的方式邀请全部或一定范围的供应商参加投标，采购实体通过某种事先确定并公布的标准从所有投标者中评选出中标供应商，并与其签订合同的一种采购方式。它适用于大多数商品。

（4）网上采购。网上采购是指通过互联网来完成采购的全过程。包括网上提交采购需求、网上确认采购资金和采购方式、网上发布采购信息、接受供应商网上投标报价、网上开标定标、网上公布采购结果以及网上办理结算手续等。网上采购减少了采购需要的书面文档材料，减少了对电话传真等传统通信工具的依赖，提高了采购效率，大幅降低了采购成本，使采购范围国际化，有效地保证了采购

【拓展资源】

质量，并在一定程度上减少了采购过程中的人为干扰因素，使同行业之间的竞争为"多赢"。它适用于大多数商品。

二、采购管理概述

1. 采购管理的概念

采购管理（Purchasing Management）是指为保障整个企业物资供应而对企业采购进货活动进行管理的活动，是整个物流活动的重要组成部分。它着眼于组织内部、组织和其供应商之间构建和持续改进采购过程。

【拓展资源】

2. 采购管理与采购的关系

1）采购管理与采购的区别

采购管理是对整个企业采购活动的计划、组织、指挥、协调和控制的活动，是管理活动，是面向整个企业的活动。采购管理一般是由企业的采购部门经理或企业副总经理来承担，其职责是要保证整个企业的物资供应，其权利可以调动整个企业的资源。

采购是具体的采购业务活动，是作业活动，一般是由采购人员承担的工作，只涉及采购人员个人。其职责是完成采购经理布置的具体任务，其权利只能调动采购经理分配的有限资源。

2）采购管理与采购的联系

采购本身也有具体管理工作，它属于采购管理。采购管理本身，又可以直接管理到具体的采购业务的每一个步骤、每一个环节、每一个采购员。

3. 采购管理的目标

采购管理的总目标是为了保证企业的物资供应。为了保证物资供应的有效性，应通过实施采购管理，在确保适当质量的前提下，能够以适当的价格，在适当的时期，从适当的供应商那里采购到适当数量的物资和服务。采购管理目标可以表述为以下几个方面：

（1）适当的供应商（Right Vendor）。选择适当的供应商是采购管理的首要目标。对于采购方来讲，选择的供应商是否合适，会直接关系到采购方的利益。在采购中要从供应商整体实力、生产供应能力、信誉等方面来选择供应商，以便建立双方相互信任协作的关系，实现采购与供应的"双赢"战略。

（2）适当的质量（Right Quality）。采购商进行采购的目的，是为了满足生产需要，因而采购商品的质量必须能够满足企业生产的质量标准要求。在采购中要保证采购质量是否"适当"，一方面如果产品质量过高，会加大采购成本，同时也造成功能过剩；另一方面如果所采购原料质量太差，就不能满足企业生产对原材料品质的要求，影响到产品最终质量，甚至危及人民生命财产安全。

（3）适当的时间（Right Time）。采购管理对采购时间有严格的要求，即要选择适当的采购时间，一方面要保证供应不间断，库存合理；另一方面又不能过早采购而出现积压，占用过多仓库面积，加大库存成本。

（4）适当的数量（Right Quantity）。科学地确定采购数量是采购管理的一个重要目标，在采购过程中要确定"适当"的采购量，防止超量采购和少量采购。如果采购量过大，易出现积压现象；如果采购量过小，可能出现供应中断，采购次数增多，使采购成本增大。

（5）适当的价格（Right Price）。采购管理的重要目标就是以"适当的价格"完成采购任务。在采购过程中应保证采购价格的"公平合理"。如果采购价格过高，则会加大采购成本，产品将失去竞争力，供应商将会失去一个客户；如果采购价格过低，则供应商利润空间小，或无利可图，将会影响供应商供货积极性，甚至出现以次充好、降低产品质量以维护供应的现象，采购方也会失去一个供应商。

在现实中，以上目标可能会在采购作业环节中相互冲突，因此，采购管理的任务是要在相互冲突的目标中进行权衡，寻找平衡点，以求得企业利益最大化。

4．采购管理的内容

为了实现采购管理的目标，企业应该实施一系列管理活动，这些管理活动构成了采购管理的基本内容。采购管理的基本内容和模式如图0.1所示。

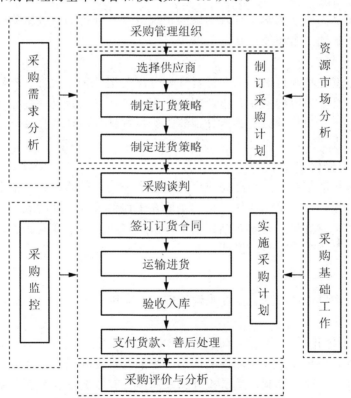

图0.1　采购管理的基本内容和模式

1）采购管理组织

采购管理组织是采购管理最基本的组成部分。为了做好采购管理工作，需要一个合理的管理机制和管理组织机构，要有一批能干的管理人员和操作人员。

2）采购需求分析

采购需求分析就是弄清企业需要采购什么品种，需要采购多少，什么时候需要什么品种、需要多少等问题。作为物资采购部门应当掌握企业的物资需求情况，制订物资需求计划，从而为制订科学合理的采购订货计划做好准备。

3）资源市场分析

资源市场分析就是根据企业所需求的物资品种，分析资源市场的情况，包括资源分布情况、供应商情况、品种质量、价格情况、交通运输情况等。资源市场分析的重点是供应商分析和品种分析，分析的目的是为制订采购订货计划做好准备。

4）制订采购计划

制订采购计划根据需求品种情况和供应商的情况，制订切实可行的采购订货计划，包括选择供应商、供应品种、具体的订货策略、运输进货策略以及具体的实施进度计划等，具体解决什么时候订货、订购什么、订购多少、向谁订、怎样订、怎样进货、怎样支付等问题。

5）采购监控

采购监控是对采购活动进行的监控活动，包括对采购的有关人员、采购成本、采购商品质量进行监控。

6）采购基础工作

采购基础工作是为建立科学、有效的采购系统，需要进行的一些基础建设工作，包括管理基础工作、软件基础工作和硬件基础工作。

7）实施采购计划

实施采购计划就是把制订好的采购订货计划分配落实到工作人员，然后工作人员根据既定的进度去实施。具体内容包括联系指定的供应商、进行采购谈判、签订订货合同、运输进货、到货验收入库、支付货款以及善后处理等。经过这样一系列的具体活动即完成了一次完整的采购活动。

8）采购评价与分析

采购评价与分析就是在一次采购完成后，对这次采购进行评估，或月末、季末、年末对一定时间内的采购活动进行总结评估，目的主要在于评估采购活动的效果、总结经验教训、找出问题、提出改进方法等。通过总结评估，可以肯定成绩、发现问题、制定措施、改进工作，这是不断提高采购管理水平的保证。

5．采购管理的发展趋势

随着采购环境和供应链管理思想在采购管理中的应用，采购管理未来表现为以下 4 种发展趋势。

1）采购管理一体化

随着供应链管理思想在采购领域中的运用，采购管理要求采购不能够只是遵循自身的原则，而是将生产计划、库存控制、质量检查和采购进行有效地整合，实现采购管理一体化。

2）采购管理集中化

采购的竞争优势是企业核心竞争力的重要内容，采购管理集中化可以集中企业的采购力，对整个供应市场产生影响，使采购处于有利地位。同时，采购的集中也有利于对供应商的管理和企业主体资源的优化，增强企业的核心竞争力，从而推动企业的发展。

3）采购管理职能化

以往许多公司的采购部门隶属于生产部门，生产部门需要什么，采购部门就买什么。近年来，越来越多的公司的采购部门从生产部门中独立出来，发挥着越来越大的作用，采购职能也从原来被动的花钱，逐步转向采购需求分析，采购计划和资金占用计划的制订，控制和形成采购供应战略，供应链资源和供应商资源管理战略。采购部门成为公司的核心竞争力的一部分，是公司连接供应商和客户的桥梁，是公司的核心业务部门。

4）采购管理专业化

传统采购组织中，由于采购组织的软弱无力和采购人员的技能缺乏，使采购的低技术性。实际上，采购人员需要了解购买的商品，了解产品的原理、性能要求，了解市场行情及价格走势，了解供应商的实力、供应商报价的合理性，实地考察供应保证能力，需要极强的谈判能力和计划能力，在保证供应的同时保证价格和质量标准。这些能力不是一蹴而就的，需要丰富的专业知识和长期的实践积累。作为专业采购人员，需要掌握至少一门符合企业实际需要的采购专业的内容，还需要了解计算机网络、广告、印刷、技术服务等多方面知识。而资深采购专家则需要项目管理、财务管理、供应链管理等专业技能。

项目 1

采购组织设计

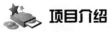 **项目介绍**

采购组织结构设计是企业采购工作中一个重要的环节,不同类型、不同规模的企业需要设计不同采购组织结构和岗位职责。

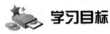 **学习目标**

知 识 目 标	能 力 目 标
掌握采购组织的组织结构设置方法和采购人员岗位职责	能够为一家中型制造企业设计采购部门组织结构,并制定各类采购岗位的职责

任务1 采购组织设置

【拓展资源】

企业为了追求经营目标对内部组织进行变革已经是司空见惯的事情。因此，近代的组织理论——权变学说备受人们关注。按照这种理论，采购机构的组织方式应视具体情况做出必要的调整以适应环境的变化。在建立一个有效的组织的过程中，最重要的莫过于了解策略、结构及授权之间的关系。因为企业的目标确立后，必须拟订策略来达成，而策略的执行必须有适当的人员编制与组织结构。任务1主要通过学习企业采购组织的几种方式，达到能根据不同企业规模、性质、特点来设计企业采购部门组织机构的目的。

工作任务

沃尔玛的全球采购组织

【拓展案例】

在沃尔玛，全球采购是指某个国家的沃尔玛店铺通过全球采购网络从其他国家的供应商进口商品，而从该国供应商进货则由该国沃尔玛公司的采购部门负责采购。例如，沃尔玛在中国的店铺从中国供应商进货，是沃尔玛中国公司的采购部门的工作，这是本地采购；沃尔玛在其他国家的店铺从中国供应商采购货品，就要通过全球采购网络进行，这就是全球采购。沃尔玛的全球采购要求在组织形式上做出与之相适应的安排。沃尔玛根据国际贸易规则的变化对全球采购业务的重大影响，以及世界制造业和全球采购的总体变化趋势，结合沃尔玛零售业务的特点，设立了以地理布局为主的全球采购组织。沃尔玛全球采购网络首先由大中华及北亚区、东南亚及印度次大陆区、美洲区、欧洲中东及非洲区4个区域组成；其次在每个区域内按照不同国家设立国别分公司，旗下再设立卫星分公司。国别分公司是具体采购操作的中坚单位，拥有工厂认证、质量检验、商品采集、运输及人事、行政管理等关系采购业务的全面功能。卫星分公司则根据商品采集量的多少来决定拥有其中哪一项或几项功能。在全球沃尔玛的采购总部，除了4个直接领导采购业务的区域副总裁外，还设有支持性和参谋性的总部职能部门。但是按地理布局的组织形式有其固有的缺陷，他们积极采取措施弥补这一缺陷。

（1）提高员工技能。沃尔玛要求员工在其所负责的工作领域成为专家。例如，负责为某个国家的沃尔玛店铺采集货品的采购人员，不仅是关于该国零售市场的专家，满足该国沃尔玛店铺的需求，而且是所负责商品类别及其全球供应商方面的专家，懂得这类商品摆到哪些国家的沃尔玛店铺里更具有竞争力。

（2）在尊重个人、服务顾客、追求卓越的企业文化的基础上，针对采购业务的特殊性增加了负责可靠、正直诚信的内容，形成全球采购文化。并利用这种文化，强化自己的员工同所服务的各国沃尔玛买家及全球供应商的合作关系。

要求

（1）沃尔玛的全球采购组织形式是如何选择的？
（2）沃尔玛是怎样完善组织结构的？

🌐 相关知识

一、分权式的采购组织

1. 组织特点

企业把与商品采购相关的职责和工作分别授予不同的部门来执行。例如，物料或商品需求计划可能由制造部门或者销售部门来拟订；采购工作则可能由采购部门或者商品部门掌管；库存责任则可能将成品归属于销售部门、在制品归属于制造部门、原料或零件归属于物料或仓储部门等。

这种分权式的组织方式，使采购部门只承担整个物料管理中的一部分功能与责任，也就是将有关物料或商品需求计划、采购以及库存的主管部门分属不同的指挥系统。例如，采购部门隶属行政部或管理部，物料或商品需求计划部门隶属制造部或销售部，仓储部门隶属资材部或厂务部。

2. 不利因素

从上面的分析我们可以看出，在分权式的商品采购组织中，由于职责过于分散的结果，所以存在一些缺点。

1）权责不清

由于整个物料管理的功能细分化，工作显得零乱复杂，所以个别部门之间的职责也变得不明确。例如，交货期的延误，原因是在于采购作业效率太差，或是前一阶段的物料需求计划不当，还是后一阶段的催货不力，经常会争议不休而互相推诿，几乎找不到负责解决问题的部门。

2）目标冲突

各个部门的立场不同，工作目标未必一致，因此难免造成本位主义，妨碍了横向的沟通与协调。例如，采购部门为了获取以量定价的利益，会选择大批进货的方式，从而造成仓储部门的库存压力大增，而物料需求计划也就沦为空谈。

3）浪费资源

各部门之间重复相同的工作项目，例如，追踪物料供需动态、与供应商交涉送货、退货、物料作业信息化等。如果没有统一指挥的单位，事务的进行就造成叠架，管理工作更加复杂，人力、设备的投资成本更高。

3. 适用条件

（1）小批量采购。

（2）采购价值较低。

（3）市场资源有保证。

（4）距离总部较远。

二、集权式的采购组织

1. 组织特点

将采购相关的职责或工作，集中授予一个部门来执行。这是为了要建立综合的物料体系，因而设立一个管理责任一元化的组织体系。这个体系称为物料管理部门或资材部，其主要工作包括生产管制（生产计划、物料管制）、采购（包括采购事务及跟踪和催货）及仓储（收发料、进出货、仓储、运送）等功能。

2．有利因素

将传统上的分权式组织，转变为集权式的物料部门，将可获得以下利益：

（1）从整体观点处理各项作业，大幅降低物料总成本。

（2）统筹供需，增强采购能力，提升存量管制绩效。

（3）指挥系统单一化，各物料部门之间的沟通与合作获得改善。

（4）物料作业系统制度化与合理化，降低了管理费用。

虽然企业的特性各有不同，但是除非从物料的投入乃至加工处理、产出成品，再到运销的整个过程能够以综合性、系统化的方式来管理，否则各项物料作业的重复与脱节也难以避免，也无法将各项相关性的工作的资料予以电脑化处理，前述的各项利益也无法实现。

3．步骤

集权式的采购组织，正越来越受到企业的欢迎，但企业在实施前应该按照下列步骤来进行：

1）改造观念

从长远的观点看，有计划地推展集权式采购组织，也就是要从根本上改造传统上各自为政的想法和习惯，建立整体管理的理念，并调节各部门之间的功能与职责。

2）生产与计划分离

突破当前一般企业的管理模式，把生产计划功能从制造部门中脱离出来。

3）调整

配合各行各业的特性，尤其是物料在整个企业所占的成本比重有着很大的不同，因此材料部内部组织可根据现实情况的需要，做出必要的调整与修正。

4）建立利润中心式的物料组织

建立利润中心式的物料组织，着重以行销为出发点来加以检讨，即依据销售预测来进行产品、物料、生产等计划；并将采购、外包、制造、加工、仓储、运输等当作一个体系来运作，从中设法降低成本。

5）计算机应用

对整个物料管理体系的作业或信息的处理，必须借助信息化以使效益扩增。

企业基于策略性目标的考虑，以及人事结构的安排，其采购组织可能是介于分权与集权之间的混合式。例如，为了达到零库存的目的，许多制造业的企业将采购部门的工作职责扩大，如包含物料需求计划及请购单的制订作业等，但是未包含实际的仓储及运送功能，所以采购部门的组织维持不变，并没有扩充为材料部。

另外，许多从事批发或零售的企业为了推行"买卖一体化"的经营策略，采购部门的工作包括产品开发、市场调查、市场规划、毛利率的控制等，采购部门俨然成为利润中心的组织形态，超越了传统上视采购部门为整体物料管理系统中的次系统的观念，而转变为独立的商品部。

4．适用条件

（1）大宗和批量采购的物品。

（2）价格较高的物品。
（3）关键的零部件。
（4）保密性强的物品。
（5）易出现问题的物品。
（6）定期采购的物品。
（7）连锁经营、特殊经营的物品。

三、采购组织在企业中的隶属关系

1. 影响因素

根据采购主管的顶头上司职务高低，可以判断采购的地位以及采购在企业机构里受重视的程度。如果采购主管有副总经理的地位，并对总经理负责，这正显示采购被认定成高级主管。一般来说，采购在企业组织里所处的管理阶层主要受到以下因素的影响。

1）采购金额

可以用物品及劳务的采购金额占企业总成本或总收入的百分比体现。此项比率越高，则采购功能越重要。

2）采购的物品及劳务的性质

采购复杂程度很高的零组件，以及广泛使用外包的工程，这种采购工作相当艰难，必然受到较大的重视。

3）获取难易

对企业机构非常重要的物品或劳务，根据市场上的供需情况，若是轻易就能取得的，就不会受到格外的关注，反之则备受瞩目。

4）对人员素质的要求

担任采购人员所应具备的条件也会影响采购的地位。若需要特殊的才能方可胜任，采购的重要性自然会随之提高。

5）采购对企业目标的影响

采购对达成企业目标的机会或威胁会影响采购的地位。例如，采购对零售业买卖的成败的影响程度，可能比对制造业或服务业来得更重要，因此，零售业有句名言："会卖不如会买。"

2. 隶属关系

采购究竟隶属哪一个主管管辖，值得思考。不过，采购的阶层必须高到下情足以上达的情况下，许多重大的管理决策才会受到应有的重视。

1）采购部门隶属于生产部

采购部门隶属于生产部副总经理，如图 1.1 所示，其主要职责是协助生产工作顺利进行。因此，采购工作的重点，将是提供足够数量的物料以满足生产上的需求，至于议价的功能则退居次要地位。图 1.1 中又显示生产管制、仓储工作等另归其他平行单位管辖，并未归入采购部门的职责中。总之，将采购隶属于生产部，比较适合"生产导向"的企业，其采购功能比较单一，而且物料价格也比较稳定。

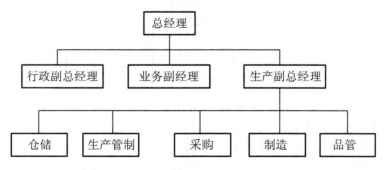

图 1.1　采购部门隶属于生产部

2）采购部门隶属于行政部

采购部门隶属于行政部副总经理，如图 1.2 所示，采购部门的主要功能是获得较佳的价格与付款方式，以达到财务上的目标。有时采购部门为了取得较好的交易条件，难免延误了生产部门用料的时机，或购入品质不尽理想的物料。不过采购部门独立于生产部门之外，相对能对使用单位产生制衡作用，发挥议价的功能。因此，当企业生产规模庞大，物料种类繁多，价格经常需要调整，采购工作必须兼顾整体企业产销利益的均衡时，采购部门隶属于行政部门就比较合适。

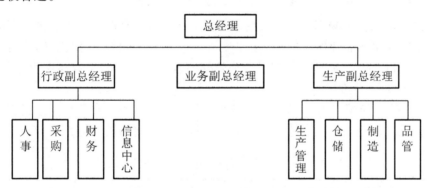

图 1.2　采购部门隶属于行政部门

3）采购部门隶属于总经理

采购部门直接隶属于总经理督导，如图 1.3 所示，提升了采购的地位与执行能力。此时，采购部门的主要功能在于发挥降低成本的效益，使得采购部门成为企业创造利润的另一种来源。这种类型的采购部门，比较适合于生产规模不大，但物料或商品在制造成本或销货成本所占的比率比较高的企业。采购部门隶属于高级管理层，使它成为直线功能而不是参谋功能。

4）采购部门隶属于资材部

采购部门对资材部或物料管理部副总经理负责，如图 1.4 所示，其主要功能在于配合生产制造与仓储单位，达成物料整体的补给作业，无法特别凸显采购的角色与职责，甚至可能降为附属地位。因此，隶属于资材部的采购部门，比较适合物料需求管制不易，需要采购部门经常与其他相关单位沟通、协调的企业。

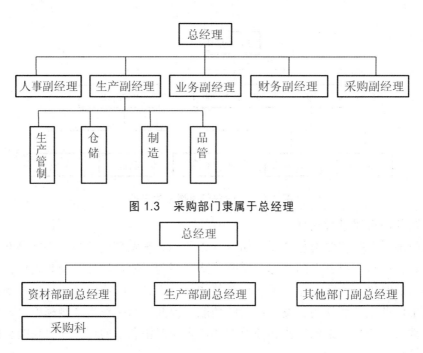

图 1.3 采购部门隶属于总经理

图 1.4 采购部门隶属于资材部

由上述内容可知,采购部门可能隶属于不同的部门或管理阶层。以管理阶层而言,根据专业人士对 350 家美国企业所做的调查报告,采购部门直接归属总经理管辖的占 34%,归属副总经理管辖的占 26%,归属执行副总经理管辖的占 14%,归属事业部主管的占 8%,归属财务部主管的占 3%,其他占 15%。

如表 1-1 所示,企业规模(营业额)越小,则采购部门由最高阶层(总经理)直接管辖的机会越大;反之,企业的规模越大,则交由副总经理管辖的机会越大。

表 1-1 销售额与采购部门的直属主管关系

企业规模 直属主管	销售额为 500 万元以下	销售额为 500 万～5 000 万元	销售额为 5 000 万元以上
总经理	56.1%	30.8%	19.0%
副总经理	15.8%	20.5%	41.3%
执行总经理	5.3%	10.2%	27.6%
事务部主管	8.8%	13.0%	1.7%
财务长	1.7%	5.1%	—
其他	12.3%	20.4%	10.4%

四、采购部门的建立

任何企业或机构,除非规模很小;否则,即使是一般稍具有规模的企业与机构都非常注重采购部门的建立。

1. 采购部门的建立方式

采购部门的建立又称为采购内部组织的部门化,就是将采购部门应负责的各项功能整合起来，并以分工方式建立不同的部门来加以执行。一般来说，在规模较大的采购组织中是按照其职能来建立部门的。

如图 1.5 所示，采购科是执行购买的功能，并与供应商议价；稽催科负责使供应商如期交货并确保品质；管理科则负责采购文件和报告的准备工作以及电脑系统的作业；研究科则负责收集、分类及分析采购决策的资料。

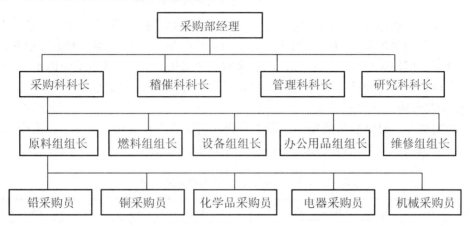

图 1.5 某金属制造企业采购部组织架构

不过，在一般的中小型规模的采购组织中，通常缺乏稽催、管理、研究的功能，或因这3 种功能并不明显，就没有分别设置部门，至多将其部分功能合并为管理科或并入采购科里。因此，对于采购部门的建立，下面分别按照购买分类来介绍采购部门。

1）按物品类别分类

如图 1.5 中的采购科，按物品类别分别设立原料、燃料、设备、办公用品、维修 5 组，而原料可以再细分为铅、铜、化学品、电器及机械，交由不同的采购人员来承办。

此种采购部门的建立方式，可使采购人员对其经办的项目非常专业，比较能够发挥"熟能生巧"及"触类旁通"的效果，这也是最常使用的采购部门的建立方式，对于物品种类繁多的企业与机构最为适合。

图 1.6 是某电子企业的采购部组织架构，通过图 1.6 可以看出如何按照物品分类来建立采购部门。

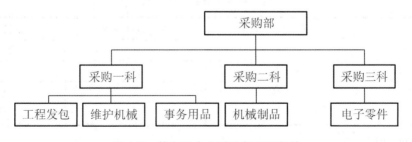

图 1.6 某电子企业采购部组织架构

2）按采购地区分类

依照物品的采购来源，分别设立部门，如图 1.7 所示的国内采购科和国外采购科。此种分工方式，主要是基于国内外采购的手续及交易对象有显著的差异，因而对于采购人员的工作条件也有不同的要求。

图 1.7　按采购地区分类采购组织架构

由于国内外采购作业方式的不同,所以分别设立采购部门以利于管理。不过,上级主管必须就所购买的物品比较国内外采购的优劣,判定采购事务应交给哪一种采购承办,才能事半功倍;否则,国内采购归工厂管辖,国外采购归业务处管辖,"井水不犯河水",国内外采购就无法比较成本、品质等方面的优劣,也就无法发挥国际供应的优势。

3)按采购价值或重要性分类

把采购次数少,但价值高的物品,交给采购部门主管负责处理;反之,将采购次数频繁,但价值不高的物品,交给基层采购人员办理,如表1-2所示。

表 1-2　按物品价值分工的采购组织

物　　品	价　　值	次　　数	承办人
A	70%	10%	经理
B	20%	20%	科长
C	10%	70%	科员

按照物品价值建立部门的方式,主要是保障主管对重大的采购项目能够集中精力加以处理,达到降低成本以及确保来源的目的。此外,让主管有更多的时间,对采购部门的人员与工作绩效加以管理。

另外,可以依据产品对企业的重要性,将策略性项目(利润影响程度高,供应风险大)的决定权交给高级主管(如主管采购的副总经理),将瓶颈项目(利润影响程度低,供应风险高)交给基层主管(如采购经理)办理,将杠杆项目(利润影响程度高,供应风险高)交给基层主管(如采购科长)办理,将非紧要项目(利润影响程度低,供应风险低)交给采购人员办理,如表1-3所示。

表 1-3　按采购物品重要性分工的采购组织

项目类型	利润影响程度	供应风险程度	采购承办人
策略性项目	高	高	副总经理
瓶颈项目	低	高	经理
杠杆项目	高	高	科长
非紧要项目	低	低	科员

4)按采购过程分类

依照采购过程,把询价、比价、议价、决定等工作分别交由不同的人员办理,产生内部牵制作用。

如图1.8所示,内购科分别设置访价组负责招标,议价组负责订约,结报组负责付款;外购科的访价与议价功能委托驻外采购单位负责,故只担任签约、履约及综合业务(包括外购法令的修订，申诉处理、进度管制等）。

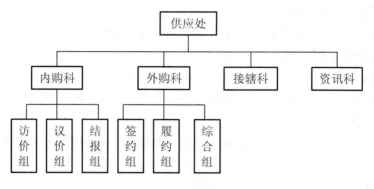

图 1.8　某单位采购组织架构

这种按采购过程进行分工并建立部门的方式，以采购量价值巨大、事务浩繁，而且作业过程复杂，交货期较长，以及采购人员众多的企业与机构采用为宜。

5）混合式的编组

在许多稍具规模的企业或机构中，通常会兼有以采购物品、地区、价值等为基础来建立采购部门的内部组织。如图 1.9 所示，先以地区划分为外购科及内购科，分设科长掌管；然后再按物品类别，交由不同的采购人员承办；同时，也以价值为基础，另外设立原料科，由科长来掌管，其中主要原料约占整个部门采购金额的 70%，故由采购经理直接洽商决定，交由原料科人员办理有关的交易手续。

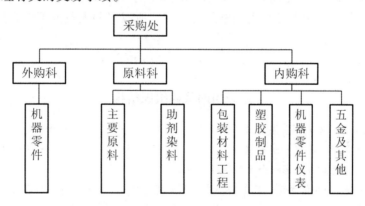

图 1.9　某人造纤维企业采购组织架构

2．采购部门组织优劣的比较

以上采购部门内部组织的方式，除了以采购过程为基础外，均以功能编组的方式来建立部门，这就是分段作业的组织方式，每位采购人员只承担一个采购事务的部分过程，并承担局部的责任。其余第 1）2）3）种分别按物品、地区、价值为基础来建立部门，采购人员担任一个采购事务的全部过程与有关作业，包括开发来源、询价、订购、付款等功能，并承担一切成败责任，这就是一贯作业的组织方式。

1）一贯作业

（1）一贯作业的组织方式，具有下列优点：

① 一位采购人员可以综合管理全部采购过程，权责比较分明。

② 符合规模经济的原则。
③ 与供应商的关系良好。
④ 由于对供应商有取舍的权力，所以可以增强及时交货及改善品质的管理效能。
（2）一贯作业的组织方式，具有下列缺点：
① 一位采购人员负责全部过程的各项作业，工作相当复杂，无法做到非常专业精通。
② 采购事务从头到尾，由一个采购人员全权负责，使得采购人员的权力过大，容易发生徇私舞弊、贪污受贿的事件。
③ 采购人员常常因为某一采购事务的羁绊，而无法进行其他的采购事务，致使采购完成效率低下。

2）分段作业
（1）分段作业的组织方式，具有下列优点：
① 每位采购人员只负责采购过程中的一部分，因此能够做到熟能生巧，减少错误的发生，提高办事效率。
② 一方面是分工合作，另一方面则是内部牵制，除非全体人员联合串通，否则不容易串通舞弊。
③ 采购过程每一阶段均由专业人员负责，可以大大提升采购作业的品质。
（2）分段作业的组织方式，具有下列缺点：
① 采购过程由不同人员分段处理，收发转接手续较多，延误时效。
② 各自为政，无人负责；而且采购与使用之间接手人员太多，会大量增加联系上的困扰。
③ 因为其对任何采购事务均无完整的决定权，所以采购人员的工作满足感比较低。

案例分析

D 集团的采购组织结构

D 集团的总部设立在英国，它涉足 4 个特定的工作领域，每一个工作领域作为一个运营分部。这些分部是建筑和民用工程设计、铁路和运输服务、专业工程设计以及设备管理等。分部的总经理负责每个分部的业务业绩，与集团执行总裁允诺一个 5 年存续业务计划。

D 集团的总营业额是 98 亿英镑，其中 88%是在英国创造的，余下的 12%主要在法国和德国创造。集团已任命一位新的运营总裁来审视现行的组织结构，其中包括采购部门。

1. 集团

D 集团设有一个集团采购部经理，但却缺少采购方面的经验。任命是在两年前签发的，那时从没有协商过集团的采购战略。集团采购概念的现存阻力，来自分部的总经理们，他们认为如果自己作为利润中心，则必须有合适的方法控制开支。

只有两部分交易获得实施。一是差旅费，但是全部差旅开支中只有 15%通过集团的合同。二是车辆，去年有 1 500 辆新汽车、客车和货车通过反向拍卖程序购买。这一项节约成本 30%，并且把 250 万英镑计入集团利润账中。

2. 建筑和民用工程设计

这个分部主要从事大型工程项目，包括新建的建筑物、高速公路、桥梁和管道架设。

分部中的每家公司设有一个首席采购员和支持人员。实际上，多数的采购由评估师和数量勘查员进行。采购是交易型的，并且订单是与众多的供应商签订的，而这些供应商是以逐个项目为基础来进行选择的。

分部的总经理已经公开地表示不会支持集团的集中采购，因为集团采购部不会对其分部的需要作出反应。

3. 铁路和运输服务

该分部只有两家公司，每家公司有一个采购经理。在集团中这是最先进的一个分部，它的总经理非常支持集团采购。除了IT、车辆和办公设备外，其开支不同于集团中的其他分部。

4. 专业工程设计

这个分部是在收购一个极其专业的工程设计集团后，于3年前成立的。这个设计集团曾服务于一级方程式汽车赛，并为先进的核工业研究项目进行工程设计和研究，分部所属公司中没有一个正式的采购机构，但是分部盈利情况非常好，获得40%的资本回报率。

分部总经理的观点是，技术和资金能力比"削减几个百分点的采购价格"更重要。

5. 设备管理

这个分部是集团中成长很快的部分。预期未来5年会实现每年20%的增长。它在取得中央和地方政府以及私营公司的外包合同中实现业务增长。费用开支是基于采购大量的服务业务，包括保安、建筑物维护、电话呼叫中心等，而有趣的是，采购的服务中还包括采购职能本身（即采购作为一种服务业务也被外包了）。

目前，该分部的采购董事的职位空缺。无论是对于集团还是分部，这可能是一个重大的进步。这个决定是在没有集团采购执行经理的参与下做出的。

问题

（1）结合D集团采购活动，评价分权式组织与集权式组织。

（2）根据D集团采购组织设计，画出该集团采购组织结构图。

技 能 训 练

1. 思考题

（1）分权式采购组织与集权式采购组织各有什么特点？

（2）采购部门隶属于不同部门管辖各有什么特点？

（3）采购部门建立有哪几种方式？

2. 能力训练

调查一家中型制造企业，画出该企业采购部门组织结构图。

任务2　采购岗位职责

【参考范例】

在任务1中我们清楚了解了采购部门的基本组织形式，但在企业的实际需求中，并不是每一个岗位都需要配备一个人员，有时可能出现多人一职、一人多职的局面。

工作任务

S 百货采购人员素质与能力训练

S 百货是一家小型连锁百货公司,年销售额 20 多亿元;J 国际购物中心是一家高档百货店,两家企业都设有店面经理。相比之下,S 百货公司的店面经理会更多地控制部门采购和销售的商品,而 J 国际购物中心的店面经理却要做更多的店面人力资源管理的工作。因此,相同的岗位在不同的企业中有着不尽相同的工作。

S 百货公司在训练采购人员能力方面有着自己的一套方法,企业认为成功的采购人员应同时扮演以下角色并具备相应的能力:

(1)生意人、谈判者、技术人员、法律专家等。
(2)选择最佳供应商能力、人际交往能力、成本核算能力、洞察企业和顾客需求能力等。

同时,为了使其采购人员都能有效地扮演上述角色并拥有上述能力,该企业安排其采购人员接收相应的训练课程。例如,要成为一位成功的谈判者,就要接收谈判技巧的训练;要有选择供应商的能力,需要接受基本采购知识及 ISO 9000 相关认证的训练等。除了训练外,该企业采购人员的培训计划还包括采购人员的自我评估;采购技能鉴定与管理能力的发展等内容。经由自我评估的模式,采购人员可以了解其现有采购能力的优、缺点。最后,管理能力的发展是对具有潜力的采购人员施以管理能力的训练,使他们在不久的将来可以进入管理层,成为经理人才。

要求
(1)你认为采购部经理的主要工作职责有哪些?
(2)从哪些方面来对采购人员进行训练?

相关知识

一、采购部门人员配置

1. 采购人员配置标准

采购部门人员配置不是由企业的大小决定的,而是由采购事务的性质决定的。常见的人员配置如表 1-4 所示。

表 1-4 采购部门人员配置标准

序 号	职 务	人 数	具体工作内容
1	采购主管	1 人	负责采购规划
2	采购工程师	1 人	供应商的管理,采购物料的价格、品质等管理
3	采购员	若干	采购物料的跟催、供应商关系的维护、物料的价格谈判等
4	采购文员	1 人	负责采购部门的日常工作,供应商档案的管理,采购计划、采购物料退还登记情况

2. 职责配置标准

配置采购部门内部人员,原则上是人人有事干。具体要求如下:
(1)必备职位,如采购主管、采购文员、采购员。
(2)可备职位,如采购工程师可以单独设立岗位,也可以由采购员或采购主管兼任。采购计划员可以设立单独岗位，也可以由采购主管或采购文员兼任。

（3）必须由主管兼任的职位，如采购规划、劳资纠纷处理等。

二、采购岗位工作职责

1．采购经理的职责

（1）主持采购部的全面工作。

（2）领导采购部门按部门的工作职能做好工作。

（3）根据各部门的需求计划制订采购计划，并督导实施。

（4）制定本部门的物资管理相关制度，使之规范化。

（5）制定物资采购原则，并督导实施。

（6）做好采购的预测工作，根据资金运作情况，合理进行预先采购。

（7）定期组织员工进行采购业务知识的学习，精通采购业务和技巧，培养采购人员廉洁奉公的情操。

（8）带头遵守采购制度，杜绝不良行为的产生。

（9）控制好物资批量进购，避开由于市场不稳定所带来的风险。

（10）监控项目产品的状况，控制不合理的物资采购和消费。

（11）进行采购收据的规范指导和审批工作，协助财务会计进行项目的审核及成本的控制。

（12）完成上级交办的其他任务。

2．采购主管的职责

（1）新供应商的寻找，资料收集及开发工作。

（2）对新供应商品质体系状况（产能、设备、交货期限、技术、品质等）的评估及认证，以保证供应商的优良性。

（3）与供应商进行比价、议价谈判工作。

（4）对原供应商的价格、产能、品质、交货期限的审核工作，以确定原供应商的稳定供货能力。

（5）及时跟踪掌握原材料市场价格行情变化及品质情况，以期提升产品品质及降低采购成本。

（6）采购计划编排，物料订购及交期控制。

（7）部门员工的培养与管理。

（8）与供应商及其他部门的沟通协调检举。

（9）调查研究公司各部门物资需求及消耗情况，熟悉各种物资的供应渠道和市场变化情况，指导并监督员工开展业务。

（10）审核年度各部门的采购计划，统筹策划和确定采购内容，监督和参与产品业务洽谈。

（11）审核商品采购合同，确保供应商费用等指标的完成。

（12）监督采购员的订货工作，确保企业有足够的库存，同时保证较高的商品周转。

（13）按计划完成公司各类物资的采购任务，并在预算内尽可能减少开支。

3．采购员的职责

（1）主动与申购部门联系，核实所购物资的规格、型号、数量、验货时间等，避免差错，按需进货，及时采办保证按时到货。

（2）熟悉市场行情及进货渠道，坚持"货比三家，比质比价，择优选购"的采购原则，努力降低进货成本，严把质量关，杜绝假冒伪劣商品的流入。

（3）了解各部门的物资需求及市场供应情况，掌握公司有关财务规定以及对物资采购成本、费用资金控制的要求，熟悉各种物资采购计划。

（4）熟悉和掌握本人分管的各种物料的名称、型号、规格、产地、单价、品质及供应商品的厂家、供应商，要准确了解、掌握市场供求即时行情，适时组织采购。

（5）按"谁经手谁负责"的原则，要对本人分管的采购业务的质量、数量、成本负责，要尽可能实现多渠道采购，降低采购成本，提高采购质量。

（6）及时完成部门下达的各项采购任务，及时保障公司正常经营需求，严格执行公司采购管理制度，采购均以物资申购单为依据。

（7）严格执行公司各项财务制度及规定，并坚持"凭单采购"的原则，购进的一切物资要及时通知收货员及用货部门负责人，按规定办理验收入库手续，共同把好质量、数量关。

（8）服从公司财务监督，遵守公司有关规章制度及员工守则。

4．采购文员的职责

（1）请购单、验收单的登记。

（2）订购单与合约的登记。

（3）交货记录及跟踪。

（4）供应商来访的安排与接待。

（5）采购费用的统一申请与报支。

（6）进出口商品文件及手续的申请。

（7）计算机作业与档案管理。

（8）承办保险、公证事宜。

三、采购人员的素质与能力要求

【参考视频】

商品采购是企业业务开展的第一个环节，采购工作的好坏直接影响到企业整个业务活动的进程和质量。对商业企业来讲，采购商品的品种、质量、数量等直接影响到商业企业商品的销售工作与服务质量；对工业企业而言，采购的原材料的质量、数量，不仅影响到产成品的质量，而且影响到企业经营的连续性。因此，做好采购工作意义重大。

要做好采购工作，企业必须有一支高素质、有战斗力的采购队伍。采购人员素质是指采购人员的天资、思想、品德、知识、能力的总称，即采购员应具备的基本条件。一般认为，采购人员应具有以下几个方面的素质。

1．采购人员思想品德素质

采购工作没有固定规则可循，加上采购行为稽查困难，使得采购工作是"良心工作"。因此，觉悟高、品行端正是一个采购员应有的基本素质，只有思想品德高尚，才能大公无私、克己奉公，处处为企业大局着想，不贪图个人小利。在实际工作中，我们发现有许多采购员拿回扣，要好处费，或借采购之机游山玩水，造成企业采购费用开支过大，或采购商品质量低劣，给企业造成巨大损失。结合我国企业的实际，一般要求采购人员做到以下几点：

（1）胸怀坦荡，大公无私。

（2）有很强的工作责任心和敬业精神。

（3）树立良好的职业道德，把企业的利益放在首位，严格把好进货关。

（4）承受训练的毅力。采购工作是一项重要、艰巨的工作，要与企业内外方方面面的人打交道，经常会受到来自企业内外的"责难"，采购人员具有应付复杂情况和处理各种纠纷的能力，在工作中被误解时，能在心理上承受得住各种各样的"压力"。

2．采购人员知识素质

在采购工作中，一方面采购人员要与不同类型的供货商打交道；另一方面采购的商品品种繁多，规格不一，且市场上商品的供求变化快，为此，采购人员应该具备采购任务所需要的相关知识和政策、法律知识，政策、法律知识包括国家出台的各种相关法律、价格政策、专营方向，维护国家与企业利益。其他相关知识如下：

（1）市场学知识。了解消费者需要，掌握市场细分策略以及产品、价格、渠道、促销方面知识，才能合理地选择采购商品的品种，从而保证采购的商品适销对路。

（2）业务基础知识。业务知识包括谈判技巧、商品知识（商品功能、用途、成本、品质）、签约的基本知识等，这是做好本职工作的关键，将有助于与供应商的沟通，能主动进行价值分析，开发新来源或替代品，有助于降低采购成本。

（3）社会心理。了解客户的心理活动，把握市场消费者的心理需求，从而提高采购工作的针对性。

（4）自然科学知识。自然科学知识包括自然条件、地理、气候、环境变化及数理知识和计算机知识。将现代科技知识用于采购过程，把握市场变化规律，从而提高采购工作的效率与准确性。

（5）文化基础知识。这是其他知识的基础，不具备文化基础知识的人是无法很好完成采购工作的。

3．采购人员能力素质

知识不等于能力，国外心理学家研究表明，要办好一件事，知识起的作用只有1/4，而能力起的作用占3/4，可见能力更为重要。要干好采购工作，采购人员同样应具有相应的能力，一般把采购人员具备的能力归纳为以下几种：

（1）分析能力。分析市场状况及发展趋势，分析消费者购买心理，分析供货商的销售心理，从而在采购工作中做到心中有数、知己知彼、百战百胜。

（2）协作能力。采购过程是一个与人协作的过程，一方面采购人员要与企业内部各部门打交道，如与财务部门打交道解决采购资金、报销等问题；与仓储部门打交道，了解库存现状及变化等。另一方面采购人员要与供应商打交道，如询价、谈判等，采购人员应处理好与供应商和企业内部各方面的关系，为以后工作的开展打下基础。

（3）表达能力。采购人员是用语言文字与供应商沟通的，因此，必须做到正确、清晰地表达所欲采购商品的各种条件，如规格、数量、价格、交货期限、付款方式等。如果口齿不清，说话啰唆，只会浪费时间，导致交易失败。因此，采购人员的表达能力尤为重要，是采购人员必须锻炼的表达技巧。

（4）成本分析和价值分析能力。采购人员必须具备成本分析能力，会精打细算。买品质太好的商品，物虽美，但价更高，加大成本，若盲目追求"价廉"，则必须支付品质低劣的代价或伤害其与供应商的关系。因此，对于供应商的报价，要结合其提供的商品的品质、功能、服务等因素综合分析，以便买到适宜的商品。

（5）预测能力。在市场经济条件下，商品的价格和供求在不断变化，采购人员应根据各种产销资料及与供应商打交道过程中供应商的态度等方面，来预测将来市场上该种商品供给情况，如商品的价格、数量等。

案例分析

现款采购和赊购采购操作流程比较分析

G公司生产经营多种建筑材料制品，在生产中需要采购的原材料可分为钢材类、水泥类、化工类、涂料类、陶瓷类、工具类、电工类、五金类、劳保用品类等。G公司采购部负责公司所有原材料的采购，采购部经理负责采购的全面工作。

G公司1/3的原材料采购有长期固定的供应商，2/3的原材料采购没有长期固定的供应商。对没有长期固定供应商的原材料采购，采购员尽可能多地掌握潜在的供应商，每次遇到有大宗采购业务，采购员联系各供应商询价、比价、议价，选择确定合适的供应商采购。采购员要知道供货材料的成本结构，了解其成本波动情况，在降低采购成本方面掌握主动权。如果供应商所提供的化工材料是由国外进口的原料制造的，那么采购员就要经常通过信息渠道了解进口原料的价格；如果价格下跌，那么就要求供应商降低产品价格。G公司采购部采购原材料主要运用现款采购和赊购采购两种操作流程。

1. 现款采购操作流程

现款采购多用于不是长期固定供应商的原材料采购，其操作流程分为以下5个方面：

（1）付款审批。采购员填写支票借据（第一联为采购员存根联，第二联为财务的报销附件，第三联报销后退给借款人），将支票借据和请购单上报给公司主管领导（总经理或分管副总经理，下同）审批。公司主管领导累计本周采购用款，根据《用款计划单》控制采购用款（首先保证现款采购，其次再考虑赊购采购），根据经验审查主要原材料的采购价格，根据请购单审查采购的用途，根据所掌握的最新生产进度和价格走势控制时间，在《支票借据》第一联和第二联签字，同意本次采购用款。采购员拿公司主管领导的审批的支票借据，到财务部取支票。财务部根据公司主管领导审批的支票借据，交给采购员支票或汇票。同时在支票借据上，采购员填写支票号，出纳员填写经办人。财务部留第二联和第三联支票借据。

（2）订货。采购员进一步与供应商洽谈，确定所采购原材料的品名、品质、数量、价格、交货方式、运费和交货时间，与供货商签订采购协议，督促供应商按期交货。

（3）收货。采购的原材料到货后，采购员和仓库管理员共同验收（核对原材料品名、品质、型号和数量），进行初验。如果原材料品名、品质、型号不对或有明显质量问题，则拒绝收货，要求供应商退货，如果核查没有问题，由仓库管理员填写《原材料进场报验审批单》。

（4）入库。验收合格入库后，由仓库管理员填写五联材料入库单，将五联中的入库单、原材料进厂报验审批单和供应商送货单（第一联）交给采购员。

【参考单据】

（5）核算。付款后收供应商购货发票和运费发票，运费发票可能是供应商的，也可能是第三方的。采购员填写自用的支票使用记录和应付款明细，既有先付款后收货，也有先收货后付款。会计核算部留入库单第一联记账，在《费用录入单》和发票上盖章，交给公司主管领导审核。公司主管领导根据发票借据第一联，审批此费用是否为自己审批的，如是，在《费用录入单》和发票上签字后还给采购员。采购员拿发票和《费用录入单》、入库单到财务部报账，会计记账，在支票借据的第三联填写结算金额并签字，把第三联交还采购员。采购员填写支票使用记录并附上支票借据的第三联，以备和会计对账、复查。

2. 赊购采购操作流程

赊购采购是购买商品时不付现金，先记账，先拖欠，以后一次或者分几次还款，属于延期付款。这是一种商业信用的形式，有利于推销商品，货款的利息已经计入货价。赊购采购多用于长期固定供应商的原材料采购，其操作流程分为以下4个方面：

（1）订货。采购员和供应商谈判后签订合同（如果采购方信用好、供应商同意也可能不签订合同），确定本次所采购原材料的品名、品质、数量、价格、交货方式、运费、交货时间，与供应商商量以前赊购的还款金额日期，督促供应商按期交货。

（2）收货。赊购采购收货过程与现款采购收货过程相同。

（3）入库。验收合格入库后，由仓库管理员填写五联材料入库单，将五联中的入库单、原材料进厂报验审批单和供应商送货单交给采购员，采购员在入库单上填写商定的材料实际价格、金额及运杂费、价格，签字后留第一联，登记往来单位应付款明细账，其他联交还仓库管理员处理。如果供应商带来发票，采购员保留供应商发票，会计核算部留入库单第二联，登记材料明细账，将入库单第三联和第五联交给财务部。

（4）结算。采购员根据《用款计划单》中的还款部分，找出以前赊购的入库单，按入库单计算付款的实际金额，付款和入库应该同步进行，给供应商付款并电话通知。采购员填写支票借据，上交公司主管领导审批。公司主管领导累计本周采购用款，根据《用款计划单》控制采购用款（首先保证现款采购，其次考虑赊购采购），根据经验审查主要材料的采购价格，根据请购单审查采购的用途，根据所掌握的最新生产进度和价格走势控制采购时间，在《支票借据》的第一联和第二联签字，同意本次付款。采购员拿公司主管领导审批的支票借据，到财务部取支票。财务部根据公司主管领导审批的支票借据，交给采购员支票或汇票。同时在支票借据上，采购员填写支票号，出纳员填写经办人。财务留第二联和第三联支票借据。供应商以收货单和发票要款，采购员将支票或汇票交给供应商，收供应商发票（购货发票和运输发票可能不同时到），填写支票记录，核销采购方的应付款明细账。采购员填写付款单并附上入库单、发票支票借据第一联交给会计核算部。会计核算部留还款单第三联记账，在发票上盖章，转交公司主管领导审批。

公司主管领导根据发票借据第一联，审批此费用确为自己审批，在《还款单》上签字，在发票上签字还给采购员。采购员拿《还款单》和入库单、发票、发票借据第一联到财务部报账。会计记账，在支票借据的第三联填写结算金额并签字，将第三联还给采购员，采购员填写支票使用记录并附上支票借据的第三联，以备和会计对账、复查。

问题

（1）G公司采购部需配备多少名采购人员比较合适？

（2）G公司采购部的采购流程有什么特点？

（3）现款采购和赊购采购的操作流程有哪些异同？哪种操作流程对G公司更有利？

技 能 训 练

1. 思考题

（1）企业采购部门一般需要配置哪些岗位？
（2）采购经理的职责有哪些？
（3）采购人员素质和能力要求是什么？

2. 能力训练

（1）上网收集企业招聘采购人员的信息，分析各类企业采购岗位的情况，并思考自身条件与这些岗位的适应性问题。

（2）组织学生分为若干组，分别模拟企业采购部门的采购部经理、采购主管、采购员、采购文员等角色，描述各自工作岗位职责。

项目 2

采购计划和预算编制

项目介绍

采购计划和预算是企业采购运作的第一步,企业在采购时,首先需要明确采购什么、采购多少、怎么采购、何时采购的问题。企业要根据采购需求分析结果编制采购计划,以此来编制采购预算。

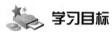

学习目标

知 识 目 标	能 力 目 标
(1)掌握采购需求调查的基本方法。 (2)熟悉采购计划编制流程和采购预算编制过程	能够运用正确方法编制企业采购计划和采购预算

任务1 采购需求调查

采购需求调查是制订采购计划的基础和前提，企业只有掌握所需商品和服务数量，才能适时适量地采购。

工作任务

饺子馆的采购问题

胡家饺子馆小有名气，每天客人络绎不绝、生意红火，很让同行们羡慕，可谁知胡老板却高兴不起来。原来尽管生意不错，但由于原料采购不适当，每天都有大量的剩余，造成极大的浪费，利润并不像生意那么"红火"。

3年前，胡老板在当地开了第一家饺子馆，靠地道的手艺、过硬的质量和童叟无欺的信誉，生意一天比一天好，到现在已经在当地成功开设20家直营连锁饺子馆。饺子馆的成本主要来自原料、人工、房租和水电费等费用。其他费用都好控制和计算，只有这原料采购成本不好预计，作为饺子原料的饺子皮还具有隔天不能使用的特点。胡老板算起了细账：如果每份饺子10个，卖5元，直接成本为饺子馅、饺子皮、佐料和燃料，每个饺子的成本大约2角钱。虽然存在价差空间，可是由于每天有大量的剩余原料，这些采购原料又不能隔天使用，算上人工、水电等经营成本，饺子的成本就接近4角钱了。如果每个店一天卖出100个饺子，同时多余500个饺子原料，相当于亏损了100元，每个饺子的物流成本最高时有1角钱，加上每年的粮食涨价，因此利润越来越薄。最大问题是做饺子的数量很难掌握。做少了，客人来了没有足够的饺子馅儿，也等不及现做；做多了，就要剩下。

胡老板遇到的问题是一个典型的采购需求预测问题，不少企业特别是餐馆店家都在寻找快捷路径，以便合理控制进货数量，准确预测市场，有效降低采购成本，提高物流效率，这已经成为一个企业经营的关键问题。

要求

（1）分析胡老板的问题出在哪里？
（2）请为胡老板制作一份市场消费需求预测表。
（3）根据市场需求预测结果，制订一周的采购计划。

相关知识

一、采购市场调查

采购市场调查是为更好地制定采购决策而进行的有系统的数据收集、分类和分析，为有效地采购决策提供必要的条件。

1. 采购市场调查的主要项目

1）参与产品开发

在经济全球化、技术进步日新月异、各种资源价格快速上涨的今天，降低采购成本，仅仅依靠采购人员的努力是不够的，必须从产品设计做起。由于产品设计人员知识的局限性和部门利益的原因，在设计时往往考虑产品技术的先进性和设计的完美，而考虑资源的可得性和经济性则不够。因此，采购前期参与产品开发成为降低采购成本的重要途径。采购前期参与产品开发具有以下作用：

（1）采购部门尽早了解产品开发对物料质量、技术、数量及交货期的要求，便于尽早寻找供应商，缩短产品开发周期。

（2）尽早为开发部门提供资源可得性及采购成本资料，使技术人员在设计时就考虑未来的采购成本和采购周期，从而使设计方案更合理、更经济。

（3）使设计部门尽早了解物料采购成本，可以在产品设计的同时，做好产品成本预算。

（4）使采购部门早期参与产品开发，技术人员从采购人员中学到物料采购的相关知识，有利于合理选型和选材，降低采购与物流成本，如图2.1所示。

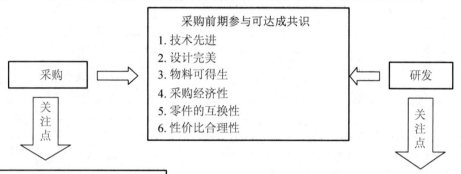

图 2.1 采购前期参与产品开发示意

2）物料调查

物料调查有助于对一个主要采购物料未来的采购环境作出预测。这些信息是制定正确决策及采购管理的基础，并为中高层提供了有关这些物料未来供应与价格的信息。物料调查应包括以下内容：

【拓展资源】

（1）现在和未来的需求状况。包括销售预测、物料市场供求状况、生产计划、物料计划、现有库存及已签订的采购合同等。

（2）物料要求。包括生产对物料描述、物料质量、技术工艺、包装及交货期的要求。

（3）物料用途。包括主要用途、次要用途和可能的替代品。

（4）价格。包括行业的经济结构、历史价格和未来预测；价格决定因素、生产及运输成本、关税及进口限制、产品寿命周期对价格的影响；供应商的价格构成、利润空间、价格目标及价格变动趋势等。

3）供应商调查

供应商调查是开发、评估和选择供应商的基础。主要了解供应商的资质、产能、供货能力、供货价格、供货周期、最少包装数、最少供货批量和运输送货方式等。一般初期调查可让供应商填写供应商调查表，如表 2-1 所示。在此基层上初步筛选，再进行现场考察、评审等步骤。

表 2-1　供应商调查表

编号：

公司注册登记号：						
1. 一般情况						
公司名称					法人代表	
注册地址					邮编	
通讯地址					邮编	
电话号码		传真号码			电子信箱	
公司网页		业务联系人			联系电话（固话/手机）	
公司创立日期			注册资金		公司所有制	
雇员总人数	人	劳务人员　人	管理人员	人	技术人员	人
机构性质	□总公司	□子公司	□部门			
供应商性质	□品牌公司	□总代理	□省级代理	□市级代理	□经销商	
营业范围						
经营（代理）品牌						
2. 财务状况（此栏目必须填写，以供资格鉴定。此栏信息将会受到严格保密）						
年销售额（过去 3 年）		万元		万元		万元
开户银行			银行资信等级			
能否提供履约银行保函	□能	□否	银行联系人/电话			
3. 管理人员情况（如果某一职位不适用，请注明"不适用"）						
职务	姓名		联系电话	手机号码	电子信箱	
总经理						
副总经理						
销售总监						
技术总监						
4. 投标兴趣和资格						
注明贵公司有资格从事且实际做过项目的地区（省/市）						
注明贵公司希望的并有能力投标的合同金额（如：￥　　.00—￥　　.00）						
是否获得质量保证/质量控制体系认证。请提供证书复印件						
ISO 9001	□是	□否	ISO 14001	□是	□否	
其他						
5. 资质证书（注明认证的范围（国/省/市），必要时加页。请提供资质证书复印件）						
NO.	证书名称	认证范围	NO.	证书名称	认证范围	

谨保证以上所填写资料真实有效，如发现虚假瞒报信息，我公司自愿承担因此产生的一切后果及相应法律责任。

填表单位：（公章）

2. 采购市场调查的方法

采购市场调查的方法是指市场调查人员在实施调查过程中收集各种信息资料所采用的具体方法。合理地选择采购市场调查方法是采购市场调查过程中的重要环节，调查方法选择是否合适，对调查结果有一定的影响。常用的方法有询问法、观察法和实验法 3 种。

1）询问法

询问法是指调查者用被调查者愿意接受的方式向其提出问题，得到回答，获得所需要的资料。询问法又分为问卷调查法、面谈调查法和电话调查法。

（1）问卷调查法的基本做法是：根据调查目的，在制定好调查提纲的基础上，制定出简明易懂的调查问卷，并将设计好的问卷交给或邮寄给被调查者，做好后交回或寄回。

（2）面谈调查法的基本做法是：走出去或请进来，由调查人员直接与调查对象见面，当面询问或举行座谈会，互相启发，从而了解历史和现状，收集信息，取得数据。

（3）电话调查法的基本做法是：调查人员根据抽样规定或样本范围通过电话询问对方意见。

2）观察法

观察法是指调查人员在现场对调查对象进行宣传观察记录，从而取得第一手资料的调查方法。这种调查方法的基本做法是：调查人员直接到市场，对被调查者的现实情况进行观察与记录，并辅以照相、录像、录音等手段，使被调查者并不觉得正在被调查。

该方法的优点是：调查的结果比较真实可靠，用仪器进行观察比较客观；缺点是：只能观察被调查者的表面活动，不能了解其内在的因素，调查结果是否正确受调查人员的业务技术水平所制约。

3）实验法

实验法是把调查对象置于一定的条件下，了解其发展趋势的调查方法。它用于在给定的实验条件下，在一定范围内观察经济现象中自变量与因变量之间的变动关系，并作出相应的分析判断，为企业进行预测和作出决策提供依据。

该方法的优点是：可以有控制地分析市场变量之间是否存在因果关系及自变量的变动对因变量的影响程度，可获得比较正确的情况和数据，作为预测和决策的可靠基础；缺点是：相同的实验条件不易选择，变动因素不易把握，实验结果不易比较，实验时间较长，取得资料的速度慢，费用较高。

二、采购需求分析

所谓采购需求分析，就是分析该买什么、买多少、什么时候买、花多少钱、什么时候得到以及怎样得到的问题。正确的采购分析，不仅可以保证及时获得合格的生产物资，而且也是控制成本的一项重要工作。

究竟该买多少才算合适，什么时候下单最好？要想很好地解决这些问题，采购管理人员就必须认真分析需求的变化规律，根据这个需求变化规律，不需用户（这里的用户指使用所采购物资或服务的部门个人）自己申报，采购管理部门就能知道用户什么时候需要什么品种、需要多少，进而可以主动地制订采购计划，主动地满足用户需要。

1. 运用采购需求表

需要进行采购,首先需要解决采购什么、采购多少、什么时候采购的问题。而要解决这个问题,就是要解决我们采购员所代理的全体需求者们究竟需求什么、需求多少、什么时候需要的问题。

解决这个问题,在企业中传统的做法是让企业各个单位层层上报《采购需求计划表》。有的是定期报,这个星期报下个星期的计划、这个月报下个月的计划、今年报明年的计划。有的是不定期的报,什么时候想起来需要买什么东西,就填一张《请购单》,把它交到采购部门。

采购部门收齐了这些采购需求计划表、请购单以后,需要把所有需要采购的物资分类整理统计出来。这样就弄清了用户需求什么、需要多少、什么时候需要的问题。

这样的操作过程虽然可以达到解决问题的目的,但存在以下3个弊病:

(1)这种方式兴师动众,往往要麻烦很多人,造成了人力资源的浪费。

(2)只要有一个部门的采购计划表没交齐,采购部就不能进行需求的整理统计,就不能得出统一的需求计划,往往贻误最佳采购时机。

(3)交上来的表往往不准确、不可靠,给采购的效果带来许多不稳定因素。

2. 统计分析

在采购需求分析中用得最多、最普遍的就是统计分析。统计分析的任务就是根据一些原始材料来分析求出客户的需求规律。在实践中,统计分析通常有以下两种方法:

(1)对采购申请单汇总统计。现在一般的企业采购都是一种这样的模式:要求下面各个单位每月提交一份采购申请表,提出每个单位自己下个月的采购品种数量。然后采购部门就把这些表汇总,得出下个月总的采购任务表,再根据此表制订下个月的采购计划。

(2)对各个单位销售日报表进行统计。对于流通企业来说,每天的销售就是用户对企业物资的需求,需求速率的大小反映了企业物资的消耗快慢。因此,由每天的销售日报表就可以统计得到企业物资的消耗规律。消耗的物资需要补充,也就需要采购。因此,物资消耗规律也就是物资采购需求的规律。

【拓展资源】

3. ABC 分析法

一个企业除了生产所需要的原材料外,还有办公用品、生活用品等,因此,需要采购的物资品种是很多的。但是这些物资的重要程度都是不一样的,有的特别重要,一点都不能缺货,一旦缺货将造成不可估量的损失。有些物资则相对不那么重要,一旦缺货,也不会造成多大的损失。

面对这样的情况,我们在进行采购管理时该怎么处理?这时我们最有效的方法,就是采用 ABC 分析法,将所面对的成千上万的物资品种进行 ABC 分类,并且对某些类别实行重点管理,用我们有限的人力、物力、财力去为企业获得最大的效益。

ABC 分析法在实际运用过程中,通常可以参照以下步骤进行:

(1)为确定 ABC 分类,先得进行统计分析,要选定一个合适的统计期。在选定统计期时,应遵循几个基本原则——比较靠近计划期;运行比较正常;通常情况取过去一个月或几个月。

(2)分别统计出各种物资在该统计期中的销售量(或者采购量,下同)、单价和销售额,并为各种物资制作一张 ABC 分析卡,填上品名、销售数量、销售金额,如表 2-2 所示。

表 2-2 ABC 分析卡

物 料 名 称		物 料 编 号	
单 价	销 售 数 量	销 售 金 额	

(3)将 ABC 分析卡按销售额由大到小的顺序排列,并按此顺序号将各物资填上物料编号。
(4)把所有 ABC 分析卡依次填写到 ABC 分析表中,并进行累计统计。

注意:ABC 分析法可参考项目 7 中任务 2 相关内容。

4. 物资消耗定额管理

物资消耗定额管理也是一种需求分析的好方法。通过物资消耗定额,就可以根据产品的结构零部件清单或工作量求出所需要的原材料的品种和数量。

所谓物资消耗定额,是在一定的生产技术组织的条件下,生产单位产品或完成单位工作量所必须消耗的物资的标准量,通常用绝对数表示,如制造一台机床或一个零件消耗多少钢材、生铁,有的也可用相对数表示。如在冶金、化工等企业里,用配料比、成品率、生产率等表示。

在实际操作中,物资消耗定额管理通常有以下 3 种方法。

1)技术分析法

技术分析法具有科学、精确等特点,但在操作过程中,通常需要经过精确计算,工作量比较大。在应用中,通常可参照以下步骤:

(1)根据产品装配图分析出产品的所有零部件。
(2)根据每个零部件的加工工艺流程得出每个零部件的所有加工工艺。
(3)对于每个零件,考虑从下料切削开始一直到后面所有各道加工的切削完成,形成零件净尺寸 C 为止的所有切削的尺寸留量 c。
(4)每个零件的净尺寸 C 加上所有各道切削尺寸留量 c 之和,就是这个零件的物料消耗定额 T,即

$$T = C + \sum c_i \quad (i = 1, 2, 3, 4)$$

2)统计分析法

统计分析法是根据以往生产中物资消耗的统计资料,经过分析研究并考虑到计划期内生产技术组织条件的变化等因素而制定定额的方法,采用统计分析法以大量详细可靠的统计资

料为基础。例如，要制定某种产品的物料消耗定额，可以根据过去一段时间仓库的领料记录和同期间内产品的产出记录进行统计分析，就可以求出平均每个产品的材料消耗量。这个平均消耗量就可以看成是该产品的物料消耗定额。

3）经验估计法

经验估计法是根据技术人员、工人的实际生产经验，参考有关的技术文件和考虑企业在计划期内生产条件的变化等因素制定定额的方法。这种方法简单易行，但缺乏严密的科学性，因而通常精确度不高。

5. 推导分析

所谓推导分析，就是根据企业主生产计划来进行需求分析，求出各种原材料、零部件的需求计划的过程。推导分析不能够凭空想象，也不能靠估计，一定要进行严格的推算。

推算所依据的主要资料和步骤过程如下：

（1）制订主产品生产计划。这个计划主要是根据社会对主产品的订货计划及社会维修业所提出的零部件的订货计划共同生成。

（2）制订主产品的结构文件。这个计划就是要推导分析出装配主产品需要哪些零件、部件、原材料，哪些要自制，哪些要外购，自制件在制造过程中又要采购什么零件、部件、原材料等。这样逐层分析得出主产品的结构层次。每一个层次的每一个零部件都要标出需要数量、是自制还是外购以及生产提前期或采购提前期。所有自制件都要分解到最后的原材料层次，这些原材料层次一般是最底层，都是需要采购的。

由这个主产品结构文件可以统计得出这样一个完整的资料，即为了在某个时间生产出一个主产品需要分别提前多长时间采购一些什么样的部件、零件和原材料，需要采购多少。把这些资料形成一个表，就是主产品零部件生产采购一览表。

（3）制订库存文件。到仓库保管员处调查了解主产品零部件生产采购一览表中所示各个部件、零件、原材料的现有库存量及消耗速率。这样得到一个主产品零部件库存一览表。

> 案例分析

【参考视频】

K 公司的跨国采购需求分析和运作

在矿山机械领域，K 公司是国外一家具有行业领先地位的企业，其主要产品除了涉及始终处于世界领先地位的建筑工程机械、产业机械、矿山机械等领域以外，还涉足工程机械、工业机械、地下工程机械、电子工程、工程事业、土木工程、运输、流通机械、金属材料制造和销售，以及环境保护等高科技领域。C 公司是 K 公司的一个子公司。在 K 公司全球市场占有率第一的产品系列中，有一种是液压履带式钻机。C 公司是集团内生产该种产品的五大生产厂商之一，每年向世界各国的客户供应 200 套这种产品。

1. 跨国采购及供应的内部需求

在 20 世纪 90 年代，C 公司的液压履带式钻机，在国际市场上的占有率虽然仍在逐步上升，但上升速度正在减缓，而且该领域的几个竞争对手的竞争力也正在逐步增加。面对越来越激烈的竞争，C 公司的管理层期望能够在未来的几年里，巩固和扩大领先优势。

为此，C 公司希望能够在成本上更具有竞争力。实现此目的的一个主要方式便是希望能够通过跨国采购，大幅度降低采购成本，从而提高利润率。但由于跨国采购必然会导致运输距离增加，对公司一直实行的精益生产模式的准时供货是一个挑战。同时，C 公司不想在降低采购成本的同时，增加运输成本，也不希望由于实施跨国采购，而降低其公司的整体运营效率，更不能容忍任何产品质量问题和服务水平下降。

与此同时，C 公司正在进行新产品的开发。该新产品的开发，将会对此前的各结构部分进行重新设计，并打算在此新项目上大胆尝试使用跨国供应商，同时检验跨国采购所带来的获益和风险，为今后其他产品的采购转换提供经验和数据。而且，C 公司希望能够逐步在集团内的五大兄弟厂家中脱颖而出，同时也在跨国采购方面摸索出实际经验，为集团内其他公司进行跨国采购提供范例。

K 公司集团总部对 C 公司的大胆构想给予了积极的支持。一方面，通过 C 公司的项目进行精益生产模式下的跨国采购的尝试和探索；另一方面，如果此项目能够取得成功，可以在集团内部以 C 公司为样本，逐步使集团内其他公司也能够通过跨国采购降低成本，增强企业整体的竞争力。

此外，鉴于中国市场的快速发展，整个 K 公司在中国市场上也拥有众多的客户及合资企业，而且销量正在逐步上升。为了适应这一市场的快速发展，以及 C 公司的跨国采购策略，期望能够逐步实现就近提供零配件的售后供应，实现快速的响应，K 公司决定在中国开设全资的投资子公司，统一对中国在采购、物流等业务领域进行协调。

2. 采购运作

为了实施跨国采购的战略及物流的规划，K 公司在我国成立了投资有限公司，先后在全国范围内设立了 7 个地区办事处，分别协助各省、市、自治区的 K 公司产品代理商，进行整机销售、服务及零配件供应等相关业务的工作，更好地服务于广大的 K 公司用户，同时也为公司的跨国采购进行支持。但是，要保持企业的精益生产模式下进行跨国供货，还需要解决许多的新问题。

首先，运输距离比较远，难以保证准时到货。如对 C 公司来说，在目前的精益生产管理模式下，再考虑到其非常有限的组装车间和临时仓库，所有货物必须尽最大可能地准时供应是必须要追求的一个目标。否则，不仅会形成大量的资金沉淀，更会造成车间、仓库一团糟的局面。但是跨国采购、运输，受各种因素影响非常严重，尤其受影响最为严重的是国际海运的繁忙情况。这一要求是在新的跨国供应链规划设计过程中必须要给予充分考虑的。

其次，过度频繁的运输会使运输成本增高。在国际海运中，主要是依靠大批量的运输来降低运输成本。一般来说，如果货物无法装满一个集装箱，按照拼箱方式发运，则货物的运输成本要上升 40%~80%。所以在国际海运中，如果注重海运费用的成本，则至少安排每批次一个集装箱的运输批量。但是，精益生产模式要求供应商能够小批量频繁送货，最理想的状况是所有的零部件在组装生产线上需要的时候能够运送到生产线上。为了达到此要求，势必要求跨国供应商提前将货物运到工厂附近。而且，每批次货物批量都比较小，发货频率比较高，否则很难保证真正的准时供应。但是，这样又会造成运输成本的上升。

最后，一旦出现质量问题，难以及时纠正。在本地供应情况下，一旦出现任何质量问题，供应商就可以在 2 个小时内将替代零部件送达生产现场。但是在跨国供应中，一旦出现产品质量不合格的情况，将难以及时得到更换，进而影响企业的正常生产。

上述问题是在新的跨国供应链规划设计方面必须进行充分考虑的，同时也必须要设计出先进的管理模式，以确保设计的跨国供应链在以后的运营中，始终能够满足上述要求，并同时能够保证各种收益。

C 公司经过反复的分析、选择，最后在山东选择了一家主要供应商，又在常州选择了两家公司作为零部件生产的供应商。三家企业作为供应商的身份出现在 C 公司的制造链中。同时，C 公司积极配合供应商采用精益生产的管理模式，推行 C 公司的管理方法，采用与 C 公司相同的技术设备，并能提供与 C 公司相同质量的零部件。同时，将 K 公司的销售和售后服务体制引至供应商，促进供应商的发展。并且，通过教育、文化方面的交流，能够促进中日相互间的人才培养。

问题

（1）分析 K 公司跨国采购的利弊。

（2）K 公司采取哪些办法解决跨国采购难题？

技 能 训 练

1．思考题

（1）采购市场调查通常包括哪些主要项目？

（2）采购需求分析的方法有哪些？

2．能力训练

根据项目 1 所调查的一家中型制造企业，为其采购部门设计一份市场调查问卷。

任务2　采购计划制订

【拓展资源】

采购计划是指企业采购人员在了解市场供求情况，认识企业生产经营活动过程中和掌握物料消耗规律的基础上对计划期内物料采购管理活动所做的预见性的安排和部署。采购计划是根据生产部门或其他使用部门的计划制定的包括采购物料、采购数量、需求日期等内容的计划表格。

工作任务

填制采购申请单

表 2-3 为某企业的采购申请单。

表 2-3　填制采购申请单

日期（当天日期）						部门：产品部			业务员：张三		
商品编号	商品名称	包装单位	产地	商品规格	数量	不含税单价/元	税率	含税价格/元	金额/元	含税金额/元	税额/元
A202001	美的电动牙刷	支	福建	1×1	10	3	17%	3.51	30	35.1	5.10
A303001	奇强洗衣粉	袋	江苏	300g	11	0.56	17%	0.66	6.16	7.21	1.05
A404001	玉兰油美白香皂	块	江苏	125g	10	2.50	17%	2.93	25	29.25	4.25
A505001	六神沐浴露	瓶	江苏	200g	10	7.80	17%	9.13	78	91.26	13.26

要求

填写下列采购申请单（表 2-4）。

表 2-4　采购申请单

单据编号：											
日期：				部门：				业务员：			
单位编号：				单位名称：							
商品明细：											

商品编号	商品名称	包装单位	产地	商品规格	数量	不含税单价/元	税率	含税价格/元	金额/元	含税金额/元	税额/元

相关知识

一、制订采购计划的目的与基础

1. 制订采购计划的目的

企业的经营从购入物料开始，经加工制成或经组合配制成为主推商品，再通过销售获取利润的过程。其中如何获取足够数量的物料，即是采购计划的重点所在。因此，采购计划是为维持正常的产销活动，在某一特定的期间内，考虑应在何时购入何种物料以及订购的数量是多少的估计作业。采购计划应达到下列目的：

（1）预估物料采购需用的数量与时间，防止供应中断，影响产销活动。

（2）避免采购物料储存过多，积压资金，占用堆积的空间。

（3）配合公司生产、采购计划与资金的调度。

（4）使采购部门事先准备，选择有利时机购入物料。

（5）确立物料合理耗用标准，以便控制采购物料的数量与成本。

2. 制订采购计划的基础

1）采购环境

采购活动在充满不可控因素的动态环境中进行。这些不可控因素包括来自外部的，如国内外经济发展状况、人口增长、政治体制、文化和社会环境、法律法规、技术发展、竞争者状况等；内部可控因素如财务状况、技术水平、厂房设备、原材料供应情况、人力资源及企业信誉等。这些因素的变化都会对企业的采购计划产生一定影响。以钢铁企业的铁矿石为例，由于受供求关系、国际市场变化和垄断组织合谋等因素影响，其市场价格往往波动较大，这就造成铁矿石采购成本的差价很大。钢铁企业为了节省成本，铁矿石的采购除了按照订单要求满足必要的生产外,还要根据铁矿石市场的价格波动情况,选择恰当的采购时机进行采购。这就要求采购人员能够意识到环境的变化,并能决定如何利用这些变化。

2)年度生产计划和销售计划

一般来说,生产计划源于销售计划,若销售计划量大于实际销售量,会造成产品积压;反之,若销售计划量小于实际销售量,会造成缺货,丧失创造利润的机会。因此,如果生产计划因销售人员对市场的需求预测不准而频繁变化,将会使得采购计划常常调整。

3)用料清单

采购计划只列示产品的数量,并无法直接知道某一产品需用哪些物料,以及数量多少,因此必须借助采购用料清单,如表2-5所示。清单是由公司市场部配合采购部门所拟订的,内容列示各种产品由哪些基本的商品所制造或组合而成。根据清单可以精确计算某种产品的用料需求数量。清单所列的耗用量,即通常的标准用量(以15日或30日为一个周期),与实际用量相互比较,作为用料管制的依据。

表2-5 用料清单

工程编号:		字第 号						
用料单位:		年 月		工程名称:				
物料名称	规格	单位	数量	单价	金额	备注		
科长(签章)		复核(签章)		填表(签章)				

4)存量管制卡

若产品有存货,则采购数量不一定要等于销售数量。同样,若材料有库存数量,则材料采购数量也不一定要等于根据物料清单所计算的材料需用量。因此,必须建立物料的存量管制卡,如表2-6所示,以表明某一物料目前的库存状况;再依据用料需求数量,并考虑物料的作业时间和安全库存量,算出正确的采购数量,然后才开具请购单,进行采购活动。

表2-6 存量管制卡

料 号			请 购 点			安 全 库 存					
存 放			一次请购量			采购提前期					
凭证号码	摘要	入库		出库		库存	订购量				
		收	欠收	发	欠发		订购量	订购单号	订购日	交货日	交货量	备注

续表

料　号			请　购　点			安　全　库　存					
存　放			一次请购量			采购提前期					
凭证号码	摘要	入　库		出　库		库存	订　购　量				
		收	欠收	发	欠发		订购量	订购单号	订购日	交货日	交货量	备注

5）物料标准成本的设定

在编制采购预算时，由于对计划采购物料的价格预测较难，一般以标准成本代替物料价格。标准成本是指在正常或高效率的运转情况下制造产品的成本，而不是指实际发生的成本。标准成本可用于控制成本。评价管理人员工作的好坏，把实际已经做的和应该做的进行比较，标准成本便为这种对比提供了基础。因此，标准成本与实际购入价格的差额，即是采购预算正确性的评估指标。

6）生产效率

生产效率的高低将使预计的物料需求量与实际的耗用量产生误差。产品的生产效率降低，会导致原物料的单位耗用量提高，而使采购计划中的数量不能满足生产所需。过低的产出率也会导致物料损耗超出正常需用量，因此，当生产效率有降低趋势时，采购计划必须将此额外的耗用率计算进去，才不会发生缺货现象。

由于影响采购计划的因素较多，采购计划拟订之后，必须与产销部门保持经常的联系，并针对现实情况作出必要的调整与修订，才能实现维持正常产销活动的目标。

7）采购预算与价格预期

采购预算是制订采购计划的重要依据，在编制采购预算时，常对物料价格涨跌幅度、市场供求状况、汇率变动等因素进行预测，以此为调整预算考虑的因素。

市场价格波动也会影响采购计划的制订。在资源价格下降，供过于求时，为规避价格风险，采购量应适当加以控制；而在资源价格上涨，供不应求时，为防止缺货，一般需要建立一定的战略储备。

总之，影响采购计划的因素很多。采购计划拟订之后，应听取生产计划、物料控制及销售等部门意见，并针对现实的状况作必要的调整与修订，才能使采购业务与生产活动同步。

8）供应商供货能力及质量状况

在资源紧缺的情况下，原料价格上涨或产能等因素，直接影响供应商正常供货；同时，因供应商供货质量问题也会影响生产所需物料的供应，因此，在制订采购计划时应充分考虑这些因素，配备后备供应商或调整采购计划。采购计划表如表2-7所示。

表 2-7 采购计划表   日期：

料号	品名规格	适用产品	上旬		中旬		下旬		库存量	订购量
			工单号	用量	工单号	用量	工单号	用量		

制表：

二、采购订单计划的编制

采购订单计划是采购计划的具体实施计划。订单计划的制订包括以下 3 个主要环节。

1．订单计划准备

订单计划准备主要包括了解市场需求、了解生产需求、订单准备背景资料和制订订单计划说明书。

1）销售预测

销售预测是制订主生产计划、物料需求计划和采购的依据。因此，销售部门的销售预测和销售计划是否准确，对采购计划的准确性及实施有着重要影响。企业的年度销售计划一般在上一年的年末制订，根据年度计划制订季度、月度的市场销售需求计划。采购部门应根据销售计划、采购周期及资源供求状况相应制订年度、季度、月度采购计划，采购订单计划则根据每月实际执行情况加以调整。

【拓展资源】

2）物料需求计划

物料需求计划（Material Requirement Planning，MRP）根据主生产计划，结合库存情况、采购周期、供应商最小供货批量及供货质量等因素制定物料需求量。在 MRP 系统之中，物料需求计划是主生产计划的细化，它主要来源于主生产计划、独立需求的预测、物料清单文件、库存文件。编制物料需求计划的主要步骤包括：决定毛需求、决定净需求和对订单下达日期及订货数量进行计划。

3）准备订单环境资料

准备订单环境资料是准备订单计划中一个非常重要的内容。

制订订单计划的客观条件主要包括以下内容：

（1）供应商产能。供应商产能是制订采购订单计划的主要依据之一。为确保物料供应安全，一般选择两家以上供应商供货。

（2）供货周期。又称订单周期，是指从下单到交货的时间间隔，一般以天为单位。

（3）最小包装数。不同供应商的包装大小不同。往往供货数量与物料需求数量不能达到一致，因此，制订订单计划时必须考虑包装因素。

（4）采购份额。采购份额是指经过对多家供应商考核后，按业绩优劣确定的供应商供货份额。一般供应商业绩好的，供货份额大；反之，供货份额就小。

4）订单计划说明

订单计划说明也就是准备好订单计划所需要的资料，其主要包括以下内容：

（1）订单计划说明（物料名称、需求数量、到货日期等）。

（2）附件（市场需求计划、生产需求计划、订单环境资料等）。

2．计算订货量

计算订货量是采购计划的具体兑现。只有准确地计算订货量，才能既确保供应，又可以有效控制库存，降低采购物料成本。

1）月度计划订货量

订货量一般要考虑四大因素：

（1）物料需求计划。即物料部门根据主生产计划制订的物料需求计划。

（2）安全库存量。即企业为预防供货意外中断或物料质量状况发生变化而建立的最低库存。

（3）现有库存量。即制订订单计划时，期初的库存量。

（4）已订在途量。即制订订单计划时，预计将要到货量。

订货量计算公式为

$$订货量 = 物料需求量 + 安全库存 - 现有库存 - 已订在途量$$

【例】 某企业的汽车零部件需求情况如表2-8所示，设定的安全库存为200件，采购周期为1个月。每月在途量为200件，如何确定订货量？

表2-8 采购计划表 单位：件

月 份	需求计划	安全库存	现有库存	在途量	订货量
1	1 000	200	400	200	600
2	1 000（1 000）	200	200（600）	200	400
3	1 000	200	200	200	800

1月份订货量为

$$1月份订货量 = 物料需求量 + 安全库存 - 现有库存 - 已订在途量$$
$$= 1\ 000 + 200 - 400 - 200 = 600（件）$$

其结果为，2月份的现有库存为200件（期初库存与安全库存一致为理想状态）。如果1月份的实际需求为600而不是1 000，实际需求减少400，则2月份的现有库存为600，导致积压400件（括号为实际发生的量）。那么，如何确定2月份的订货量？

2月份订货量为

$$2月份订货量 = 物料需求量 + 安全库存 - 现有库存 - 已订在途量$$
$$= 1\ 000 + 200 - 600 - 200 = 400（件）$$

如2月份实际需求与计划需求一致，则3月份的期初库存为200件。

3月份订货量为

$$3月份订货量 = 物料需求量 + 安全库存 - 现有库存 - 已订在途量$$
$$= 1\ 000 + 200 - 200 - 200 = 800（件）$$

2）跨月份计划订货量

对于采购周期长的订货，如进口物料的订货，需要提前制订订货计划，采用每月滚动下订单的方法，若需求发生变化，则订货计划做相应的变动。其计算公式为

$$(M+N)月采购量 = (M+N)月需求预测 + 标准库存量 - (M+N-1)月预测库存$$

$$(M+N-1)月预测库存 = (M+N-2)月末实际库存 + (M+N-1)月采购计划量 - (M+N-1)月需求预测$$

$$M月预测库存 = (M-1)月末实际库存 + M月采购计划量 - M月需求预测$$

式中：M——计划制订月；

N——采购周期；

标准库存量——安全库存；

实际库存——计划制订月的上月底的实际库存；

需求预测——按销售部下达的最新计划，每月更新。

注意：需提供的相关的文件资料包括采购周期表、销售计划、标准库存和月底库存。

3．确定采购批量

月份订货计划是根据月物料需求计划来制订的，而月物料需求计划则要细化到周需求计划，这就要求采购部门根据月采购计划确定每次订货的数量或订货次数。

案例分析

3种订货方式比较

某制造企业通过MRP系统运行，产生的物料净需求如表2-9所示。

表2-9 物料需求表

时间 项目	1周	2周	3周	4周	5周	6周	7周	8周	9周	10周	11周	12周
总需求	150	50	70	100	0	150	200	100	0	180	40	160
预期收到		50										
现有库存（期初）	170	20	20									
净需求			50	100	0	150	200	100	0	180	40	160
计划发出												
期末库存												

平均每周需求：100件；采购提前期：2周；库存费用：每周0.2元/件；运输费用：90元/次。

1．准时订货法

订货批量即为满足某一期净需求的数量，按净需求发生的频率逐次分别确定。共订了8次，除第1、第2周期末有库存外，其他周均为零库存，如表2-10所示。其计算公式为

$$平均库存 = (现有期初库存 + 预期收到数量 + 期末库存)/2$$

表 2-10 物料需求表

时间 项目	1周	2周	3周	4周	5周	6周	7周	8周	9周	10周	11周	12周
总需求	150	50	70	100	0	150	200	100	0	180	40	160
预期收到		50	70	100	0	150	200	100	0	180	40	160
现有库存（期初）	170	20	20									
净需求				50								
计划发出	50	100		150	200	100		180	40	160		
期末库存	20	20										

对应的相关费用计算如下：

运输费用为

$$90 \text{ 元/次} \times 8 \text{ 次} = 720 \text{ 元}$$

库存费用为

$0.2 \text{ 元/件} \times [(170+20+20)+(50+50+100+150+200+100+180+40+160)+(20+20)]/(2 \times 12)$ 件 $= 10.67$ 元

总费用为

$$\text{总费用} = \text{运输费用} + \text{库存费用} = 720 + 10.67 = 730.67 \text{（元）}$$

由于采用准时订货法订货，多批次、小批量，订货频次高，运输成本高，所以比较适合采购金额大、保质期短、技术更新快的物料。

2. 经济批量法

订货批量大小对运输和库存成本有不同影响：订货批量大，订货次数少，运输成本低，库存成本高；反之，订货批量小，订货次数多，运输成本高，库存成本低。

经济批量（Economic Order Quantity，EOQ）就是指当运输成本与库存成本综合最低时所对应的批量，如图 2.2 所示。

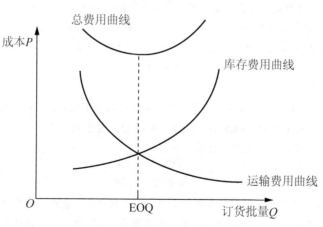

图 2.2 经济批量曲线

经济订购批量（EOQ）计算公式为

$$\text{EOQ} = \sqrt{\frac{2DS}{H}}$$

式中：D——全年平均每周的总需求量（件/周）；

S——每次运输所发生的费用（元/次）；

H——单位库存费用（元/件·周）。

假定 D = 100 件/周，则

$$\text{EOQ} = \sqrt{\frac{2DS}{H}} = \sqrt{\frac{2 \times 100 \times 90}{0.2}} = 300（件）$$

当某周的净需求大于现有库存数时，就以 300 件或 300 件的整倍数订货，如表 2-11 所示。

表 2-11 物料需求表

时间 项目	1周	2周	3周	4周	5周	6周	7周	8周	9周	10周	11周	12周
总需求	150	50	70	100	0	150	200	100	0	180	40	160
预期收到		50	300				300			300		300
现有库存（期初）	170	20	20	250	150	150	0	100	0	0	120	80
净需求			50									80
计划发出	300			300			300		300			
期末库存	20	20	250	150	150	0	100	0	0	120	80	220

对应的相关费用如下：

运输费用为

$$90 \text{ 元/次} \times 4 \text{ 次} = 360 \text{ 元}$$

库存费用为

0.2 元/件 × [（170 + 20 + 20 + 250 + 150 + 150 + 100 + 120 + 80）+ 50 + 300 + 300 + 300 + 300（20 + 20 + 250 + 150 + 150 + 100 + 120 + 80 + 220）]/（2 × 12）件 = 28.5 元

总费用为

$$\text{总费用} = \text{运输费用} + \text{库存费用} = 360 + 28.5 = 388.5（元）$$

经济订购批量比准时订货的总费用低得多。但也应该看到，因每周需求量大小差异很大，而订货数量则为一个恒量，就必然形成较大的库存。因此，经济订货批量一般适用需求变动小、批量大的物料采购，如钢厂煤炭、铁矿石，食用油厂大豆等的订货可采用此法。

3. 周期订货批量法

由于 EOQ 法仅考虑运输成本与库存成本的关系，未考虑需求变化的因素，所以导致库存量大的结果。

周期订货批量法（Period Order Quantity，POQ）以 EOQ 法为基础，结合需求变化，确定计划期内整合若干次需求数量，作为订货依据。周期 N 计算公式为

$$N = \frac{\text{EOQ}}{\text{平均需求}} = \frac{300}{100} = 3$$

即经济订货批量 300 件平均能够满足 3 周的需求，而周期订货批量法，就是把每 3 周实际需求作为订货批量。结果还是订了 3 次，如表 2-12 所示，第 1 周订货量为 150 件，第 3 周收到，正好满足第 3 周、第 4 周、第 5 周共 3 周的净需求；第 4 周发生 450 件的订货量，第 6 周收到，正好满足第 6 周、第 7 周、第 8 周共 3 周的净需求；第 8 周发出 260 件的订货量，第 10 周收到，正好满足第 10 周、第 11 周、第 12 周共 3 周的净需求（注意，第 9 周的净需求为 0）。

表 2-12 物料需求表

项目\时间	1周	2周	3周	4周	5周	6周	7周	8周	9周	10周	11周	12周
总需求	150	50	70	100	0	150	200	100	0	180	40	160
预期收到		50	150			450				380		
现有库存（期初）	170	20	20	100	0	0	300	100	0	0	200	160
净需求				50								
计划发出	150			450				380				
期末库存	20	20	100	0	0	300	100	0	0	200	160	0

对应的相关费用如下：

运输费用为

$$90\text{元/次} \times 3\text{次} = 270\text{元}$$

库存费用为

$0.2\text{元/件} \times [(170+20+20+100+300+100+200+160)+50+150+450+380+(20+20+100+300+100+200+160)]/(2\times12)\text{件} = 25\text{元}$

总费用为

$$\text{总费用} = \text{运输费用} + \text{库存费用} = 270 + 25 = 295（\text{元}）$$

由于周期订货批量法以 EOQ 为基础，考虑不同的需求情况，所以订货结果同样满足需求，而且降低了库存费用和总费用。周期订货批量法比较适用于需求变化大的重复性需求的物料订货。

问题

分析 3 种订货方法的适用范围。

技 能 训 练

1. 思考题

（1）影响采购计划制订的因素有哪些？

（2）制订采购计划的主要环节有哪些？

2. 能力训练

出于课程实训的需要，物流实训中心需要容量为 2GB 的 U 盘 90 只，请作出一份采购计划。

任务3 采购预算

预算是一种用数量来表示的计划，它是指在计划初期，根据企业整体的目标任务要求，对实现某一计划目标或任务所需要的物料数量及全部活动的成本所做的详细估算。

企业所能获得的可分配的资源和资金在一定程度上是有限的，受到客观条件的限制，企业的管理者必须通过有效地分配有限的资源来提高效率以获得最大的收益。一个经营良好的企业不仅要赚取合理的利润,还要保证企业有良好的资金流,因此,合理的预算既要注重最佳实践,又要强调财务业绩。

工作任务

某纺织企业采购预算编制规则

1. 材料的预算编制

除遵照本企业预算制度之外,均依照本规则的规定办理。

2. 材料的预算划分

材料的预算分为用料预算和购料预算。用料预算再按用途分为营业支出用料预算和资本支出用料预算。

3. 材料预算按编制的期间划分

材料预算按编制的期间分为年度预算和分期预算。

4. 年度用料预算的编制程序

年度用料预算的编制程序如下:

(1)由用料部门依据营业预算及生产计划编制《年度用料预算表》(特殊用料应预估材料价格),经主管科长核定后送企划科,材料管理汇编《年度用料总预算》转工厂会计部。

(2)凡属于委托保全科修缮的工作,一概由保全科按用料部门计划代为编列预算,并通知用料部门。

(3)材料预算经最后审定后,由总务科运输组严格执行;如经核减,应由一级主管召集科长、组长、领班研究拟订分配后核定,由企划科分别通知各用料部门重新编定预算;属于自行修配委托者,按本条第2款的规定办理。

(4)用料部门用料超出核定预算时,由企划科通知总务科运输组。用料部门超出数在10%以上时,应由用料部门提出书面理由呈转上一级主管核定后办理。

(5)用料总预算超出10%时,由企划科通知运输组说明超出原因呈请核实,并办理追加手续。

5. 分期用料预算

由用料部门编制,凡属委托修缮的工作,保全科按用料部门计划分别代为编列《用料预算表》,经一级主管核定后送企划科转送运输组。

6. 资本支出用料预算

由一级主管根据工程规划,通知企划科按前条的规定办理。

7. 购料预算的编制程序

购料预算的编制程序如下:

(1)年度购料预算由企划科汇编并送呈审核。

(2)分期购料预算,由运输组根据库存量、已购未到数量及财务状况,编制《购料预算表》,由企划科送呈审核并转企业财务会议审议。

8. 经核定的分期购料预算

在当期未动用者,不得保留;确有需要者,下期补列。

9. 资本支出预算

年度有一部分未动用或全部未动用者,其未动用部分不能保留,根据情况在次年补列。

10. 未列预算的紧急用料

由用料部门领用料后,补办追加预算。

11. 用料预算

用料预算除由用料部门严格执行外,还要由运输及企划科加以配合控制。

要求

（1）指出该企业采购预算编制规则的优、缺点。

（2）用所学知识补充完善该企业采购预算编制规则。

相关知识

一、采购预算的目的

采购预算可以将企业在未来一定期间内经营决策的目标通过有关数据系统地反映出来，能够使经营决策具体化和定量化。一般来说，企业制定预算主要是为了达到以下目的：

【拓展资源】

（1）促进企业计划工作的开展与完善，减小企业的经营风险与财务风险。预算的基础是计划，预算能促使企业的各级经理提前制订计划，避免企业盲目发展，遭受不必要的经营风险和财务风险。

（2）使企业高层管理者全盘考虑企业整个价值链之间的相互关系，明确各部门的责任，便于各部门之间的协调，促成企业长期目标的最终实现。

（3）使部门之间合理安排有限资源，保证资源分配的效率性。

（4）对成本进行控制，通过加快物资和资金周转、降低成本，实现企业可持续发展。

二、编制采购预算的流程

1. 采购预算编制流程

对制造企业来说，生产计划通常根据企业的销售计划来制订，生产计划包括采购预算、直接人工预算及制造费用预算。因此可以说，采购预算是采购部门为配合年度的销售预测或生产数量，对需求的原料、物料、零件等的数量及成本进行的估计。采购预算如果单独编制，不但缺乏实际的应用价值，也失去了其他部门的配合，所以采购预算的编制必须以企业整体预算制度为依据，如图2.3所示。

从图2.3中可以看出，编制预算涉及企业的各个方面。对整个企业而言，预算管理的最高组织协调者，可以为公司的总经理；预算协调员可以为公司的部门经理、子公司经理；预算编制人可以为一个部门、一个子公司甚至一个业务员。

2. 采购预算编制步骤

预算过程应从采购目标的审查开始，接下来是预测满足这些目标所需的行动或资源，然后制订计划或预算。

采购预算编制一般包括以下几个步骤（图2.4）：

（1）审查企业及各部门的战略目标。采购部门作为企业的一个部门，在编制预算时要从企业总的发展目标出发，审查本部门和企业的目标，确保两者之间的相互协调。

（2）制订工作计划。采购主管必须了解本部门的业务活动，明确它的特性和范围，制订出详细的工作计划表。

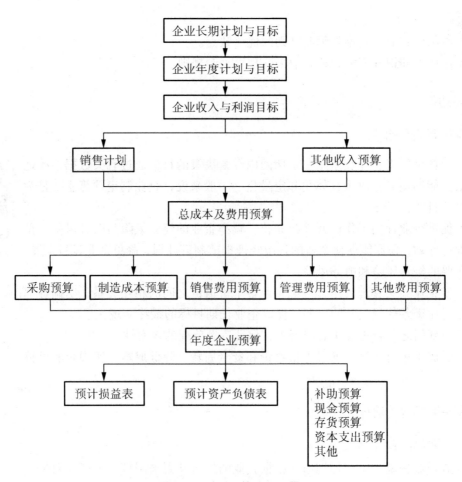

图 2.3 采购预算编制流程

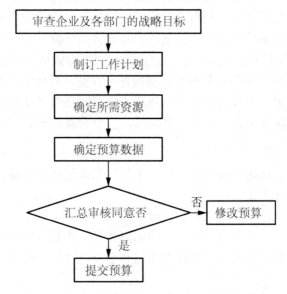

图 2.4 采购预算编制步骤

（3）确定所需资源。有了详细的工作计划表，采购主管要对业务支出作出切合实际的估计，确定为实现目标所需要的人力、物力和财力资源。

（4）确定预算数据。确定预算数据是编制预算的难点之一。目前企业普遍的做法是将目标与历史数据相结合来确定预算数据，即对过去历史数据和未来目标逐项分析，使收入和成本费用等各项预算切实合理可行。对过去的历史数据可采用比例趋势、线性规划、回归分析等方法找出适用于本企业的数学模型来预测未来。有经验的预算人员也可以通过以往的经验作出准确的判断。

（5）汇总编制总预算。对各部门预算草案中的数据进行审核、归集、调整，汇总编制总预算。

（6）修改预算。由于预算总是或多或少地与实际有所差异，所以必须根据实际情况选定一个偏差范围。偏差范围的确定可以根据行业平均水平，也可以根据企业的经验数据。设定了偏差范围以后，采购主管应比较实际支出和预算的差距以便控制业务的进展。如果支出与估计值的差异达到或超过了容许的范围，就有必要对具体的预算作出建议或必要的修订。

（7）提交预算。将编制好的预算提交企业负责人批准。

三、编制采购预算应注意的问题

1. 注重市场调研

在编制预算之前，要进行市场调研，广泛收集预测信息和基础资料数据，如市场需求量、售价、材料价格、使用年限等，并对这些信息资料进行必要的加工、整理，然后用于编制预算。如果忽视了对市场的调研和预测，可能会使预算指标缺乏弹性，缺乏对市场的应变能力，致使采购预算不能发挥其控制作用。

2. 确立恰当的假定

恰当的假定可以使预算指标建立在一些未知而又合理的假定因素的基础上，便于预算的编制和采购管理工作的展开。预算编制人员必须面对一些不确定因素，预定一些预算指标之间的关系。因此，在编制预算时要根据历史数据和对未来的预测确定合理的假定，确保采购的合理性和可行性。

3. 预算要具体化

在编制采购预算时，必须对每项支出都要写出具体数量和价格，只有越具体，才可以越准确地判断预算做得对错与否，才能促使部门在采购时精打细算，节约开支。在实际编制采购预算过程中，应在采购预算表下附该预算现金支出计算表，以便编制现金预算。

4. 强调广泛参与性

在编制预算过程中应让尽可能多的员工参与到预算的制定中来，既可以提高员工的积极性，也可以促进信息在更大的范围内交流，使预算编制中的沟通更为详细，增加预算的科学性和可操作性。

5. 采取合理的预算形式

企业内部各部门所采用的预算形式应重点放在现金流而不是收入和利润上，当然最佳的预算形式最终还是取决于组织的具体目标。

> 案例分析

G 公司采购主管的采购预算

G 公司的采购负责人 D,正面临着一项重要的采购政策。公司刚刚同一家以前没有业务往来的大客户签订了一份重要订单,生产将在几天内开始。遗憾的是,G 公司的一家供应商大幅提价,威胁到这个项目的初始定价。

下面介绍 G 公司的情况:

(1)在确定订单的时候,G 公司的做法是把自己的预算文件寄给客户以求得其认可。

(2)预算一般是通过销售部门传到预算部门的。预算部门与工程部门紧密地合作,以使系统设计达到客户的要求。设计完成后,预算部门同采购部门合作来提出正式的预算,然后交给销售部门,由其发送给客户认可。

(3)G 公司预算的有效期一般只有 30 天,30 天后失效必须重新进行。这个限制是行业的标准,许多供应商都提出了相似的条件。

D 认为,G 公司的周转速度是很快的,通常是客户降低了交易的速度。G 公司各部门彼此紧密合作以确保周转迅速,从而保持业务的发展。同时,他们也意识到自己的客户同样也有自己的销售、预测、工程和采购部门,订单通过整个系统需要花费一定时间,因此,客户反馈信息也需要一段时间。

G 公司的销售主管、总工程师和总经理从东京带回了一份由日本一家大型发电厂发出的热交换系统的预算请求。预期订单是可以获利的,并且这项交易十分重要。刚从外地派来的总经理对这项潜在的新业务感到十分兴奋,把它作为在远东市场的突破。他不断向 G 公司所有重要职员强调其重要性,包括 D 在内。

在接下来的一个星期内,销售人员、工程部门和预测部门的人员认真地进行了预算,并把最终对零件的要求提交给 D。D 毫不费力地从长期供应商那里获取了对所需材料的估价,并把这些信息返回给预算部门。计划的热交换系统需要很多定制的电动机、金属管及非常昂贵的钛金属,这些加起来相当于总成本的 50%。在把适当的利润加到最终的预测成本之后,合同在当周发往东京,预计定价为 1 200 万美元。

问题

(1)D 的工作有失误吗?

(2)G 公司日常经营管理有什么问题吗?采购管理有什么问题吗?

(3)G 公司该如何处理上述情况?

技 能 训 练

1. 思考题

(1)为什么要编制采购预算?

(2)简述采购预算编制的流程。

(3)编制采购预算应注意哪些问题?

2. 能力训练

根据项目 1 所调查的一家中型制造企业,对其采购部门的采购预算进行分析,并为其提供合理化建议。

项目 3

供应商管理

项目介绍

供应商管理是采购工作的关键环节。对于供应商的管理,一方面应重视供应商的开发与评估,选择好的供应商是今后顺利开展工作的基础;另一方面也要重视对供应商的中后期管理,包括对供应商的工作绩效作出评价,以便于激励优秀的、合格的供应商,淘汰不合格的供应商,对于工作绩效优秀的供应商予以激励,并加深与他们的合作,以便持续改进绩效、降低成本。

学习目标

知 识 目 标	能 力 目 标
(1)理解供应商开发及评估的程序与要求。 (2)熟悉供应商关系管理的基本程序	(1)掌握供应商评估与选择的方法。 (2)能够初步进行供应商供应绩效的考核

任务 1　供应商开发

【拓展案例】

供应商是指那些向买方提供产品或服务并相应收取货币作为报酬的实体，是可以为企业生产提供原材料、设备、工具及其他资源的企业。企业要维持正常生产，就必须要求有一批可靠的供应商为企业提供各种各样的物资供应。因此，供应商管理是采购实务中非常重要的工作。

所谓供应商管理，就是对供应商的开发、评估、选择、考核和控制等综合性管理工作的总称。供应商管理的目的就是要建立起一个稳定可靠的供应商队伍，为企业生产提供可靠的物资供应。

工作任务

2015 年 10 月 1 日，C 公司注册成为一家生产计算机配件的企业，新上任的采购员小艾主要负责采购 IC 器件，小艾迅速理清了思路，认为开发供应商的当务之急就是调查供应商。

相关知识

供应商管理的重要任务就是要开发供应商。所谓开发供应商，就是要从无到有地寻找新的供应商，建立起适合于企业需要的供应商队伍。供应商的开发，首先从供应商调查开始，即要了解供应商、分析供应商。

供应商调查可以分为 3 个不同的阶段：第一步是初步供应商调查；第二步是供应商分析；第三步是深入供应商调查。供应商调查在不同的阶段有不同的要求。

一、初步供应商调查

初步供应商调查是对供应商的基本情况的调查，主要是了解供应商名称、地址、生产能力，提供产品的种类、数量、价格、质量、市场份额及运输条件等内容。

初步供应商调查是为了了解供应商的一般情况，因此，初步供应商调查的特点为一是调查内容浅，只要了解一些简单的基本情况；二是调查面广，最好能够对资源市场中所有供应商都进行初步调查，从而掌握资源市场的基本情况。

初步供应商一般采用访问调查法，通过访问相关人员而获得信息，并建立起供应商卡片，如表 3-1 所示。

表 3-1　供应商卡片

公司基本情况	名称			
	地址			
	营业执照号		注册资本	
	联系人		部门、职务	
	电话		传真	
	E-mail		信用度	

续表

产品情况	产品名称	规格	价格	质量	可供数量	市场份额
运输方式		运输时间		运输费用		
备注						

在初步供应商调查的基础上，要利用供应商初步调查的资料进行供应商分析。供应商分析的主要目的是比较各个供应商的优势和劣势，选择适合企业需要的供应商。

二、供应商分析

供应商的分析主要围绕供应商的产品基本情况、供应商企业的一般情况、产品及其市场的性质、供应商的运输条件等内容展开。

1．分析供应商的产品基本情况

分析供应商的产品品种、规格、质量水平及价格水平，只有产品的品种、规格、质量水平及价格水平都适合于企业，才有可能成为企业的供应商，才有必要继续分析下去。

2．分析企业的一般情况

企业的一般情况包括分析企业的实力、规模，产品的生产能力、技术水平，企业的管理水平，企业的信用度等。

企业的信用度是指企业对客户、对银行等的诚信程度。表现为供应商对自己的承诺和义务认真履行的程度，特别是像产品质量保证、按时交货、往来账目处理等方面能够以诚相待、一丝不苟地履行自己的责任和义务。

对信用度的调查，在初步调查阶段，可以通过访问法了解该企业的信用度，在详细调查阶段，可以通过大量的业务往来分析供应商的信用程度。

3．分析产品及其市场的性质

通过初步调研信息分析产品属于竞争性商品还是垄断性商品，如果是竞争性商品，则需进一步分析供应商的竞争态势、产品的销售情况、市场份额及产品的价格水平。

4．分析供应商的运输条件

对供应商运输条件的分析主要包括供应商相对于本企业的地理交通情况分析、运输方式分析、运输时间分析及运输成本分析。

在进行以上分析的基础上，完成初步供应商筛选，然后对通过筛选的供应商进行深入调查。

三、深入供应商调查

对于通过初步调查分析合格、被选定的供应商，要采取深入调查。深入调查分以下3个阶段：

第一阶段，送样检验。通知供应商生产一批样品，随机抽样检验。检验合格进入第二阶段；检验不合格，允许再改进生产一批送检，抽检合格也可进入第二阶段，若抽验不合格，供应商落选。

第二阶段，考察生产工艺、质量保障体系和管理体系等生产条件是否合格。合格者为备选供应商，不合格者进入第三阶段。

第三阶段，生产条件改进考察。在第二阶段考核不合格的供应商，若愿意改进并在规定时间内达到了改进效果，即可成为备选供应商；若不愿意改进或愿意改进但在规定时间内没有达到改进效果，则该供应商落选。

至此，深入供应商调查阶段结束。

 任务2 供应商评估

【参考视频】

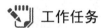 工作任务

采购员小艾经过半个月的调查，共收集了54家IC器件生产企业的相关资料，经过初步分析供应商企业产品的基本情况、供应商企业的一般情况及运输条件后，确定21家企业基本符合C公司的要求。C公司采购部戴经理、采购员小艾会同生产部门的技术人员对各供应商的样品及生产条件进行了考察，最后确定要对其中的5家企业进行评估，从中选出合适的供应商。

相关知识

深入供应商调查完成后，就要客观、科学地评估供应商，才能选择到合适的供应商。供应商评估的对象主要有两类：第一类是现有供应商；第二类是新的潜在供应商。对于现有供应商，可根据企业制定的供应商考核指标来进行考核，通过考核结果来决定是否维持与该供应商的供需关系。对于供应商的考核将在本项目的任务3中进行详细描述。

对新的潜在供应商的评估过程要复杂一些，通常是在完成深入供应商调查后，成立供应商评估小组，对供应商的产品、价格、供货能力、服务水平、资信、质量体系的建立及执行的有效性等内容做充分的考察，以便确定是否与供应商进行合作。

一、供应商评估程序

1. 成立供应商评估小组

由于供应商的选择涉及企业的生产、技术、计划、财务、物流及市场等部门，供应商评估小组应由包括研究与开发部、技术支持部、采购部、市场部、计划部与物流管理部等部门的相关人员组成。对于技术要求高的关键采购项目需要设立跨职能部门的供应商选择小组。

2. 决定评估的项目

由于供应商之间的条件存在差异，所以选拔合格的供应商必须有客观的评估项目，通常包括下列内容：

（1）一般经营状况。公司成立的历史；负责人的资历；注册资本金数额；员工人数；生产记录及实绩；主要客户；财务状况。

（2）制造能力。生产设备配备情况；生产能力的利用情况；生产工人的技术水平；生产稳定性；生产地与需求地之间的距离。

（3）技术能力。技术是自行研发还是依赖外界；现有产品或试制样品的技术评估。

（4）品控能力。有无品质控制方面的制度；是否有品控方面的作业方案；品控制度是否落实，是否可靠；有无政府机构的评定等级。

（5）供应履行能力。供应商的历史背景和发展前景；审计供应商并购、被收购的可能；了解供应商的经营状况；信用状况；分析价格是否合理；能否获得优先权。

3. 确定评审项目的权重

确定代表供应商服务水平的相关因素，确定评估指标，并确定各指标的权重或项目评估小组各成员的不同权重。因为不同行业的不同产品的供应商评估指标和权重是不尽相同的。

4. 选择适合的评估方法

在深度调研的基础上，根据已选定的评估项目指标和评估指标的权重，选择适当的评估方法，逐项评估每个供应商的供应履行能力。

5. 综合评估并确定供应商

在逐项评估的基础上，为每个供应商进行综合评估，从而选出合格的供应商。

二、供应商评估的方法

评估供应商时，要根据具体情况选择合适的评估方法。常用的评估方法有直观判断法、加权综合评分法、招标选择法及协商选择法。

1. 直观判断法

直观判断法是指通过简单的调查、征询意见、比较分析和判断来选择供应商的一种方法。这种方法在应用过程中，主要是根据采购人员的工作经验作出主观性的判断。这种方法的运作方式简单、快速、方便，但是缺乏客观的判断依据，并受主观影响较大，容易滋生采购人员的腐败行为。这种方法常用于选择企业非主要原材料的供应商，比较适合常用易耗品的采购。

案例分析

直观判断法选择供应商导致某外资超市"采购腐败"

某外资超市（简称 A 超市）中的某些采购经理侵蚀企业利润似乎已不是秘密。在众多供货商提供的证据中，单店采购黑幕可谓触目惊心，已经变成 A 超市管理体制中最头疼的问题。

在零售业内有这样一句话："A 超市是最本地化的外资超市"。为了先于其竞争对手在中国完成战略布局，A 超市打破了常规集中采购的管理体制，采取了"各自分散作战"的方式，赋予门店很大的权力，使每家店面都拥有独立的采购和销售体系，允许采购经理根据经验决定供应商。

然而，这虽为 A 超市赢得了发展的时间和消费者的青睐，却给采购腐败以可乘之机。掌握供应商生杀大权的某些采购经理，一般做不到两年，就可以全额付款购买住房和汽车了，这些超常购买能力都是通过其他渠道获得的。更为关键的是，零售采购中暴露的腐败问题已经开始极大影响了 A 超市的利润。

A超市某分店店长张某曾对该卖场采购队伍的管理痛下狠招，使利润额明显上升。但是没有系统保证，管理者无法从根本上治理采购腐败现象。

2. 加权综合评分法

加权综合评分法是按照供应商评价的各项指标，按照各指标的评分标准分别对各项指标进行评分，并根据各项指标的权重，采用加权平均法求得各供应商的最终得分，选得分最高者为最佳供应商。

案例分析

某单位采用加权综合评分法选择供应商

某采购单位的供应商评估小组列出了甲、乙、丙、丁4个供应商评选的8个项目指标：产品质量、服务能力、交货速度、市场信誉、产品价格、付款期限、人员才干和产品说明。各项目指标被赋予的权重如表3-2所示。每个项目指标均被分成五档，分别赋予不同的分值，即极差（1分）、差（2分）、一般（3分）、良好（4分）、优秀（5分），总分40分。由供应商评估小组集体对4个供应商进行打分，其中甲供应商评分情况如表3-3所示。

表3-2 项目指标权重分配表

项目指标	产品质量	服务能力	交货速度	市场信誉	产品价格	付款期限	人员才干	产品说明
权重	0.2	0.1	0.2	0.1	0.05	0.2	0.1	0.05

表3-3 甲供应商评分表

序号	档次分数 项目指标	极差 1分	差 2分	一般 3分	良好 4分	优秀 5分
1	产品质量					√
2	服务能力					√
3	交货速度				√	
4	市场信誉				√	
5	产品价格				√	
6	付款期限			√		
7	人员才干					√
8	产品说明			√		

表3-3中的甲供应商综合得分为

5×0.2+5×0.1+4×0.2+4×0.1+4×0.05+3×0.2+5×0.1+3×0.05＝4.15（分）

其他3个供应商的得分情况为：乙供应商综合得分为4.20分，丙供应商综合得分为4.35分，丁供应商综合得分为4.40分。通过得分情况比较得出，最合适的供应商是丁。

3. 招标选择法

当采购物资数量较大、涉及资金较多、供应市场竞争激烈或者按要求必须进行招标采购时，可以采用招标选择法选择供应商。

案例分析

一次成功的网上药品招标

一次大规模药品网上招标采购在广东省F市轰轰烈烈地结束了，超过1 800种药的中标价格与从前的最低采购价相比平均降幅达25%，药品成交总额超过1亿元。

此次招标有两大亮点：一是投标企业多。一共有62家药品生产经营企业投标，投标的药品来自446个生产厂家和进口药的一级代理商，品种达1 811种，为全国已开展药品集中招标的单位药品品种采购之最。二是利用现代信息网络技术进行药品集中招标采购，为交易双方提供一个公平、公正、公开、便捷、高效和监督有力的现代技术服务，在广东省尚属首次。这次招标由F市所有二级以上医院（共19家）参加，采购药品分抗生素、抗肿瘤药、生物制品三大类，约占F市全年用药的20%。

这次使用某软件的网上招标，较好地避免了人工招标的弱点。招标的厂商可以通过自己的密码上网到招标的网址看有关情况，并只需将一份资料入网即可。而招标者面对数千种药品数据的统计处理，现代信息技术代替了大量人员工作，在5天内将其整理得有条有理。专家对药品、生产厂和经销商进行评分的环节，如果用传统的方式起码要花费15天的时间，而网上一目了然地从比较到打分只花费2天时间。机器操纵了整个招投标过程的60%的信息处理。这次评选是以"双盲"形式进行的。首先，专家是从370位候选人中随机抽取15位，他们要立即赶到全封闭的评标场地。其次，专家所评选的生产厂家和经销商资格、药品的质价3项内容是分离的，即专家不知道哪种药品是哪家生产、哪家经销的，而只能分类地去评价其价格。这个软件，能根据药品的质量、价格、质量价格比、厂商的服务及信誉五大项给出一个评分系统，评标专家几分钟就可以打出分数。定量打分留下5名候选。评标专家又通过软件进行定性打分，确定两个中标者，由医院挑选。定标后，由医院的采购员、药房主任和院长通过不同的界面上网，各尽其责进行药品采购。

网上招标对医疗机构和生产企业都有好处，最大的让利空间将吸引更多的人来看病，人气旺了，医院的效益也就有了保障；同时，招标采购成本降低，促进医院的资金运作。医院每年采购药品的成本占整个医院消耗物质的70%～80%，通过招标，药品采购的成本每年将降低10%。

4. 协商选择法

在潜在供应商较多、供应市场不激烈、交货时间紧迫、所购产品的技术规格复杂、采购企业难以抉择时，可以考虑使用协商选择法，即由采购企业选出供应条件比较好的若干家供应商，分别进行协商，再确定合适的供应商。与招标选择法相比，协商选择法的优点是双方能经过充分协商，在产品质量、交货日期和售后服务等方面较有保证；缺点是在有限的选择范围和有限的时间内，不一定能找到供应条件最为有利的供应商。

任务3 供应商绩效考核与管理

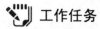工作任务

2015年12月，采购部戴经理组织成立了C公司IC器件采购评估小组，评估组成员由研发部、采购部、

生产部、物流部、市场部及技术支持部等部门的业务骨干组成。评估小组采用加权综合评分法，对5家备选供应商的产品质量、服务能力、交货速度、市场信誉、产品报价、付款期限等指标进行了评分，最后确定甲、乙、丙3家企业为正式供应商，并在考虑甲、乙、丙3家企业的生产能力及产品价格等因素的基础上分配了供应量，供应比例为6:3:1。

合作半年后，采购部门受到生产部门的投诉，生产部门投诉的主要内容是：IC器件供应质量不够稳定且经常供应不及时。戴经理认真分析后发现：甲供应商供货数量最大，质量最稳定，交货比较及时；乙供应商交货最及时，但产品质量不稳定，次品率高；丙供应商的产品质量最好，产品价格最高，但丙公司认为C公司不是其关键客户，交货总是不及时。乙供应商与丙供应商都从不同程度上影响了C公司的生产。戴经理认为，要对甲、乙、丙3家供应商进行考核。C公司迅速组成供应商考核小组，并由采购员小艾负责草拟供应商的绩效考核指标。

相关知识

一、供应商的绩效考核指标体系

供应商的绩效考核是指对已经获得采购方认可的现有供应商的实际工作表现的考核。考核的主要目的是了解供应商的表现、促进供应商改进，为供应商供应绩效评价提供依据。不同性质的企业对供应商的考核对象要求也不尽相同，以生产企业采购原材料的过程为例，考核的对象至少应该包括伙伴型供应商、优先型供应商和重点供应商，考核通常每月进行一次，并及时将考核结果通知被考核供应商。

在对供应商进行考核的过程中，生产企业通常会首先考核供应商的交货质量及交货表现，其次关注供应商的技术支持与服务、供应商参与本公司的产品开发等表现。

1. 供应商考核的质量指标

质量指标是供应商考核最基本的指标，包括来料批次合格率、来料抽检缺陷率、来料在线报废率、供应商来料免检率等。计算公式如下：

$$来料批次合格率 = \frac{合格来料批次}{来料总批次} \times 100\%$$

$$来料抽检缺陷率 = \frac{抽检缺陷总数}{抽检样品总数} \times 100\%$$

$$来料在线报废率 = \frac{来料总报废数（含生产在线数）}{来料总数} \times 100\%$$

$$来料免检率 = \frac{来料免检的种数}{该供应商供应的产品总种类数} \times 100\%$$

2. 供应商考核的供应指标

供应指标又称企划指标，是与供应商的交货表现及其企划管理水平相关的因素，主要有准时交货率、交货周期、订单变化接受率等。

准时交货率计算公式如下：

$$准时交货率 = \frac{按时按量交货的实际批次}{订单确认的交货总批次} \times 100\%$$

交货周期是指自订单开出之日到收货之时的时间长度，通常以天为单位。

订单变化接受率是衡量供应商对订单变化灵活性反应的一个指标，指在双方确认的交货周期中，供应商可接受的订单增加或减少的比率。计算公式如下：

$$订单变化接受率 = \frac{订单增加或减少的交货数量}{订单原定交货数量} \times 100\%$$

3. 供应商考核的经济指标

经济指标与采购价格和成本相关，质量及供应指标一般每月考核一次，而经济指标则相对稳定，多数企业是每季度考核一次，且经济指标是定性考核，常用经济指标如下：

（1）价格水平。通常与市场行情比较，或根据供应商的实际成本结构及利润率进行判断。如考核供应商报价是否及时，报价单是否客观、具体、透明等。

（2）降低成本的态度及行动。考核供应商是否真诚地配合公司的促销活动或主动地开展降低成本活动，是否定期与本公司共同检查价格。

（3）分享降价成果。考核供应商能否将降低成本的好处与本公司共享。

（4）付款。考核供应商是否积极配合本公司提出的付款条件要求与办法，开出的付款发票是否准确、及时，是否符合有关财税要求。

4. 供应商考核的技术支持与服务配合指标

支持、配合与服务方面的表现考核也是定性指标，每季度考核一次，相关的指标有反应与沟通、合作态度、参与本公司的改进与开发项目、售后服务等。

（1）反应表现。考核供应商对订单、交货、质量投诉等反应是否及时，答复是否完整，对退货、换货处理是否及时。

（2）沟通手段。考核供应商是否有相对固定的人员负责与本公司沟通，沟通渠道是否畅通。

（3）合作态度。考核供应商是否将本公司看成重要客户，供应商的内部沟通协作是否顺畅。

（4）共同改进。考核供应商是否积极参与或主动参与本公司的质量、供应、成本等改进活动。

（5）售后服务。考核供应商是否主动征询本公司的意见或主动告知预防问题出现的方法。

（6）参与开发。考核供应商是否积极参与本公司的产品或业务开发的过程。

（7）其他支持。考核供应商是否在参观、访问、报价与送样、文件归档等方面顺利配合。

5. 供应商考核结果的处理

（1）鼓励优秀及合格供应商。按照企业的考核标准，对于达到优秀的供应商应予以激励，对于合格的供应商及时反馈考核结果，并帮助其优化供应过程。

（2）警告不合格供应商。对于考核不合格的供应商应及时进行警告，并指导其改进供应过程，若改进效果不明显则应选择新的供应商替代。

（3）开除整改后仍不合格的供应商。对于考核不合格的供应商，在限期整改后仍达不到合格供应商的基本要求的，应予以开除，绝不手软。

二、供应商绩效考核的程序

1. 供应商绩效考核的准备

（1）要制定供应商的绩效考核办法，确定供应商绩效考核的指标体系，作为量化考核的依据。

（2）要与选定供应商进行充分沟通，使其了解考核标准，并对本公司参与考核的部门及人员做好培训工作。

2. 供应商绩效考核人员的确定

（1）采购部主管。由于采购主管对供应商的供应绩效最为熟悉，所以采购主管参与考核有利于全面、真实地反映供应商的供应绩效。

（2）工程、质量或生产部门相关人员。若采购项目的品质及数量对企业的最终产出影响很大时，可由工程、质量及生产部门的相关人员来参与考核。

（3）外界的专家或管理顾问。为避免企业对供应商的绩效考核持有主观性，可以特别聘请外界的采购专家或管理顾问，针对供应商已有的表现，作出客观的分析与建议。

3. 供应商的问题与奖惩办法

对于考核过程中各供应商出现的问题应及时反馈给相关供应商，并协助其改进；对于考核优秀的供应商应及时予以奖励，供应商的奖惩通常成为促使其持续改进供应绩效的动力。

三、供应商供应绩效的持续改进

供应商供应绩效的持续改进有赖于采购企业所制定的激励机制。除了通常所用的价格激励、订单激励、淘汰激励、投资激励、信息激励以外，还有以下几种激励模式可供参考。

1. 商誉激励

商誉是一种无形资产，它由企业自身在公众和其他企业中的评价所决定。而且人们越来越重视这种无形资产。在激烈的竞争环境下，供应商收到的订单量及其收入的多少主要取决于其过去的运营质量及合作水平。一个企业的商誉越高，其获得订单的可能性也就越大。

采购企业可以在供应商的订单完成率和准时交货率等方面对供应商进行商誉的激励。如供应商能在规定的时间内100%完成订单，采购企业可支付比例较高的货款，甚至全额付款，以此来激励供应商。供应商的准时交货对于采购企业来说，既能降低库存费用，又能保证生产，因此，如果供应商能够按照要求准时交货，则可以给该供应商较多的订单，甚至以较高的货物单价促使其逐渐往准时生产方式（Just In Time，JIT）方面发展。

【拓展资源】

2. 长期合作的激励

通过建立长期的合作伙伴关系，供应商可以节省许多由于更换伙伴所发生的费用，以及减少由于对另一个伙伴的重新了解所产生的风险，供应商一般总能从长期的合作中得到持续稳定的利润。因此，让战略性供应商确信可以成为长期的合作伙伴，能够促进这种关系的形成及维系。

3. 为供应商提供更多的技术培训机会及技术支持

采购企业可以向供应商提供一些学习、培训、交流的机会，体现出重视供应商的个体成长和事业发展。供应商除了希望在订单中获取收益外,还希望能够实现企业的长期发展及更高层的社会价值。因此,如果能够不断地为供应商提供提高自身技能的学习机会,加强供应商的核心能力,同时充分了解供应商的需求和发展意愿,为其提供富有挑战性的发展机会,就一定能够促使供应商不断改进供应绩效。

任务4 供应商关系管理

 工作任务

C公司的供应商关系管理危机

C公司的供应商考核小组通过了采购员小艾草拟的供应商绩效考核指标体系,并对甲、乙、丙3家供应商的质量指标、供应指标、经济指标、技术支持与服务配合指标进行了考核,考核结果认为:甲供应商表现优秀,应当予以激励,乙和丙供应商均需整改,期限为3个月。

乙供应商对考核结果反映积极,愿意参与整改,而丙表示为保证其关键客户的供应量,无法对C公司的交货及时率做出承诺,若C公司不能谅解,愿意终止与C公司的供应关系,C公司接受了这一提议,并把丙供应商的订单转给了甲供应商。

3个月后,乙供应商由于生产技术水平的限制,产品质量仍然不能达到C公司的要求,不得不与C公司结束了合作关系,经过与甲供应商协商,乙公司的订单也由甲公司来完成,甲公司就变成了C公司的唯一供应商。

C公司的戴经理接到通知,因业务方向调整的需要,甲公司将在两个月后停止生产IC器件,停止生产后,甲公司库存还能保证满足C公司1个月的生产需求,也就是说,C公司必须在3个月内找到新的IC器件供应商,戴经理懵了……

要求

C公司的供应商关系管理存在什么问题?

相关知识

一、单源供应商的风险防范

1. 单源供应商的适用条件

单源采购是一种没有竞争的采购方式。采购实体在适当的条件下向单一的供应商、承包商或服务提供者征求建议或报价来采购货物、工程或服务。由于单源采购只同唯一的供应商、承包商或服务提供者签订合同,所以就竞争态势而言,采购方处于不利的地位,有可能增加采购成本,并且在谈判过程中容易滋生腐败现象,各企业都对这种采购方法的使用规定了严格的条件。一般来说,这种方法的采用都是出于紧急采购的时效性或者只能从唯一的供应商或承包商取得货物、工程或服务的客观性。

2. 独家供应的优劣分析

1)独家供应的优势

独家供应的优势主要体现在以下两个方面:

（1）节省时间和精力，有助于与供应商发展伙伴关系。
（2）双方在产品开发、质量控制、计划交货、降低成本等方面共同改进。

2）独家供应的风险

独家供应会造成供需双方的相互依赖，会产生如下风险：

（1）供应商有了可靠的顾客，会失去其竞争的原动力及应变、革新动力。
（2）供应商有可能远离市场，不能完全掌握市场的真正需求。
（3）企业本身不容易更换供应商。

3. 如何防止单源供应商控货

许多企业对于某些重要的原材料过于依赖同一家供应商，很容易导致供应商影响采购价格，对采购方施加压力，供应商垄断供货，采购方进退两难。下面是一些常见的防止供应商控货的方法，采购方可以根据自己所处的环境选择恰当的方法进行反控制。

1）避免使用单源供应

独家供应一般有两种情况：一种是供货商不止一家，但仅向其中一家采购；另一种是该产品的供应商仅此一家，别无分号。对于前一种情况，只要"化整为零"，变成多家供应，造成卖方的竞争，对方自然不会轻易抬高价格；而对后一种情况，则要尽快开发新来源，寻找新的供应商或新的替代产品。

2）注意业务经营的总成本

单源供应商在采购价格上不肯让步时，采购方可以说服供应商在其他非价格条件上作出让步，总成本中的每个要素都可能使采购方节约成本。例如，要求供应商免费送货、延长保修期、放松付款条件等。

3）充分掌握信息

更好地掌握信息，增强相互依赖。要清楚地了解供应商客户构成，培养供应商对采购方的依赖，在相互依赖增强的同时，对方的控制能力必定减弱，采购方提出降价要求时，供应商才会让步。

4）协商长期合同

长期需要某种产品时，可以考虑订立长期合同。一定要保证持续供应和价格的控制，采取措施预先确定产品的需求量及需求增加的时机。

二、友好结束供应商关系

当合作伙伴关系失败而决定终止时，采购方在尽可能不损害客户满意度、公司的利润及公司声誉的前提下，与供应商友好结束供应关系。

1. 拆伙种类

出于不得已的原因必须结束与供应商的合作，称为拆伙。从采购方来讲，拆伙可分为自愿与非自愿拆伙两种。自愿拆伙的原因中最多见的是对供应商表现不满，如当一方连续向对方派出质量小组帮对方解决重复性的问题，对方没有作出相应的改变，而退货还在持续发生，最终该方只能放弃，转而寻找其他的供应商。非自愿拆伙往往来自于供应商的破产或无法预测的风险。这种拆伙也可能是供应商被别的企业收购，导致采购方所依靠的供应商企业关闭而不得不作出的反应。

除了上述原因以外，另一个导致供应商伙伴关系破裂的普遍原因是相互失去了信任。与供应商失败的沟通，尽管双方都是无意的，但能直接损害双方的信任。因此，为了公司的利益，为了使损失最小化，采购方应尽可能地减少供应商的敌意，这样在转换供应商的过程中才能得到供应商的协作。

2. 拆伙策略

有的企业会在事先没有通知对方的前提下突然向供应商提出结束合作，或者以一些含糊的指责来结束与供应商的合作。这些都会使供应商充满敌意，同时也会使新的供应商怀疑以后会被同样对待，而企业的声誉也会遭受损害。因此，采购方应在供应商的表现、管理或者成本接近"危险区"时，坦率而直接地发出警告信号，这样供应商就不会感到不满。有3个"P"可以帮助采购方在与供应商拆伙时减少对方的敌对情绪：

（1）积极的态度（Positive Attitude）。与其面对延续的挫折，不如现在先结束合作，等以后双方的情况改变后再寻求合作的机会。

（2）平和的语调（Pleasant Tone）。不要从专业的或个人的角度去侮辱对方。

（3）专业的理由（Professional Justification）。采购方应该告诉供应商，这不是由于个人的问题，而采购方的主要职责是为公司创造价值、吸引和留住客户。

3. 转换过程

企业应先向供应商解释这次拆伙可能对双方都有好处，再寻求迅速公平的转换方法，以使双方的痛苦降到最小。然后，采购方应清楚地列出供应商应该完成哪些善后工作，如对方需按协商结果停止相关工作，同意终止合同，结束分包合约，清算双方的往来资产，明确有关的法律事项，以及如何低成本地处理现有的库存。

同时，也要认可供应商对采购方的要求：围绕拆伙事实的合理解释，对已经发生的费用如何结算，协助处理现有库存，确立转换过程的合理时间表，最后拟定一份《出清存货合同清单》，正规地对所有细节加以回顾，写明双方的职责和结束日期。如表3-4所示为某公司终止供应商的报告。

表 3-4　某公司终止供应商的报告　　　　　年　月　日

供应商编号		供应商名称	
建立联系时间			
最初联系人		目前联系人	
终止原因：			
目前来往财、物、账等情况：			
终止该供应商可能造成的影响：			
终止供应商的步骤：			
终止供应商申请人签字		商务经理签字	
运作总监批示：			

4. 期望的结果

对结束与供应商合作的这一过程所期望的结果应该是：双方都能在不影响正常业务的情况下有秩序地退出，对客户没有损害，尽可能减少双方浪费，有经双方签字的清晰的结算记录，双方都能对这次拆伙的原因有客观而清醒的认识。

三、与供应商建立合作伙伴关系

【拓展资源】

采购方与供应商之间的买卖关系最初被定义为是一种"零和"的竞争关系，近年来，双赢的观念开始在企业中处于上风，许多企业都采用"80/20"原则，将供应商分成普通供应商和重点供应商，即占用80%采购金额的20%供应商为重点供应商，而其余只占用20%采购金额的80%供应商为普通供应商，大多数企业都致力于与重点供应商建立合作伙伴关系。

供应商伙伴关系是企业与供应商之间达成的最高层次的合作关系，它是指在相互信任的基础上，由双方为着共同的、明确的目标而建立的一种长期合作的关系。

1. 供应商伙伴关系的含义

（1）发展长期的、相互依赖的合作关系。

（2）这种关系由明确的或口头的合约约定，双方共同确认，并且在各个层次都有相应的沟通。

（3）双方有着共同的目标，并且为着共同的目标制订有挑战性的改进计划。

（4）双方相互信任，共担风险，共享信息。

（5）共同开发、创造。

（6）以最好的经验和尺度来衡量合作表现，不断提高。

2. 建立供应商伙伴关系的收益与制约

发展同供应商伙伴关系至少可以为采购方带来以下收益：

（1）缩短供应商的供应周期，提高供应的灵活性。

（2）减少原材料、零部件的库存，降低行政费用，加快资金周转。

（3）提高原材料、零部件的质量，降低非质量成本。

（4）加强与供应商的沟通，改善订单处理过程，提高材料需求的准确度。

（5）共享供应商的技术与革新成果，加快产品开发的速度。

（6）与供应商共享管理经验，推动企业整体管理水平的提高。

合作伙伴关系的建立也会受到以下条件的制约：

（1）合作框架有时会限制市场机会的开发。

（2）向供应商采购多种商品时，可能会存在不平等现象。

（3）供应商认为采购方会利用这种关系压低价格。

（4）联合开发产品可能会引起知识产权的冲突。

（5）当采购数量不大时，与供应商建立合作关系很困难。

3. 如何建立供应商合作伙伴关系

【参考视频】

建立供应商合作伙伴关系的先决条件是要得到公司高层领导的重视与支持。公司高层管理者要注意到供应商管理是整个公司业务管理中最重要的组成部分，要大力支持采购等部门与供应商发展合作伙伴关系，然后才能开展具体工作。

供应商伙伴关系具体实施时，主要包括以下几个步骤：

（1）确定伙伴型供应商的范围。采购部门要在市场调研的基础上对供应商进行评价,并根据"80/20"原则确定伙伴型供应商的大致范围。

(2) 制订供应商伙伴关系的行动计划。根据对供应商伙伴关系的要求,明确具体的目标及考核指标,制订出达到目标的行动计划,这些行动计划须在公司内部相关部门进行充分交流并取得一致意见,同时要完全取得供应商的支持与认可,并经双方代表签字。

(3) 对供应商伙伴关系的行动计划实施改进。行动计划确认后,通过供应商会议、供应商访问等形式,要求供应商针对计划实施改进。

(4) 对供应商进行考核与跟踪。改进后,采购方针对质量、交货、降低成本、新产品、新技术开发等方面进行跟踪考核,定期检查进度,及时调整行动。在公司内部还要通过供应商月度考评、体系审核等机制跟踪供应商的综合表现,及时反馈并提出改进要求。

(5) 与供应商建立战略联盟的关系。根据长期的观察,采购方开始对供应商的数目和类型进行合理化的安排,如逐渐减少供应商的数量、增加供应商的收益等,更重要的是,要将伙伴型供应商的能力利用纳入到公司的中长期战略计划中去,同他们建立战略联盟的关系。

对采购方而言,建立供应商伙伴关系,往往需要数年的实践与努力,供应商伙伴关系的管理最终必须程序化、规范化,要将供应商分析、供应商选择、供应商考核、目标与计划的制订、供应商改进项目的实施与监测、供应商关系的评估以及有关人员在供应商伙伴关系管理中的职责等用程序性文件的方式固定下来,作为供应商管理的一部分。

表 3-5 概括了不同供应商关系的特征及具体发展要求。

表 3-5　不同供应商关系的特征及具体发展要求

供应商类型	商业型供应商	优先型供应商	伙伴型供应商	
			供应关系	设计关系
关系特征	运作联系	运作联系	战术考虑	战略考虑
时间跨度	1年以下	1年左右	1~3年	1~5年
质量	按顾客要求并选择,当采购数量不大时,与供应商建立合作关系很困难	顾客要求 顾客与供应商共同控制质量	供应商保证 顾客审核	供应商保证 供应商早期介入设计及产品质量标准 顾客审核
供应	订单订货	年度协议+交货订单	顾客定期向供应商提供物料需求计划	电子数据交换
合约	按订单变化	年度协议	年度协议(大于1年) 质量协议	设计合同 质量协议等
成本/价格	市场价格	价格+折扣	价格+降低目标	公开价格与成本构成 不断改进降低成本

案例分析

强化供应商管理

Y 煤业主要从事煤炭生产、洗选和加工、煤炭销售及铁路运输业务,它在生产经营活动中,每年消耗的材料、设备和备品备件达 15 亿元,常年使用的物资品种达 4 万多个,有上千家供应商为公司供应物资。因此,如何管理好供应商,对企业成本和效益、安全与发展有着重要的影响。

1. 对供应商的评价和认证

对供应商的评价和认证是采购流程中最具战略意义的采购活动之一，对提高采购绩效意义重大。Y煤业历来重视供应商管理工作，一直实行动态管理、过程优化、优胜劣汰的管理方法，每年进行一次供应商的认证和评价工作，对符合条件的供应商作为合格供方，否则进行淘汰，取消供应资格。对符合条件要求加入的新供应商实行准入制度，根据需要按程序审批。

Y煤业在对供应商的评价过程中，主要参考6项指标，即供应商资质、产品质量、交付能力、服务水平、管理水平和成本。供应商资质是一个基本和前提，它包括营业执照、税务登记、机构代码、银行资质等情况，这是供应商开展经营活动的必备条件。产品质量是评价供应商产品满足企业功能性需要的能力。它一直是对供应商管理的一个关键问题。评价产品质量主要用具体指标来考核，如供应商产品满足公司规格要求的程度、合格率、各种证件资料、退货率、废品率及质量认证体系等。

Y煤业作为煤炭企业，对产品的安全性能要求较高，根据相关法律规定，煤矿企业使用的设备器材、水工产品和安全仪器，须符合国家标准或行业标准。凡具有安全隐患的产品禁止进入矿区。

交付能力是指供应商满足需要的程度。供应商交付的及时性和准确性是评价其能力的一个比较权威的标准，它主要包括准时制供货、缩短提前期、提供长期供应保证等，同时还考虑订货批量要求、地理位置、产品生命周期、物流能力、库存能力、生产能力等。煤炭生产使用的设备配件等机电产品都具有较高的技术含量，需要供应商较高的服务水平。因此，获得什么样的潜在服务是采购活动重点要考虑的问题，也是反映供应商服务水平的重要指标。供应商的服务水平主要体现在响应速度、技术支持与培训、维护和维修水平等方面，主要看供应商24h电话服务、问题的反馈速度、是否提供产品的使用方法培训、售后技术支持和维修人员的到位时间及维修成本等因素。同时，还要考虑供应商的管理能力，因为管理决定了经营活动并影响供应商未来的竞争力，供应商管理应重点考虑企业规模、信誉、经营策略、管理团队、企业文化、信息化水平及员工素质等。

产品质量、交付能力、服务水平和管理是评价供应商的最基本因素，还有一个关键的因素就是成本。供应商能否使公司获得一个理想的采购成本是衡量供应商的关键，尤其是在价格竞争十分激烈时，成本就显得特别重要。评价供应商成本主要看交付价格和所有权总成本。交付价格是指产品在质量有保障、其他条件满足的情况下最有优势的价格。所有权总成本包括所有与采购活动相关的成本，包括采购价格、订单跟踪、催货、运输、检测、返工、存储、废物处置、保修、服务、停工损失、产品退回等造成的费用。对于煤炭企业使用的成套设备等，有后续成本的采购项目比较适合所有权总成本评估。

2. 与供应商的合作技巧

按照供应商评价的六项指标，Y煤业在每年进行一次评估的基础上，合理优化，明确分类，便于在采购活动中，因人制宜，区别对待，实现效率和效益的最大化。目前，Y煤业将所有供应商分为战略性供应商、竞争性供应商（普通供应商）、技术性供应商、待选供应商及淘汰供应商五大类。

战略性供应商有很大一部分是资源型、紧缺型和市场变化较大的企业，其产品质量可靠、信誉好，甚至供不应求，其产品对公司生产经营的制约性很大，采购方没有主动权。因此，和他们建立长期合作伙伴关系是企业生产发展的保障。竞争性和普通供应商数量较大，他们经常是交叉的，其产品多数是社会长线物资，属于买方市场，竞争比较激烈，采购方有比较大的主动权。技术性供应商是指其产品技术含量较高、通用性较差、市场竞争不很充分的供应商。待选供应商是根据生产形势对物料需求的变化，或者新产品、新技术的推广，或者产业政策变化推出的替代或更新产品，或者在现有供应商无法满足供应的情况下，为了保证生产需要，按照一定程序增加的那些符合条件的供应商。淘汰供应商主要是因为其产品质量、服务或其他原因未能满足公司要求，有的甚至是给企业造成损失或影响的供应商。

Y煤业进行供应体制改革后，实行"三集中、五统一"的物流一体化管理体系，结合企业资源计划（Enterprise Resource Planning，ERP）上线，对供应商进行了首次评估认证和系统优

【拓展资源】

化，大力淘汰经营性供应商，一次性淘汰 70%，使原有的 3 276 家供应商数量优化为 972 家。这样便于企业合理确定供应商类别及地位，使供应商结构得到优化，为开展供应商动态管理提供基础。

在市场采购活动中，Y 煤业结合不同供应商的特点，坚持因人制宜，区别对待，采取不同的工作措施，开展比价采购"阳光工程"，规范采购行为，对采购计划、渠道、价格、合同、考核等全过程规范程序，落实责任，互相监督，努力降低采购成本，提高经济效益。

（1）对战略性供应商建立战略联盟，形成供应链关系，实行供应互保，达成保证供应和享受优惠价格的共识，并定期交流沟通，经常走访客户，了解信息，把握市场动态，对需求物资及时作出反应。这样不但做到了货找源头，直达供货，减少了中间环节，而且保证了物料质量。

（2）对竞争性供应商采取招标议标，比价采购。对于小批量、多频率使用的物资，利用批量和买方市场的优势，集中批量进行比价和招标议标。并严格规范比价和议标程序，按照公开、公平、公正的原则，组织尽可能多的供应商参与竞标，避免暗箱操作，使发布公告、投标、开标、评标和授标的工作程序规范、完整。与此同时，改变了设备、配件分别招标的办法，实行关联搭配，捆绑议标，让相关业务科室合作采购，从而减少招标次数，提高单次订货金额，获得更大的价格空间。

（3）对普通供应商实行超市采购，二次比价。Y 煤业借鉴商业超市经营模式，在矿井生产一线建设了"物资井口超市"，将阀门、开关、工具等零星、多频率使用的小型物资及二、三类物资、工矿配件等物资置于其中，让使用单位在超市内自主选择，形成第二次比价。为保证超市规范运作，制定了科学合理的运作流程，细致规定了供应商选择、进货验收、补货、退货等环节的操作规范。

（4）对技术性供应商实行供需见面，公开竞标。因国家专控、技术专利、单一来源等原因不具备比价条件的，在确保产品质量前提下，实行一批一议、专家评定、现场报价、面对面谈判、当场确定供货商的全过程公开议标方式，增加议标透明度。

问题

（1）Y 煤业评价供应商的指标主要有哪些？

（2）Y 煤业是如何进行供应商关系管理的？

技 能 训 练

1. 思考题

中国自古以来讲究"货比三家"，你是怎么看待这一问题的？对于一种产品，合理的供应商应该设置几家？

2. 能力训练

某企业根据原来的 4 家供应商的供应统计资料如表 3-6 所示，采用加权综合评分法进行考核。考核项目和分值分配为：产品质量 5 分，价格 2 分，合同完成率 3 分。假如你是该企业考核小组的成员，请问哪家供应商最适合继续供货？

表 3-6　供应商的供货统计资料

供应商	收到的数量/件	验收合格的数量/件	单价/（元/件）	合同完成率
甲	10 000	9 950	65.00	99.8%
乙	10 000	9 980	65.50	100%
丙	10 000	9 930	62.00	96.8%
丁	10 000	9 300	60.00	95%

项目 4

采购业务操作

 **项目介绍**

采购活动是一个比较复杂的过程,为了提高采购业务的科学性、合理性和有效性,有必要研究采购业务流程,并对现有流程进行改造和完善;采购业务流程会因采购的来源、方式、对象等不同而在业务环节上存在一定的差异,但是基本流程大同小异。

【拓展资源】

学习目标

知 识 目 标	能 力 目 标
掌握采购业务操作流程、采购订单管理、物料跟催管理、进货验收及货款结算等环节	会根据企业实际和采购商品特点,按照规范的采购业务流程执行实际的采购业务

任务 1　采购业务操作流程

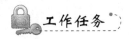 工作任务

H 公司的采购流程

H 公司在采购方面一贯是权力下放的，50 多个制造单位在采购上完全自主，因为制造单位最清楚自己需要什么，这种安排具有较强的灵活性，对于变化着的市场需求有较快的反应速度。但是对总公司来说，这样可能损失采购时的数量折扣优惠。现在运用信息技术，H 公司重建其采购流程，总公司与各制造单位使用一个共同的采购软件系统，各部门依然自己订货，但必须使用标准采购系统。总部据此掌握全公司的需求状况，并派出采购部与供应商谈判，签订合同。在执行合同时，各单位根据数据库，分别向供应商发出订单。这一流程重建的结果是惊人的，公司的发货及时率提高 150%，交货期缩短 50%，潜在顾客丢失率降低 75%，并且由于折扣，所购产品的成本大为降低。

要求
（1）制造企业一般采购业务流程是怎样的？
（2）H 公司采购业务流程是如何改造的？

相关知识

采购作业流程通常是指采购生产所需的各种原材料、辅料和零部件等物料的业务操作过程。在这个过程中，作为制造业的购买方，首先，要确认需求、进行询价和比价、寻找相应的供应商，调查其产品在数量、质量、价格、信誉等方面是否满足购买要求；其次，在选定供应商后，要以订单方式传递详细的购买计划和需求信息给供应商并商定结款方式，以便供应商能够准确地按照购买方的要求进行生产和供货；最后，要定期对采购物料的管理工作进行评价，不断改善采购流程，创新采购模式。因此，采购作业流程覆盖从采购计划的制订、供应商的认证、谈判、合同签订与执行，到供应商的考核与监控的全部过程。

采购业务流程如图 4.1 所示。

一、识别需求与确定规格

1. 识别需求

识别需求是采购过程的起点。如果这一步没有做好，那么后面的所有步骤都将是有缺陷的。因此，正确地走出第一步至关重要。

任何采购都起源于企业中某部门的确切需求。需求部门负责请购的业务人员应该清楚地知道本部门的需求，包括需要什么、需要多少、何时需要，并根据需求编制采购请购清单（以下简称请购单）。采购申请可以来自生产或使用部门，可以来自销售或广告部门，也可以来自实验室等。表 4-1 是一张典型的请购单。

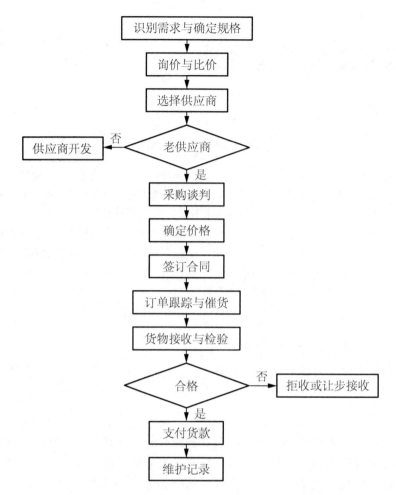

图 4.1 采购业务流程

表 4-1 请购单

申请部门_____ 编号_____				
预算额_____ 日期_____				
品名、规格	物资编码	单 位	数 量	技术描述

需要日期：
对送货要求：

请购人：
审批人：

说明：一式两份，原件送采购部门，申请者保留文件副本。

请购单内容包括请购日期、编号，请购部门，涉及的金额、单位、数量，所需物料的完整描述、物料需要的日期和特殊的送货说明等。

2．确定规格

通常用规格来描述所需产品或服务，规格是"对产品或服务属性的说明"。对所需产品或服务加以准确描述是采购成功的关键。

1）产品规格

事实上有些产品的规格很难描述，如颜色、手感、外观等，因而需要填写请购单的采购人员对其加以准确描述。为了使采购物资满足需求部门的要求，除了文字、图纸、照片外，一般可采取以下措施：

（1）指定品牌。品牌是质量的重要标志，品牌也决定了采购价格。指定品牌一般适用于通用产品，可以在同等质量的品牌中通过比价，选择价格低的产品。

（2）封样。由供应商提供样品由请购者确认，并留样作为日后验收对比的依据。封样一般适用于用检测工具难以鉴别产品差异的情况，如造型、时装款式、产品色差等。

（3）提供详细的技术规格描述。包括物理、化学、机械、生物参数指标，检测方法和手段等。提供详细的技术规格描述，主要适用于可以利用科学仪器、化学实验检测产品质量的情况，如化工原料、钢材等。

（4）提供检验工装。检验工装是指为精确检测产品尺寸精度而设计的检测工具。提供检验工装主要适用形状特殊的、用一般工具难以精确检测产品尺寸的情况，如模具、外协零部件等。

2）服务规格

企业采购的服务类型很多，包括物流、运输、仓储、广告、安保服务、保洁服务、教育培训、设计服务、管理咨询等。

服务在许多方面不同于有形产品，制定服务规格是非常重要的，但也是非常困难的。

（1）服务规格界定的困难。许多产品的需求可以明确地阐明，如尺寸、重量、原材料类型或者燃料消耗量等。服务是无形的，许多时候，制定服务规格比制定产品规格更困难。例如，物流服务及时、培训效果显著、服务周到等，衡量服务质量要素往往都是非定量因素，需对服务质量进行科学定义，并通过确定服务目标及考核指标来衡量服务好坏。

（2）服务协议。服务规格经常被称为"服务协议"，这些协议是服务提供者和客户之间签订的，规定服务提供者应达到的服务质量和成本费用目标，通常服务提供者应达到的服务质量和成本费用目标是服务接受方支付劳动报酬的依据。

二、询价与比价

询价与比价是采购的前期阶段。通过各种渠道调查同类产品的供应商报价，比较价格高低和产品、服务差别，了解市场供需及价格行情，为采购预算和锁定供应商范围打下基础。

【参考视频】

三、供应商开发与选择

供应商开发与选择是采购的核心职能，它直接关系到企业能否获得优质、低成本而且长期稳定的资源的战略问题，因此，供应商开发与选择实质是如何同供应商建立长期合作关系。开发供应商一般包括供应商报价、资质认证、现场考察、潜在供应商评估及最终选择供应商等程序。

四、采购谈判

【拓展资源】

谈判是指在商业交易中，个人、团体、组织、社团以及不同国家之间，为了达成协议而进行的商议、讨论或讨价还价的过程。

采购谈判（Purchasing Negotiation）是实现采购目标的关键环节。采购谈判应包括技术谈判和商务谈判。因此，采购谈判一般由采购、质保及工程技术等部门相关人员共同参与，在谈判中扮演不同角色，施展谈判策略和技巧，通力合作才能取得谈判的成功。

五、确定价格

【参考视频】

确定所需支付的价格是采购过程中的一项重要决策。采购价格是否合理，主要体现在以下两个方面：

（1）通过询价和比价，在同等质量与服务水平下比较价格的高低。

（2）通过价格与成本构成分析，判断其成本构成的合理性。具体来说，就是对供应商的报价同其所提供的产品质量与服务内容的衡量。

因此，确定采购价格是否合理，应通过询价、比价进行分析，同时还要对供应商成本构成进行分析，通过科学分析，才能判断采购价格的合理性。

六、签订合同

合同可以定义为双方或多方当事人之间的一份法律协议，这份协议可在当事人之间建立一种具有法律约束力的关系。

价格谈妥后，应办理订货签约手续，即签订合同，它是具有法律效力的书面文件，对买卖双方的要求、权利和义务，必须予以说明。

七、订单跟踪与催货

订单跟踪与催货是采购业务实施的主要内容，也是采购合同履行的关键环节。提高订单跟踪与催货的执行力是确保供应、防止缺货的必要措施。

由于供应商产能、资源供求关系的变化及运输物流过程中的意外，都会导致供应商供货不及时或供货的意外中断，造成企业停工待料的严重后果。通过订单跟踪与催货，可以及时发现供货异常，及时采取措施，调整生产计划，避免缺货带来的损失。

八、货物接收和检验

货物接收和检验是确保入库货物数量准确、质量完好的关键环节。验收结果也是支付货款的依据。把好入库验收关，就是对采购货物进行数量、重量、外观和内在质量的检验。仓储人员应严格按采购订单的要求收货和验货，质保人员应按质量与技术要求进行质量检验。验收操作应达到及时、准确和严肃的要求。

九、支付货款

供应商在交货验收合格后，随即开具发票，收货方及时履行付款义务。付款前，采购部门应核查发票与订单、仓库收料单的一致性，防止供应商多批次送货重复开发票、造成重复付款。财务部门除审核采购核销的单证，必要时还要核对采购合同，经审核无误后才能付清货款。

十、维护记录

经过以上的步骤之后，对于一次完整的采购活动而言，剩下的就是更新采购部门的记录。凡经结案批示后的采购案件，均应列入档案、登记编号分类，予以保管，以备参阅或事后发生问题时查考。档案应具有一定保管期限的规定。例如，一张可以作为和外界所签合同的证据的采购订单一般要保存 7 年，应该比作为备忘录的采购申请单的保存期限要长。要保存的记录有以下几种：

（1）采购订单目录。目录中所有的订单都应被编号并说明结案与否。

（2）采购订单卷宗。所有的采购订单副本都应编号后保管。

（3）货物文件。记录所有货物或主要项目的采购情况（日期、供应商、数量、价格和采购订单编号）应保管。

（4）供应商历史文件。列出了与交易金额巨大的主要供应商进行的所有采购事项，也应妥善保管。

（5）投标历史文件。指明主要物料项目所邀请的投标商、投标额、不投标的次数、成功的中标者等信息，这一信息可以清楚反映供应商的投标习惯和供应商之间可能存在的私下串通情况，所以也应保存。

案例分析

某钢铁企业采购物流流程再造

1. 企业传统采购物流流程

各个股份公司在组建集团之前都有自己的一套物资供应管理制度、组织机构和业务运作流程，而且相互之间都存在一定的差异。但是主体业务流程大致相同：包括根据需求制订采购计划、选择供应商并签订采购合同、供应商到货登记、物资验收入库、结算并交付货款。物资供应部门的人员既负责物资的采购，又负责保管发放，即管买、管用、管回收、管节约。其采购业务流程如图 4.2 所示。

2. 采购物流流程分析

1）采购任务的确定

需求计划一部分来源于企业生产计划，另一部分来源于仓库补充库存。企业在年末都制订明年一年或半年的生产目标,各个科室的采购员根据生产计划预计原材料和辅材料需求量制订月份采购计划。生产分厂车间向仓库提交领料单,保管员根据领料单发放物资,如发现库存现有物资不足,或预计仓库会出现缺料,则列出缺料清单,并提交给相应科室采购员。在仓库缺料的情况下,要采购的物资不通过汇总,直接由采购员制订临时采购计划。

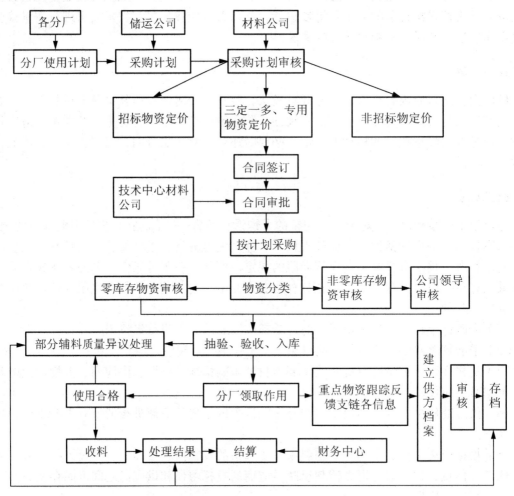

图 4.2 现行采购物流流程

2) 与供应商签订采购合同

采购员根据制订的采购计划选择潜在供应商,对数家供应商询价,通过多次讨价还价的沟通,从中选出比较满意的供应商,并与之签订采购合同,采购合同先后经过主管领导的 4 次审批,通过后开始生效。

3) 物资到货入库

供应商根据合同一次或多次供货。供应商持合同送货到厂,通过仓库或质检部门的验收入库,记到货清单,如质量或数量出现异议,则通过采购部门和供应商进行协商,做异议处理。保管员把到货清单做登账处理,如果到货日期在合同有效期内且到货数量不超过合同订货数量,则登入到货账;否则拒绝登账,需要协商处理。

4) 采购结算

采购员根据采购合同、采购到货账及供应商提交的发票核对三者的数量是否一致,并核对合同价格与发票价格是否相符,相符则制作结算六联单并报交财务,由财务审批付款;价格或数量如有出入,必须写明原因,否则不能予以结算。

5）物资运输

运输方式的选择很大程度上取决于供应源所处的地理位置，供需双方在签订合同时协商选择海运、铁运或汽车运输。运输问题根据合同条款，一般分为 3 种情况：供方完全负责，物资价格为到厂价；企业都有自己的车队，也可采取自提的方式，物资为出厂价；供方办理第三方托运到站或码头，运费单独结算，由购买方付款。

6）执行人员

每种物资只会由一个采购员负责，每个采购员负责一种、几种、一类或几类物资的采购。从需求计划和采购计划制订、选择供应商、签订合同到结算的主体流程都由采购员一人完成，其中采购计划、合同及结算单需要经过相应部门领导多级审批，保管员负责到货账的记录及传达仓库紧缺库存信息。

3. 采购流程现状问题分析

企业传统的采购方式还是传统的不透明、粗放式的采购方式。由于体制、机制方面的原因，传统的采购方式存在着许多与现代采购不相容的地方，影响了采购的效率和有效性，从而导致采购成本、运输成本居高不下。企业物资采购既涉及企业自身，同时对与供应商的关系也有重大影响。

4. 企业物资采购流程的内部问题

（1）各个股份公司分散采购，缺乏规模效益。各股份公司在分散经营的情况下，独立参与瓜分供应资源和销售市场资源等企业外部资源，从而形成多条供应链的竞争。各股份公司分散采购，无法形成规模效益，因此重组后，统一采购流程、统一供应商资源、实行集团集中采购是集团化采购管理要解决的首要问题。

（2）生产部门与采购部门脱节，造成大库存，占用大量流动资金。与预测和物料需求结合不紧密，采购具有盲目性，即不能有效根据生产需要组织采购，实现物料的供应计划与当前需求的平衡，并与企业的库存投资和策略相一致。目前企业生产方式是订单驱动，以销定产，但采购还是传统的以补充库存为主的采购模式，而不是完全由生产驱动的采购模式。生产部门提供给采购部门的生产计划是月份甚至半年的粗略计划，参考意义不大，因此只能靠保持足够的安全库存，以免缺料，必然造成大的库存量、高额度的储备资金和过大的库存管理费用支出。

（3）信息不能共享。由于组织之间信息私有化，未经集成，采购信息没有实现有效共享，包括采购方与供应方、企业采购部门与相关部门之间以及管理与实施者之间。无法准确跟踪采购情况，包括请购单处理、采购凭证处理、询价报价单处理、运输处理、收货处理、质量控制等。

（4）缺乏制约，容易导致暗箱操作。采购事务的授权、签发、批准、执行和记录没有按职位进行合理分工，采购行为规范缺乏制约，透明度不够。企业对质检权及支付权做了必要的分离，分别由质检部门和财务部门负责，但没有对定价权进行分离，物资采购价格缺乏集中管理控制。采购价格主要是由采购员参照历史比价信息与供应商协商确定，企业对物资的采购价格缺少监控，采购回来的物资价高质差，严重影响到企业的成本管理和产品质量。供应商的选择和合同的签订都由采购员完成；专人负责的物资采购，在供应商的选择上，其主观性、随意性较大，而且采购过程中可能受利益驱动，产生暗箱操作的问题，出现舍好求次、舍近求远的情况。

（5）验收检查是采购部门的一个重要的事后把关工作，质量控制的难度大。质量与交货期是采购方要考虑的另外两个重要因素，但是在现行的采购模式下，采购方很难参与到供方的生产和质量控制活动中，商品的质量和交货期只能通过事后把关的办法来解决，控制难度很大。采购方与供应商之间的联系局限于暂时的采购业务，相互的生产组织过程和有关质量控制活动是不透明的。因此需要通过各种有关标准，如国际标准、行业标准等进行检查验收。缺乏合作的质量控制会导致采购部门对采购物品质量控制的难度增加，投入大量的精力和时间，支付各种管理费用投入太大。

（6）金字塔式组织形式弊端大。传统的特殊钢企业的组织机构是按照功能设置的，垂直机构过多，普遍存在着机构相对臃肿，业务流程中部产生增值的中间环节过多，效率低下等问题，不符合供应链管理扁平化的要求。以"劳动分工论"为理论基础建立企业管理模式，其组织形式是金字塔式的、自上而下递阶控制的层次结构。这种组织机构是计划经济和落后的管理技术所决定的产物，它以职能为中心，对流程漠不关心。

组织结构决定了管理作业流程和信息传递渠道，同时它造成了信息传递缓慢，并在各环节的统计上报过程中，因本位主义的影响，使信息不断失真。这些非增值作业不仅消耗资源，而且影响决策速度甚至导致决策失误。

（7）物资运输成本高。从供应源到需方企业这一部分运输是社会物流中的一部分，企业的物资运输在很大程度上还是通过自我服务实现的，即使委托第三方运输公司托运也是临时性的，效率很低，运输成本却很高。运输是供应链中的基本要素，是采购业务活动中必不可少的一个环节，但并不是其核心业务，仍纳入到采购方活动中，会消耗采购员过多的精力，而且不符合供应链管理成本最优的要求。

5. 采购物流流程再造

在某钢铁集团公司采购物流流程分析的基础上，运用ABC方法进行采购物流流程再造。

通过ABC法进行分析，结果如表4-2所示。

表4-2 现行采购物流流程

序 号	业务流程描述	作业分类	是否为必要活动
1	分厂提出使用计划	非增值作业	必要活动
2	汇总制订采购计划		必要活动
3	材料公司审核采购计划		非必要活动
4	确定物资采购价格		非必要活动
5	签订合同		必要活动
6	评审合同		必要活动
7	执行采购		必要活动
8	物资分类审核		必要活动
9	领导审批非零库存物资		非必要活动
10	抽检、验收、入库		非必要活动
11	质量异议处理		非必要活动
12	收料		必要活动
13	财务中心结算		必要活动

采购计划制订过程中事后控制现象居多，如储运公司制订采购计划后，材料公司经理办公室还要对其进行验收，实际上应该由材料供应公司根据销售和库存情况制订采购计划。省去了采购人员接到、采购执行计划后，进行清理、统计，与相关单位人员联系，了解库存、供货时间、质量技术要求等，提出实施意见，再报分公司领导审定批准等一系列不必要的往返流程。因此应加强采购计划制订的事前和事中控制，使信息同步，协调传输，提高流程运作效率。对材料采购流程的调研问卷表明，采购计划的制订、审核、物资定价以及合同评审所需的执行人数分别为7、9、5和6人，占整个过程总人数的75%。此外，物资定价所需时间较长，而这些信息的处理传递基本上没有应用信息化的方式，从而影响了采购的效率和有效性，导致采购成本升高。

因此，按以下步骤对采购物流进行再造：

（1）作业消除（Activity Elimination）即消除无附加价值的作业。对已确认无附加价值的作业，采取有效措施予以消除。

（2）作业选择（Activity Selection）即从多个不同的作业（链）中选择其中最佳的作业（链）。不同的策略经常产生不同的作业。

（3）作业降低（Activity Reduction）。是以改善方式降低企业经营所耗用的时间和资源，也就是改善必要作业的效率或改善在短期内无法消除的无附加价值的作业。

（4）作业分享（Activity Sharing）。是利用规模经济（Economic of Scale）提高必要作业的效率，也就是提高作业的投入产出比，这样就可降低作业动因分配率和分摊到产品的成本。通过以上分析，可做如下再造：现行采购物流流程中采购任务的确定与物资到货入库的信息通过计算机传递给储运公司，材料采购公司从网上接收采购计划，随即将采购计划通知上游供应商，供应商按需要准备货物，协商定价，双方签订采购合同，采购员采购，制造部门准备收货，同时通知财务中心进行财务结算。再造后的采购物流流程，如图4.3所示。

利用信息化技术降低采购计划的制订、审核、物资定价，以及合同评审的时间，可以提高采购工作的效率和有效性，而采购物资直接进入生产部门，减少了采购部门的工作压力和不增加价值的活动过程，有利于实现精细化运作。通过对采购流程的重构，减少非价值增值作业，可以节省采购时间，简化了采购的工作流程，从而降低采购成本。

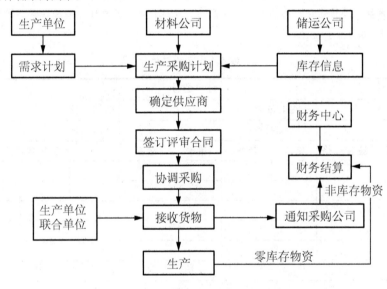

图4.3　再造后的采购物流流程

问题
（1）传统企业采购流程存在哪些问题？
（2）该钢铁企业再造前后的采购流程各有什么特点？

技 能 训 练

1．思考题
简述采购业务的基本流程。

2．能力训练
（1）根据项目1所调查的一家中型制造企业，对其采购流程进行调研，画出该企业采购业务流程图。
（2）上题采购流程存在哪些优点，还有哪些地方需要改进？

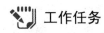 任务 2 　 采购订单管理

 工作任务

采购订单管理

一般在选择供应商、订立合同后签发采购订单。采购部门应在采购合同框架内拟定采购订单，采购订单与采购合同同样有法律效力。采购订单描述了采购所需的重要信息，包括数量、物料规格、质量要求、价格、交货日期、交货方式、送达地址等。

采购订单伴随着订单和物料的流动贯穿了整个采购过程。订单的目的是实施订单计划，在采购环境下购买物料项目，为生产过程输送合格的原材料和配件，同时对供应商群体业绩表现进行评价和反馈。采购订单的示例如表 4-3 所示。

表 4-3　采购订单

订货日期：						订单编号：			
订货单位名称：		订购单位编号：				电话、传真：			
供应商名称：		供应商编号：				电话、传真：			
序号	料号	品名规格	单位	数量	单价	金额	交货数量及日期		
合计	仟	佰	拾	万	仟	佰	拾	元	角	分
交货方式					交货地点				

交易条款：

1. 交货期与数量

供应商必须遵循本订购单的交货期或本公司采购部电话及书面通知调整的交货期，货物发出时须电话通知。交货数量不得超过 5%。

2. 品质

（1）按国家标准抽样检验。

（2）工艺按工程图纸要求。

（3）品质保证期限为 3 个月。

3. 不良品处理

（1）检验后如发现品质不良，供应商接到通知后 1 天内负责换货，逾期造成损失责任由供应商承担。

（2）若急用需从其他渠道紧急采购，由此产生的额外费用由承制厂商负责。

4. 送货单、发票

交货时需在送货单上注明本订购单号，并附上开立金额统一之发票，发票上也需注明订单号，并按料号注明数量、单价及金额。

5. 其他

总经理		采购主管		采购主管		采购员	

要求

调查两家制造类企业采购部门，比较采购订单管理异同点。

相关知识

一、订单准备

1. 熟悉需要订单操作的物料项目

订单人员有时会遇到从没有采购过的物料项目，其采购环境不一定熟悉，需要花时间去了解物料项目的技术资料等。订单本身也有难易差异。因此，订单人员必须熟悉订单操作的物料项目。

2. 价格的确认

作为订单人员，应对采购价格负责，不能把价格的确定责任全归于认证人员的责任，订单人员有权向采购环节价格最低的供应商下订单，以维护采购的利益。

3. 确认项目质量需求标准

订单人员与供货商联系最为紧密，对供应商的变化是最为清楚的，订单标准是否需要调整，订单操作应发挥监督作用。

4. 确认项目的需求量

订单计划的需求量与采购环境订单容量应该相适应，或者小于采购环节订单容量；若订单计划的需求量大于采购环节订单容量时，认证人员要扩充采购环节容量。

5. 制订订单说明书

制订订单说明书是订单准备环节的输出，包括项目名称、确定的价格、确定的质量标准、确定的需求量、是否需要扩展采购环境容量等方面。此外，还包括相关的图纸、技术规范、检验标准等。

二、选择供应商

1. 查看供应商档案

应在经评审的合格供应商范围内选择供应商，还要结合对供应商月度和年度业绩考核结果，确定采购份额。一般供应商考核结果可分为 A、B、C 这 3 个等级。根据公司供应商考核业绩和采购份额分配的有关规定下订单。

2. 分析供应商供货能力

公司需求量与供应商供货能力、供货周期及最小供货批量往往不能保持一致，需要进行平衡。一般为避免因供应商路程远、供货周期长或一次供应量过大而造成积压的问题，可采用两家或两家以上供应商交叉供货的方式。

3. 与供应商确认供货意向

对采购的需求应让供应商事先了解，并得到供应商的确认。由于供应商销售市场变化、组织结构的调整、设备的变化、厂房的扩建等都会影响供应商的供货，所以为确保供应商供货,应给供应商提供 3 个月的滚动预测计划和 1 个月的确认计划,以便供应商调整生产计划,力争做到需求与生产同步。

4. 确定意向供应商

在权衡供应商绩效、产能、供货周期及合作关系等因素的基础上确定采购意向供应商,这是订单操作的关键环节。

5. 发放订单说明书

既然是意向,就应该向供应商发放相关技术资料,一般来说,采购环境中的供应商应具备已通过认证的物料生产工艺文件。如果是这样,订单说明书就不应包括额外的技术资料。供应商在接到技术资料分析后,即向采购方作出"接单"还是"不接单"的答复。

6. 确定物料供应商

通过以上过程,订单人员就可以决定本次订单计划所投向的供应商,必要时可上报主管审批。

三、签订订单

在选定供应商之后,接下来要做的工作就是同供应商签订正式的采购订单。采购订单根据采购物料的要求、供应的情况、企业本身的管理要求、采购方针等要求的不同而各不相同。签订采购订单一般需要经过以下过程。

1. 制作订单

拥有 ERP 信息管理系统的企业,在供应商认证或签订采购框架协议时,就将价格、供货能力、供货周期、最小供货批量或最小包装数等信息维护到系统中,订单人员直接在信息系统中生成订单,供应商通过系统接受客户需求信息,作为供货的依据。在其他情况下,则需要采购订单人员编制和打印订单,通常企业都有固定标准的订单格式,而且这种格式是供应商认可的,订单人员只需在标准合同中填写相关参数(物料名称代码、单位、数量、单价、总价、交货期等)及一些特殊说明书后寄发给供应商,作为双方将来交货、验货、付款的依据。

2. 审批订单

审批订单是订单操作的重要环节,一般由专职人员负责。审批订单的主要内容包括:

(1)采购订单的物料描述、价格与供货方式、供货周期及最小供货量及包装方式等是否与合同相符。

(2)所选供应商是否均为合格的供应商。

(3)采购份额是否与供应商业绩考核结果及公司有关份额分配的规定相符。

(4)价格是否在允许范围之内,到货期是否符合订单计划的到货要求。

(5)订单人员是否按照订单计划在采购信息系统中正确操作。

3. 与供应商签订订单

经过审批的订单,即可传至供应商确定并盖章签字。签订订单的方式有以下 4 种:

(1)与供应商面对面签订订单,买卖双方现场盖章签字。

(2)订单人员使用传真将打印好的订单传至供应商,供应商以同样方式传回。

（3）使用 E-mail 进行合同的签订，买方向供应商发订单 E-mail；卖方回复，则表示接受订单并完成签字。

（4）卖方在买方专用订单信息管理系统（如 ERP）接受订货信息，经确认，则表明完成了订单的传递（如上海通用汽车、大众汽车就是采用 ERP 系统下达需求计划作为订货的方式）。

4. 执行订单

在完成订单签订之后，即转入订单的执行时期。加工型供应商要进行备料、加工、组装、调试等过程；存货型供应商只需从库房中调集相关产品，经适当处理后即可供货。

四、订单跟踪

为确保供应商供货做到安全、及时、准确、保质保量，订单员必须在订单下达后，及时跟踪订单执行情况，及时了解包括生产计划安排执行是否及时，生产秩序、仓库发货、发运及承运过程是否正常等情况。一旦发现供应商没有兑现合同承诺或发生突发事件，跟踪订单人员应迅速向相关领导反映情况，以便采取补救措施，避免因缺货导致生产中断的严重后果。

案例分析

精确到分——揭秘沃尔玛采购流程

沃尔玛通常每年采购两次：春季和秋季。沃尔玛对于产品有很详细的分类，每类产品由不同的部门负责。在每一季采购前，沃尔玛的采购员会根据上一季的市场销售情况及未来趋势制订采购计划，如未来准备销售什么产品，大致数量等。然后这份采购计划会提前发给每一个相关的供应商。以家具为例，大约在采购员前来采购的前一个月，每一个供应商都会收到这份计划。然后，供应商们根据自己的情况准备样品。

【参考视频】

一个月后，沃尔玛将在指定的地点，给每一家供应商指定一个时间段，比如甲供应商为 9:00—9:30，乙供应商为 9:30—10:00 等，供应商会提前在上述地方预定场地，提前把样品摆出来，类似交易会，时间一般都很紧凑。采购员需要一家家轮流着看，转一圈回到原来的地方，可能就换一家了。这个过程通常是初选，供应商的每个产品都有一份沃尔玛格式的报价单，如果初选通过，采办会或采购员把选中的报价单带走。初选完后通常要过两三天才是复选，复选需要供应商和采购员或者采办面谈，敲定数量、价格、出货方式、交易日期等。

沃尔玛是个很讲究诚信的公司，通常面谈时都会有一个所谓"防损部"的人员陪同，以防桌下交易。通常情况下，沃尔玛是一次把半年的单子敲定，所以如果春季没有收获的供应商，基本上就只能指望秋季。沃尔玛的中标率是很低的，很多时候准备数百件样品，中标的也只有几个而已。

沃尔玛除了这两季固定采购时间之外，期间也会有一些采购行动，但相比沃尔玛每季的采购量而言是很少的。例如，采购员通过市场调查，发现某种产品在市场热销，临时针对某种产品采购，这种情况下，通常都是采办负责寻找供应商。

沃尔玛的每一个供应商都有一个身份标志号码（Identity，ID），通常只有这样的供应商才有资格和沃尔玛做生意，而获得这个 ID 是很难的。供应商 ID 很有用，沃尔玛拥有私有的卫星使得沃尔玛在全美的超市都是联网的,沃尔玛有一个专门对供应商开放的网站,上面有产品的销售情况,网站的数据基本上每天都会更新。而凭借着供应商 ID,供应商可以看到自己产品的销售情况,比如每周的销量、已经销售了多少、还剩多少、退货率等。

沃尔玛的报价系统中,供应商填写沃尔玛的报价不是简单的报一个价格,沃尔玛的报价单有统一的格式,上面包含很多项内容,比如装运港船上交货价(Free On Board,FOB)价、包装方式、FOB PORT(装货港离岸价)、包装尺寸、产品规格和特性等,但它最具特色的是零售价的计算方式。沃尔玛的报价单填写完成以后,经过一系列公式的计算会自动产生它的商场零售价,如先填上报价单上商品的价格,首先公式自动上浮 3%,这是所谓防损费,也就是说沃尔玛假定产品会有 3% 的损坏、投诉、缺失等情况发生,如果未来该产品销售率 97% 以上且没有任何投诉发生,那沃尔玛是不会为难供应商的,但如果产品销售率超过 97%,3% 的防损费也不会退还,也就是说,如该产品报价是 1.0 元,沃尔玛的系统认为该商品报价是 1.03 元,但还是只支付 1.0 元;接着再上浮 3%,这 3% 用于在深圳和上海的全球采办上。接着根据包装方式计算出运费。沃尔玛的货物基本上都是通过马士基送出,马士基由沃尔玛控股,肥水不流外人田,所以沃尔玛就能很容易大概估算出运费,有些新加入的供应商报价时常常不注意精确计算包装尺寸,沃尔玛对这一点十分注意,尺寸的误差超过 3%,沃尔玛就要索赔,而且包装计算精确也可以间接增加供应商的利润;然后是上岸后的仓储、分货、员工工资等费用都会加上去;上述所有费用加起来得到一个新的价格,然后加上沃尔玛的毛利得出的价格就是零售价了,沃尔玛的毛利基本是固定的。因为沃尔玛是上市公司,所以它每年的利润率必须达到一个基本要求才能给股东一个交代。沃尔玛的报价单为采购员提供许多便利,只要看看零售价就可以知道供应商的报价是否合适,而此前的一切都是供应商去费神了。

沃尔玛的报价单输入沃尔玛的系统就会直接产生订单,内容和报价单基本一样。沃尔玛的品质控制(Quality Control,QC)是根据订单上的内容和合格样品验货的,很多供应商不注意仔细研究报价单上的内容,最终验货的时候经常会出现问题。

当采购员确认了报价单后,全球采办会要求供应商提供若干样品,然后根据报价单的内容进行确认,确认后会盖上确认章,然后反馈一套给供应商作为生产和验货的参考。这个步骤一定要尽快完成,因为沃尔玛的 QC 验货时没有合格样品参照,通常会待定,如果出货时间紧急,验货又没通过时,会很耽误时间。这种情况经常发生。

沃尔玛有今天的成就,与它健全的采购系统和行销手段是分不开的。如前文提到的报价单,供应商报价的同时也就知道了零售价,很多供应商通过自己的手段可以了解到沃尔玛相应的竞争对手的零售价,以此提高自己的优势。如以前的凯马特和沃尔玛所采购的很多商品都是相似的,只是包装不同而已,零售价也很有意思,如沃尔玛的零售价是 0.99 美元,那么凯马特经常就是 0.98 美元,或者颠倒过来,诸如此类。而沃尔玛依靠供应商可以提高自己的价格优势,沃尔玛和凯马特每年有大量的采购都是重复上一年的东西,如电扇、圣诞礼品、户外家具、沙滩椅等,供应商每年报价的时候参考去年的零售价,其实不用沃尔玛来压价,供应商自己就会降价了。

问题
(1)沃尔玛采购订单管理有哪些特点?
(2)国内企业可以从哪些方面学习沃尔玛的采购经验?

技 能 训 练

1. 思考题
(1)简述采购的订单管理。

(2)选择供应商有哪些步骤？

(3)签订订单需要注意哪些问题？

2．能力训练

根据项目1所调查的一家中型制造企业，填制该企业某种物料采购订单。

 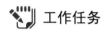 任务3　物料跟催管理

工作任务

采购物料跟催经验谈

首先，要了解采购物料的期限和供应商的基本信息。每个公司的采购期限不一定一样，不过都是大同小异。一般电子元配件采购期限为5～10天，视产地和品牌而定，像一些国外电子元件采购期限为2～3周，还有一些较特殊性的电子元件可能还要更久一些。而一些五金小配件如车件或是冲床件之类的五金，就可能为7～15天，这方面还得看是否开模具制样品，如果是开模具试样的话那还需要更长时间，可能在2周左右。时间的长短要视供应商自身而定，而一些包材采购一般为7～13天，如果是打样后再生产的做货还需多出3天左右。这就是一般的采购周期，时间的长短就要看供应商本身资本而定，对他们的基本信息要全面的了解，像供应商的备料周期是多长时间？供应商有没有库存量？供应商有没有设计（开发）工程部人员？供应商的品质管理和质量体系有什么内容？供应商的生产能力是多少？供应商的结账日期和付款方式及交货类型在开发供应商时就要清楚了解。

其次，要知道生产工单的计划和安排。生产工单就是业务接到的市场（营业）订单。不管哪家企业都有一个生产计划，作为采购要清楚地知道哪个机种（工单）几时上线。当采购人员清楚知道这方面的计划和安排时对其采购催料是非常有用的。如果遇到供应商供不应求时或是停料等情况时，可随时安排和发出指令给供应商要赶那个料件，因为供应商的窗口对应的就是采购人员，作为采购员要担当起供应商生产计划的安排工作，不要让供应商按之前的一些订单交期盲目地去生产一些不着急上线的料件。如果确实是料件有特殊原因不能正常到位，也要跟生产主管协商上哪些料件，不要让生产设备和人员在现场滞料生产。对应急的工单或是提前生产的工单催料就会很好很快很准确性地去掌握供应商的物料交期，熟悉公司的生产计划就能很好地跟催供应商供料了。

最后，要清楚了解公司内部运作和料件性能的明细及与供应商的沟通方式。遇到有物料品质异常时，要及时地找到相关人员去解决；供应商在试产时遇到一些技术的"疑难杂症"时要协同工程部人员去帮助解决；遇到供应商备料不按时送达时要帮忙供应商联系企业看能不能解决。所以作为采购要做的很多事不是只是出张订单就在电话边上催料就行了。作为采购除了要对供应商供货的料件熟悉外，还要对自己公司的料件性能和使用环境清楚，像涉及一些安规认证和ROHS认证（Restriction of Hazardous Stubstances，关于限制在电子电器设备中使用某些有害成分的指令）等认证都需要一些文件，如果作为采购不熟悉，要求供应提供的文件不是所需求的，那就是在浪费大家的精力和时间。如果当生产需求的每款料件不能正常交货时就对供应商大发脾气，甚至还以威胁的口气说扣款处理，这样只会让事件更加恶化。要做到怒而不燥，惊而不惧。当遇到这样的情况时只能跟供应商说这件事因待料而导致赔多少钱，使供应商要停下其他工件而忙这件事。做到让供应商怕负这个责任即可，那供应商就会全力以赴赶出这批货。

要求

（1）调查一些企业采购员，收集物料跟催管理的技巧。

（2）分析该采购员在物料跟催方法上有哪些方面需完善？

相关知识

一、交货期延误的原因分析

供应商交货期延误的原因很多,有供应商的原因,有采购方的原因,还有其他原因。为防止交货延误或发生交货延误时能够采取有效补救措施,有必要对交货延误进行原因分析,以便采取相应对策。订单跟催管理程序如图4.4所示。

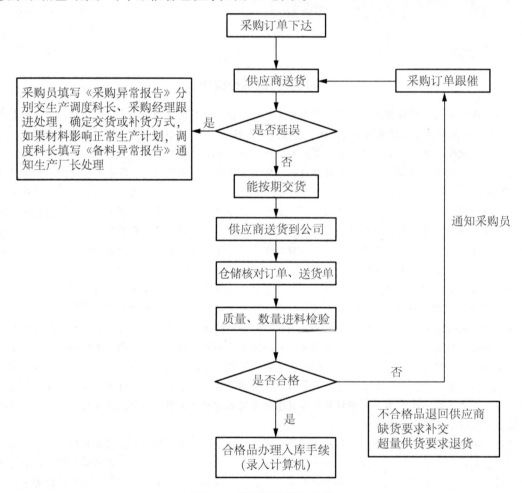

图 4.4 订单跟催管理程序

1. 供应商的原因

(1)接单量超过供应商的产能。供应商为获得更多订单,不顾自身的产能和供货周期,盲目给客户承诺,发生延误时,拆东墙补西墙,使采购方面临缺货的风险或导致缺货。

(2)供应商技术、工艺能力不足。由于供应商不具备符合客户需要的生产技术和供应水平,供货后因质量、工艺等问题导致采购方无法让采购物料正常投入生产,导致缺货。

(3)供应商对时间估计错误。因生产计划变化或生产进度管理不力,事先未充分考虑可能会出现的意外情况,导致供货延误。

(4)供应商的生产材料出现货源危机。因原材料价格上涨或资源供不应求,某些原材料缺货，导致生产计划无法完成。

（5）供应商品质管理不当。因供应商技术工艺、质量检测未达到采购方的要求，供货后被判定不合格，供应商又无法补救，导致采购方缺货。

（6）供应商的客户服务理念不佳。供应商缺乏诚信，在产能不足或资源紧缺的时候，不采取补救措施，不严格按订单交货。

（7）供应商对物流外包业务监管不严。因第三方物流企业运输计划执行不严、车辆调度不良或缺乏客户服务理念，导致交货延误。

（8）不可抗力原因。不可抗拒原因包括自然灾害及战争等。

（9）其他因供应商责任所致的情形。

2．采购方的原因

1）采购部的原因

（1）供应商选择错误。未按规定严格评估供应商，包括对供应商产能、技术、质量及交货能力进行认证等，当发生交货延误问题时才发现供应商存在的问题。

（2）下单量超过供应商的产能。未按供应商认证及合同规定的供货能力及供货周期下订单。

（3）业务手续烦琐或审批不及时。从请购、审批到下订单，各业务操作环境及时性不够，执行力度不强，延误采购时机。

（4）更换供应商。因某供应商存在问题无法满足采购方的要求，必须更换供应商，而开发供应商一般需要经过一定认证程序，若不能及时找到合适的供应商，就会导致缺货。

（5）付款条件过于严苛或未能及时付款。因采购方付款方式不够灵活，审批时间过长，不能及时付款，导致供应商拒绝供货。

（6）紧急订购。因销售预测不准、生产计划变动频繁，采购计划不得不随之变化，紧急订货难以避免，导致供应商供货不及时。

（7）订货错误。因订货人员的原因导致错订物料的品种、规格、数量等，使到货不能接收，再补订已为时过晚。

（8）跟催不积极。订货人员工作责任心不强，下订单后未持续不断地了解订单执行过程，直到缺货时才发现供应商的问题。

2）其他部门的原因

（1）请购提前期不足。计划部门或使用部门未按采购周期的有关规定，提前做好计划和请购，导致采购周期不足，到货延误。

（2）产品描述不完整，技术资料不齐备。因使用部门对所需物料需求描述不完整，以致货物到达后，使用部门对技术工艺、质量要求产生疑义，不能正常投入使用。

（3）问题物料处理不及时。因相关部门对技术工艺、质量问题判定不及时，导致问题物料得不到及时处理，以致停工待料。

（4）生产计划变更或物料清单（Bill of Material，BOM）变更。

（5）来料点收、检验不及时。未规定不同物料验收期限，验收人员验收不及时，导致来料不能投入供应。

【拓展资源】

3. 其他原因

1）采购方与供应商双方沟通不良

（1）未能掌握一方或双方的产能变化。

（2）指示、联络不确实。

（3）技术资料交接不充分。

（4）品质标准和检验手段掌握不一。

（5）单方面确定交货期，缺少沟通。

（6）未建立质量问题、交货延误及付款等问题紧急处理机制。

2）意外不可抗拒的因素

意外不可抗拒的因素包括车船事故、自然灾害及战争等。

二、跟催的有效办法

1. 下订单前规划

1）制定合理的购运时间

将请购、采购、卖方准备、运输、检验等各项作业所需的时间，予以合理的规划，作为计划、请购部门业务操作的依据，避免因采购提前期不足造成到货延误。

2）建立业务评审制度

由于市场的状况变幻莫测，所以生产计划若有调整或 BOM 有更改的必要，必须进行评审，征询采购部门的意见，以便对停止或减少送货的数量、应追加或新订的数量，作出正确的判断，并尽快通知供应商，使其减少可能的损失，以提高供应商配合的意愿。

3）准备替代来源

供应商不能如期交货的原因很多，且有些属于不可抗力。因此，采购部门应注重平时强化供应商开发和培养，随时准备好替代渠道；产品开发部应根据采购资源"瓶颈"，推进产品标准化，或提供零部件的替代方案。

4）预定流程进度与合理交货期

（1）对内，采购企业对生产计划与物料计划、请购、采购、收货、验货、发货或配送等业务环节的作业周期进行标准化，作为相关部门操作和考核的依据，避免业务脱节、延误、货物紧急采购。

（2）对外，采购企业应在采购订单或合同中明确规定供应商应编制预定供货作业时间流程进度及交货进度表。

5）合同中明确违约责任和处罚措施

（1）在签订买卖合约时，应加重违约责任和处罚措施，使供应商明白交货延误应承担的严重后果。

（2）强化供应商业绩考核。应建立供应商交货情况记录、评估制度，对如期交货或提早交货的厂商给予奖励，或较优厚的付款条件。

2. 下订单后跟催

（1）下订单后请供应商提供生产计划或生产日程表，据以掌握并督促进度。

（2）定期打电话询问厂商生产进度。

（3）建立跟催表或管制卡，切实掌握实际进度。

（4）了解过程中，如发现供应商说跟做的方式有很大的出入时，尽快向对方的负责人及高层管理员报告，并及时投诉。

（5）要不断地在电话中提醒厂商的交货期责任，要让对方保证产品生产，杜绝因人为因素而造成交货期的不准时。

（6）必要时去供应商工厂查验。

（7）随时准备好后备的供应商。

3．事后分析与改善

（1）对交货延迟的原因分析及对策。

（2）分析是否必须转移订单（更换供应商）。

（3）执行对供应商的奖惩办法。

（4）完成交易后剩料、模具、图纸等的收回。

4．跟催方法

（1）订单跟催法。指按订单预定的进料日期提前一定时间进行跟催，包括联单法和统计法。

① 联单法。指将订单按日期顺序排列好，提前一定的时间进行跟催。

② 统计法。指将订单统计成报表，提前一定的时间进行跟催。

（2）定期跟催法。指于每周固定时间，将要跟催的订单整理好，打印成报表统一定期跟催。

（3）物料跟催表法。物料跟催表可据以掌握供料状况，跟催对象明确，确保进料。催货表示例如表4-4所示。

表4-4 催货表

产品	料号	名称	需求	库存	供 需 状 况					在途	供应商	备注
					日期							
					需求							
					交量							
					短缺							
					日期							
					需求							
					交量							
					短缺							
					日期							
					需求							
					交量							
					短缺							

（4）物料跟催箱法。指在采购部的办公室内设置一个物料跟催箱来取代传统的翻页打钩法。在这个物料跟催箱里，规划成36格，前面的31格，代表着一个月的31天，即第一格代表当月的第一天，第二格代表当月的第二天，第三格代表当月的第三天，依此类推下去，而其他格，则是问题处理的档案及急件处理格，如图4.5所示。

采购人员按照所发出的订单的预定进料日期，将这张订单放入适当的格内。假如某零件的预定进料日期是9日，则该零件的订单放在第九格内，当该零件入库后，就把这张订单抽出来归档。总而言之，已经进料的订单，就把它们从这个物料跟催箱里抽出来归档，物料跟催箱里还存在的单据，则表示它们尚未入库。

物料跟催箱			
1	9	17	25
2	10	18	26
3	11	19	27
4	12	20	28
5	13	21	29
6	14	22	30
7	15	23	31
8	16	24	
已处理	待处理	未处理	急件

图4.5　物料跟催箱法

因为物料跟催箱里的订单会随物料的入库而消失，这样采购人员就可以集中精力跟催那些还存放在物料跟催箱里的物料了。有时，采购人员已经尽力，但某些物料还是无法按时送达，这时就可以将这项原料的订单抽出来，放到急件格内，让工厂内相关部门人员来协助催料。

（5）分批采购法。指因供应商产能或质量原因，在不能按时供货的情况下，要求供应商先提供小批量物料，以避免停工待料，同时为采购部门赢得向其他供应商采购的时间。

（6）盯人逼迫法。指对供应商出现延期供货的情况时，采购人员应持续紧盯供方负责供货的相关人员，迫使对方最大限度地采取补救措施。

（7）生产会议逼迫法。指通过生产会议方式，要求采购人员说明供应商延期交货的原因，并要求采购人员采取紧急措施，避免影响生产。

（8）实绩管理法。指利用企业有关采购人员业绩考核机制，强化采购跟催的执行力度。

案例分析

采购交货期的烦恼

采购员小李很烦恼，因为供货商不能及时交货，还振振有词。这些供货商不仅不是那些名不见经传的小单位，在同类产品中几乎都是国内前五名，甚至排名第一、第二。小李一直以为，这些大供应商应该是

严格遵守合同的,但是,请看小李以下的遭遇:

某风机厂的产品质量、名气、产值综合评分在国内同行排名前十,绝对没有人不认可,而且还是美国上市公司。与小李所在公司是长期合作单位,每年业务量不少于800万元。

合同签订交货期为95天,合同金额为135.45万元,付款方式为转账支票。合同签订后两个月,小李电话联系询问进展情况,业务员答应保证按时交货。两个半月之后,业务员支支吾吾不给出清楚答复,小李感觉不妙,立即发传真,要求对方书面回答进度情况;而某风机厂不但不回传真,还反问他是不是真的要按期提货。

4月1日星期日小李连夜赶去风机厂,因为小李知道周一是例会日,但却发现此供货商连原材料还没有买,小李非常生气,要求业务员给出合理解释,却没有合理理由。小李见了他们的销售经理,调度会后,书面保证小李在4月20日保证交货。小李知道只要排产,真正的生产周期只要20天左右,20日交货只需正常生产即可。

4月13日小李与风机厂再次联系,问生产得怎么样了,得到的回答是外壳成型了,主轴和叶轮在机床上。随后同时向小李保证25日交货绝对没有问题。小李追问为企么又推迟,却没有满意的答复。

小李立即安排人要过去,但是答复休息没有人,所以小李再次安排人周日晚上过去,周一到达。结果只看见了几片外壳割下的料,其他的轴、叶轮,还有欺骗小李的那个人。

4月25日下午,小李再次问发货了没有。对方告诉小李说在5月1日前发货,并说他们24小时赶工。29日小李再问,他们又问能不能在5月1日后发货,争取10日发机壳,15日发转子。保证小李20日开机。

小李立即向领导汇报,总经理一听急了,要求马上出发,亲自开车陪小李一起去,为了同一批货去了3趟4人次。

总经理亲自接见小李一行,第一句话就是"你们放心,保证不影响你们整体进度,昨天我刚把生产厂长撤职了"。这次到车间看货,外壳成型了;主轴粗加工后存放在地下"时效处理",还需要调质处理、精车、淬火、磨等;叶轮还刚割了两端平板。经他们一再要求后总经理安排生产分厂出了进度表:保证5月8日交货。并写了书面批示、盖章。

问题

(1)分析这种风机没有按时交货的原因?
(2)假若你是一个采购员,怎样做催货工作?

技 能 训 练

1. 思考题

(1)交货期延误有哪些原因?
(2)物料跟催有哪些方法?

2. 能力训练

根据项目1所调查的一家中型制造企业,该企业采购部门是怎样对物料进行跟催管理的?

任务4 进货验收

【拓展资源】

工作任务

政府采购验收环节易出现的3个问题

1. 推迟供货

虽然从政府采购代理机构招标,供应商投标、中标,到签订供货合同、向采购人供货等一系列环节时间都比较紧凑,但如果供货渠道不出现意外,供应商都能在合同约定的时间内完成采购项目。但某些供应商却谎称供货渠道有问题或其他种种借口,故意推迟供货时间,利用价格时间差谋取利益。

2. 以次充好

缺乏诚信的供应商利用采购人对采购业务不熟悉或对采购项目技术不精通的现象,企图在验收阶段进行欺骗,以次充好。如明目张胆地更换中标货物的品牌、配置;提供同货物品牌不同档次的商品。验收人员如果稍不注意,很容易就被蒙骗过。

3. 偷梁换柱

如供应商把计算机中部分高配置零配件更换成低配置的,或提供质劣价廉的水货等。由于此种作假行为极具隐蔽性,因此供应商极有可能"瞒天过海"。

要求

(1)政府采购验收环节易出现哪些问题?
(2)企业进货验收一般包含哪些内容?

相关知识

一、进货验收易出现的问题

1. 单证不全

采购部门订单不到仓库,导致仓库验收无依据;供货商到货单证不齐,进而影响验收进度。

2. 问题物料处理不及时

因单证不全、单货不符、送货差错或质量问题,采购或质保部门处理物料退换业务不及时,导致到货不能及时投入生产。

3. 到货信息沟通不及时

因采购人员不向仓库提供供应商到货时间、数量等信息,导致仓储部门处于被动状态,加班加点,增加成本,同时给仓储部门准备仓位及验收作业增加难度。

4. 验收要求不明确

采购人员未向仓储人员提供不同物料验收条件、标准和方法等要求,导致仓储部门难以行使把关职责。

二、物料验收程序

仓管员根据采购部门提供的订单,核对供应商的送货单及实物,确认无误后,将物料置于待检区域,清点数量,并通知质保部门前来检验。经检验合格后,仓管员将物料存入指定的库位,并办理入库手续或系统录入;对于不符合验收条件、质量存在瑕疵,不能判定不合格,但又不宜退货的物料,应置于待处理区域;对于判定不合格的物料应置于不合格品隔离区。物料入库程序如图 4.6 所示。

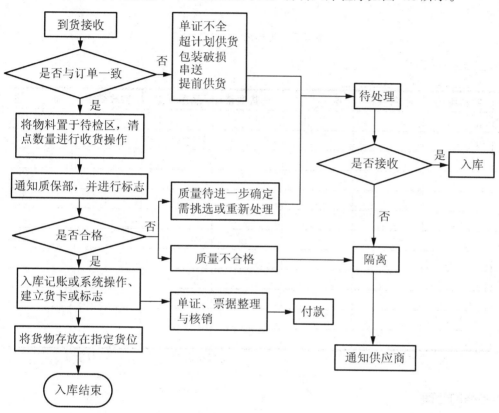

图 4.6　物料入库程序

三、验收的重点操作内容

1. 辨认厂商

辨认厂商即确认物料由哪家厂商供应。一批物料分别向多家厂商采购,或同时多种不同的物料进厂时,更应注意这一问题。

2. 确定运交与验收日期

这是交易的重要条件,可测定厂商履约的可靠度。运交日期用以判定厂商交期是否延误,有时可作为延期罚款的依据;而验收日期可作为付款的起算日期。

3. 决定物料名称与品质

决定物料名称与品质即确认收料是否与原订购物料相符合,并将判断物料的

【参考视频】

品质水准作为接受、拒收或拒付的判断依据。

4. 清点数量

清点数量即清查实际运交数量与订购数量或交货单上记载的数量是否符合。对短交的物料，应立即促请供应商补足；对超交的物料，在正常情形下应予退货。

5. 通知验收结果

通知验收结果即将允收、拒收或特认的验收结果填于物料验收单上通知有关单位，如表 4-5 所示。

表 4-5 收料单

厂商名称：_____   编号：_____
厂商编号：_____   日期：_____

订单号码	物料编码	品名规格	单位	送货数量	品质判定	实收数量	备注

质量检验员：_____   仓管员：_____

四、验收不合格的处理

1. 验收的数量与合约不符

若物料实收数量不足且所差数量不多时，可同意补缴扣款结案；否则，应补足交货量且赔偿缺料所导致的损失。若实收数量超过合约所记载的数量，可依后续计划状况照多交数量收货；否则，可将过多的物料退回。

2. 运输损耗的处理

运输损耗如规定由买方负责，则需在合约中规定损耗率的极限，若损耗超过此限度，则由承运经办者或卖方负责。

3. 拒收物料的退回

物料经查验不合格后，需立即通知供应商自行运回，解除合约，责令其赔偿；如卖方不运回，则可依合约的规定收取保管费或通知其逾期不运回，将予以抛弃。但若不合格的物料仍可修补或调换，则可责令卖方修补或调换，不必解除合约，以免双方遭受重大损失。

4. 违约罚款的催收

卖方未能依约履行应尽的规定，依规定可令其缴纳罚款。

5. 特采

在物料需求紧急时，为免停工待料发生损失，对不合格的物料予以特别认可，称为特采或特别认可。其方式可分为以下几种。

1）质量偏差

（1）发生原因。送检批次全部不良，品质与验收标准有偏差，进料检验员判定为不合格。

（2）处理方式。由质保、工程技术、采购等部门共同研究，依据质量瑕疵和生产急需程度判定接收或拒收。

2）重新加工

（1）发生原因。送检批次全部不良，因生产急需不宜退货，经质检和工程技术部门判定可以通过加工修复方法满足生产需求。

（2）处理方式。由质保、工程技术、采购等部门共同研究，依据质量瑕疵和可修复程度判定接收或拒收；若可以接收，则派加工人员重新加工以解决品质的缺陷。

3）全检和挑选

（1）发生原因。不良品过多，超过允许范围，被质检人员判定为不合格。

（2）处理方式。为避免停工待料，将送检物料进行挑选，合格者收下，不合格者退货。

案例分析

水家电质量堪忧

某年12月，北京市质量技术监督局发布饮用水的质量抽查结果，结果显示近七成纯净水不合格。同年8月，湖北省卫生厅公布了桶装水的质量抽检结果。娃哈哈、安吉尔均在不合格之列。同年8月，广东省工商局公布了对饮用水的抽查结果，抽查合格率仅为30.3%。此前，安徽省质量技术监督局公布的对饮水机产品进行的省级监督抽查结果显示，饮水机产品合格率不足两成。

业内分析人士认为，以前，国家质监部门在发布质量检验报告时，总是模糊地称，大企业的产品质量相对较好。但多年来，涉水产品质量抽查结果屡屡不理想，以及一些无良企业胆子越来越大，迫使政府部门痛下决心，曝光一些大企业、大品牌，以杀一儆百。

1. 乱贴牌现象严重

经调查，南京某电子企业根本就不生产饮水机，只是将饮水机这一项的商标使用权，租给了慈溪某企业使用。其实，被曝光的是浙江省慈溪市的一个手工作坊生产的产品。同南京该电子企业事后保持沉默不同，深圳某饮水设备有限公司急忙跳出来声明，"出事"的安吉尔同其没有任何关系。

果真没有关系吗？其实不然。经多方求证，安吉尔原来也是深圳该饮水设备公司的合作联营单位，只是后来合作取消。

水家电贴牌现象在浙江省慈溪市十分普遍，几乎国内所有的大品牌都在慈溪做贴牌。当时，慈溪搞水家电最火爆，慈溪全市拥有涉水产品生产《卫生许可证》的企业就有数十家，各类水家电生产企业更是有数百家之多。

2. "三低"现象困扰

水家电行业存在的技术门槛低、产品利润低、从业人员素质低等"三低"现象，阻碍了水家电产业的健康有序发展。由于水家电行业进入门槛太低，鱼目混珠、滥竽充数的手工业作坊不可胜数。而一些规模型企业为了能够快速夺得市场份额，不惜以牺牲质量为代价，偷工减料，低价竞争，也给涉水产品的质量蒙上了阴影。

问题

（1）作为水家电的采购人员，怎样防止自己采购的商品出现上述现象？

（2）如果出现了不合格水家电，你将如何处理？

技 能 训 练

1. 思考题

（1）简述物料验收程序。

（2）物料验收内容主要有哪些？

（3）怎么处理验收不合格的物料？

2. 能力训练

根据项目1所调查的一家中型制造企业，调查该企业采购部门的质检人员，查看一下质检流程中对不合格品的处理方法。

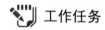

任务5 货款结算

 工作任务

交期成本核算

据资料统计，每增加一周的交期将增加1.5%的采购成本，即单价为10元的产品交期若为一周，则该产品实际采购成本为 10.15 元。这额外的成本来源于供应商交期对采购商的安全库存等因素所带来的附加成本。通常，供应商交期越长，采购商的安全库存量越大，由此产生的库存成本、管理成本、风险成本和资金成本越高。下面举例说明。

某公司每年因生产需要而订购某零件100 000只，现收到甲、乙、丙3家供应商的报价以及交期，如表4-6所示。

表4-6 供应商的报价单

供 应 商	报价/元	交期/周
甲	14.00	1
乙	13.50	6
丙	13.20	10

假设：采购单价和交期是唯一供应条件（即采购单价和交期不同），其他条件（如付款期、质量等）全部相同。根据生产计划，采购零件在11周后将投入使用，并且由于产品更新换代较快，无法预测更新换代的时间。根据"每增加一周的交期将增加1.5%的采购成本"计算不同交期的成本，如表4-7所示。

表 4-7 采购成本表

供应商	该公司实际采购成本	年采购总额	差距（以甲为基础）
甲	14.00（1+15%×1）=14.21	1 421 000	—
乙	13.50（1+15%×6）=14.715	1 471 500	50 500
丙	13.20（1+15%×10）=15.18	1 518 000	97 000

可见，由于交期的影响，丙公司报价最低但总成本却最高，而报价最高的甲公司，总成本却最低，采购差距额高达5万~10万元。因此，采购员进行采购时，不能只看报价而忽视其他因素，如交期成本，原因是：供应商的交期越长，产品更新换代越快，采购商的滚动下单、安全库存、呆滞物料就越大，由此产生的库存成本、管理成本、风险成本、资金成本就越高；供应商交货期越短，产品更新换代越慢，采购商的滚动下单、安全库存、呆滞物料就越小，由此产生的库存成本、管理成本、风险成本、资金成本就越低。因此，采购人员考虑采购成本时须从总成本出发，综合考虑交期的影响，以促使供应商提高准时交货率，建立双赢的长期合作关系。

要求
选择哪家公司来采购比较好？

相关知识

货款结算是整个采购业务全过程中至关重要的一个环节，能否按时支付货款是供应商最关心的问题，也是采购方的信誉所在。货款结算的过程，是对采购业务的最后把关和规避风险的关键业务环节。

采购的付款操作，一般是在通过物料质量或数量检验后，采购人员或者专职付款人员，不仅要查询实际接收的信息，还要审核仓库收料单、订单及供应商提供的发票，避免因供应商多批次供货导致出现重复付款现象。为避免重复付款，供应商的送货单和发票、仓库收料单都必须注明合同号或订单号。付款操作具体包括以下步骤。

一、查询物料入库信息

对国内的供应商付款操作，一般是在货物运达，并且完成入库验收等入库手续之后进行，因此，采购人员必须认真、准确、及时地查询货物入库信息，并着手办理货物付款手续。对于国外供应商，一般货物一到岸或一到指定的交易地点，必须及时验收，在验收后对供应商开具付款票据。对于长期采购的供应商，特别是有较好信誉的供应商，可按约定的付款周期付款，注意周期不宜过长。

二、准备付款申请单据

对国内供应商付款，需制作付款申请单，并且附合同、物料检验单据、物料入库单据、发票。付款人员要注意5份单据（付款申请单据、合同、物料检验单据、物料入库单据、发票）中的合同编号、物料名称、数量、单价、总价、供应商名称必须一致。

三、付款审批

付款审批由管理办公室或者财务部专职人员进行。审核内容主要包括：

（1）单据的匹配性。即以上述 5 份单据在 6 个方面（合同编号、物料名称、数量、单价、总价、供应商名称）的一致性及正确性。

（2）单据的规范性。首先是发票，其次是付款申请单，要求格式标准、统一，描述清楚。

（3）单据的真实性。即发票的真假鉴别、检验，入库单等单据的真假。

四、资金平衡

合理利用资金是对企业管理者的基本要求，特别是在资金紧缺的情况下，要综合考虑物料的重要性、供应商的付款周期等因素，以确定首先向谁付款。对于不能及时付款的物料要与供应商进行充分的沟通，征得供应商的谅解和同意。

五、向供应商付款

企业财务部门接到付款申请单及通知后，即可以向供应商付款，并提醒供应商注意收款。

六、供应商收款

企业之间的交易付款活动一般通过银行进行。供应商是否收到货款，有时会因为付款账号疏漏，导致供应商收不到货款。对于大额资金的付款活动，企业有必要在付款活动之后向供应商作收款提醒。

案例分析

福特汽车公司采购应付账款管理

福特汽车公司是美国三大汽车巨头之一，20 世纪 80 年代初，日本工业的发展延伸到美国，福特等美国大企业面临着越来越强劲的日本竞争对手的挑战，开始企图通过削减管理费用和行政开支来应对。福特公司设在北美的采购应付账款部门当时有 500 多名员工，而同行马自达公司的应付账款部门仅有 5 名员工，除掉公司规模因素后，福特公司应付账款部门的员工仍是马自达的 6 倍，但工作效率却不高。为此福特公司决定运用信息技术进行改革，重新设计应付账款部门的业务流程，进行彻底的业务流程重组（Business Process Reengineering，BPR）。福特公司应付账款部门原流程，如图 4.7 所示。

依照企业业务流程再造的思想和方法，福特公司通过分析原有业务流程、设计新业务流程、支持业务流程再造的应付款管理信息系统的设计以及新业务流程的实施等几个步骤完成应付账款部门的业务流程再造，达到了减少员工人数和提高付款正确率的目的。

通过图 4.7 中可以看出，从采购部向供应商发出订单到最后的付款包括了 9 个环节，尤其是"订购单""验收单"和"发票"三者一致时才能付款的条件引出了大量的单证核对，使财务和仓库耗费了大量人力、时间和资金，而且经常发生差错和延误付款的事件。为此，可从以下方面进行流程变革：

（1）建立采购、采购付款和库存管理等部门的数据共享的采购业务管理系统。

（2）取消付款中必须要有"发票"的条件，取消"发票"与"订单"和"验收单"三者的核对业务。

（3）采购部的订购单不再向付款部门和库存管理部门传送，而是直接输入共享的数据库。

（4）库存管理部门在收到采购物品并根据数据库中的订单核对后，发出确认信息即可。

（5）采购付款部门则在数据库中订单与到货信息一致后即向供应商付款。

（6）通过计算机网络信息系统，即采购付款业务管理系统高效运行。

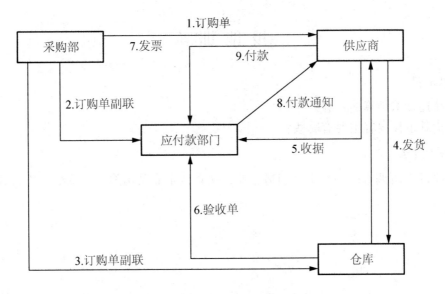

图 4.7　福特公司应付账款部门原流程

福特公司新的应付账款流程，如图 4.8 所示。

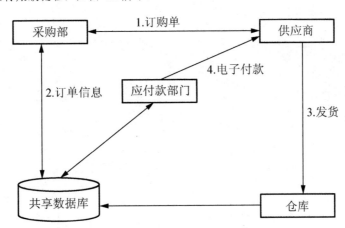

图 4.8　福特公司新的应付账款流程

从图 4.8 中可以看出，新流程中无发票处理，采购部向供应商发出订单的同时向数据库写入订单数据，仓库与数据库中的订单核对，正确就收货，然后无须供应商的发票，计算机就在线自动以电子或打印支票的方式向供应商付款。新的应付账款流程使福特公司应付账款部门减少了 75%的人员，并提高了付款正确率。

问题

（1）福特公司采购新流程有哪些变革？

（2）比较福特公司采购物料新旧的应付账款流程有哪些区别？

技 能 训 练

1. 思考题
（1）简述货款结算的步骤。
（2）货款审核内容主要有哪些？

2. 能力训练

根据项目 1 所调查的一家中型制造企业，调查该企业采购部门，总结在货款结算时一些经验或教训。

项目 5
采购谈判与合同订立

 **项目介绍**

通过本项目的学习,使学生对采购谈判有全面的认识,掌握采购谈判方案制定的方法,能够根据谈判情景正确选择适当的技巧与艺术;能够熟知采购的影响因素及采购合同的具体内容。

 学习目标

知 识 目 标	能 力 目 标
(1)掌握采购谈判方案的内容、特点和实施原则。 (2)熟知采购合同的基本构成内容	(1)根据具体情况制定采购谈判的方案并实施此方案。 (2)制定和修改采购合同。 (3)培养良好的沟通能力和语言表达能力。 (4)在谈判中,灵活运用谈判技巧,解决一般采购谈判问题

任务 1 采购谈判方案的制定

采购方有效谈判的能力意味着与供应商交易成功的概率会更大,在一些相对重要的采购活动实施前,采购方必须与供应商进行面对面的直接接触,进行谈判,而采购谈判也就成为整个采购过程中一个非常重要的环节。人并非生来就是一个优秀的谈判者,尽管有些人对谈判或许会有一种天生的能力或兴趣,但我们都能通过训练在一定程度上提高谈判能力。因此,良好的谈判技能会对企业竞争力和利润的提高起到重要的作用。

工作任务

海宁皮衣销售专卖店采购谈判方案

海宁皮衣销售专卖店是皮衣销售专营店,每年 3 月都要进行全国范围的皮衣选购谈判,某年 3 月如期在杭州某大酒店举行谈判。王某是企业采购部经理,在采购谈判前要编制采购谈判方案,采购谈判方案的主体内容如表 5-1 所示。

表 5-1 采购谈判方案

谈判方	甲方:	乙方:
谈判主题	皮衣批发采购	
谈判地点	杭州某大酒店	
谈判期限	年 月 日至 年 月 日	
我方人员组成	张某、王某	职务:采购部经理、财务部主任
对方人员组成	陈某、方某	职务:销售部经理、市场开发部部长
谈判目标	1. 2. 3.	
谈判议程	分 3 个阶段: 1. 2. 3.	
谈判内容	1. 2. 3.	
谈判策略	谈判开始阶段	
	谈判过程中	
	谈判结束阶段	
汇报制度	谈判项目负责人:采购部经理 公司该项目总决策人:总经理 汇报方式与时间:拟写报表 年 月 日 公司其他支持人:策划部、开发部	

要求

假如你是王某,请确定谈判目标、谈判议程、谈判内容和谈判策略,并完成此表。

相关知识

一、采购谈判的目的和内容

谈判是指当事人为实现一定的目标,而与实现目标的影响者进行协商的过程。商品采购谈判是指企业在采购时与供应商进行的贸易谈判。采购方想以自己比较理想的价格、商品质量和供应商条件来获取供应商的产品,而供应商则想以自己希望的价格和服务条件向购买方提供自己的商品。当两者未完全统一以前,就需要通过谈判来解决,这就是采购谈判。另外在采购过程中,由于业务操作失误发生货物的货损、货差、货物质量数量问题或在赔偿问题上产生的争议,也要进行谈判,也属于采购谈判。

1. 采购谈判的目的

(1)希望获得供应商质量好、价格低的产品。

(2)希望改进供应商的可靠性和获得比较好的服务。

(3)希望合同的履行更加有效并按时进行,在发生物资差错、事故、损失时获得合适的赔偿。

(4)当发生纠纷时能够妥善解决,减少双方的争执,不影响双方的关系。

2. 采购谈判的内容

在采购谈判中,谈判双方主要就商品的质量条件、商品的数量条件、商品的包装条件、交货条件、货款的支付条件、商品的检测与赔偿条件、不可抗力条件、仲裁等交易条件进行磋商。

(1)商品的质量、价格、数量和包装条件是谈判双方磋商的主要交易条件。只有明确了商品的质量条件,谈判双方才有谈判的基础。也就是说谈判双方首先应当明确双方希望交易的是什么商品。在规定商品质量时,可以用规格、等级、标准、产地、型号和商标、商品说明书和图样等方式来表达,也可以用一方向另一方提供商品实样的方式表明己方交易商品的品质要求。

(2)在国内商品买卖中,谈判双方在商品的价格问题上主要就价格高低进行磋商。而在国际货物买卖中,商品价格的表示方式除了要明确货币种类、计价单位以外,还应明确以何种贸易术语成交。国际商会制定的《国际贸易术语解释通则》介绍并解释了 13 种贸易术语。它们清楚地表达了买卖双方各自应承担的风险、手续责任和相关的费用。

【拓展资源】

(3)在磋商数量条件时,谈判双方应明确计量单位和成交数量,在必要时订立数量的机动幅度条款。在货物买卖中,大部分货物都需要包装。因此,谈判双方有必要就包装方式、包装材料、包装费用等问题进行洽谈。

(4)商品的交货条件是指谈判双方就商品的运输方式、交货时间和地点等进行的磋商。而货物保险条件的确定则需要买卖双方明确谁向保险公司投保,投保何种险别，保险金额如何确定，以及依据何种保险条款办理保险等。

（5）货款的支付问题主要涉及支付货币和支付方式的选择。在国际货物买卖中使用的支付方式主要有汇付、托收、信用证等。采用不同的支付方式，买卖双方可能面临的风险大小不同，在进行谈判时，应根据情况慎重选择。

（6）检测、索赔、不可抗力和仲裁条件，有利于买卖双方预防和解决争议，保证合同的顺利履行，维护交易双方的权利，是国际货物买卖谈判中必然要商议的交易条件。

二、采购谈判的特点

（1）采购谈判是为了最终获取本单位或部门所需商品，保障本单位或部门及时持续的外部供应。

（2）采购谈判讲求经济效益。在谈判中，买卖双方争议最激烈的问题往往是商品的价格问题。对于采购者来说，当然是希望以最低的价格或者最经济的价格获得所需产品。

（3）采购谈判是一个买卖双方通过不断调整各自的需要和利益而相互接近，最终争取在某些方面达成共识的过程。

（4）采购谈判蕴含了买卖双方"合作"与"冲突"的对立统一关系。双方都希望最终能够达成协议，这是合作的一面；但各方同时又希望协议能够获得尽可能多的效益，这是冲突的一面。正是由于买卖双方的这种对立统一关系，才体现出采购谈判的重要性，以及在谈判中选用适当策略和技巧的必要性。

（5）在采购谈判中，最终达成的协议所体现的利益主要取决于买卖双方的实力和当时的客观形势。另外，谈判结果还在一定程度上受主观条件的制约，例如，谈判人员的素质、能力、经验和心理状态，以及在谈判双方所运用的谈判策略技巧。

（6）采购谈判既是一门科学，又是一门艺术。掌握谈判的基本知识和一些常用策略技巧能使谈判者有效地驾驭谈判的全过程，为己方赢得最大的利益。可见，采购谈判技巧是实现采购行为的关键环节。

在采购谈判的实际组织实施中，要综合考虑采购谈判的上述特点，并结合实施情况，制定合适的谈判计划、方案和策略等。

三、采购谈判方案制定要求

采购谈判方案是在谈判开始前对谈判目标、谈判议程、谈判策略预先所做的安排。谈判方案是指导谈判人员行动的纲领，在整个谈判过程中起着非常重要的作用。

由于采购谈判的规模、重要程度不同，所以谈判内容有所差别。内容可多可少，可视具体情况而定。尽管内容不同，但其要求都是一样的。一个好的谈判方案要求做到以下几点。

1. 简明扼要

所谓简明，就是尽量使谈判人员很容易记住其主要内容与基本原则，使他们能根据方案的要求与对方周旋。

2. 明确、具体

谈判方案要求简明、扼要，但必须要与谈判的具体内容相结合，以谈判的具体内容为基础；否则，会使谈判方案显得空洞和含糊。因此，谈判方案的制定也要求明确、具体。

3. 富有弹性

谈判过程中各种情况都有可能发生突然变化,要使谈判人员在复杂多变的形势中取得比较理想的结果,就必须使谈判方案具有一定的弹性。谈判人员要在不违背根本原则情况下,根据情况的变化,在权限允许的范围内灵活处理有关问题,取得较为有利的谈判结果。谈判方案的弹性表现在以下几个方面:

(1) 谈判有几个可供选择的目标。
(2) 策略方案根据实际情况可选择某一种。
(3) 指标有上下浮动的余地,还要把可能发生的情况考虑在计划中。如果情况变动较大,原计划不适合,可以实施第二套被选方案。

四、采购谈判方案制定的内容

采购谈判方案主要包括谈判目标、谈判策略、谈判议程、谈判人员的分工职责、谈判地点等内容。其中,比较重要的是谈判目标的确定、谈判议程的安排和谈判策略的布置等内容。

1. 谈判目标的确定

采购谈判是指企业在采购时与供应商所进行的贸易谈判。企业在进行谈判之前,必须设定自己的谈判目标。

为了使谈判目标对谈判发挥更好的引导作用,谈判的目标还必须量化、精确化。只有量化、精确化的目标才能使我们在谈判中清晰地知道哪些是必须坚持的、哪些是可以让步的或放弃的,从而快速地做出选择和决策。

商品的质量、数量、价格、支付方式、包装、运输方式、服务标准和内容等是量化目标的构成要素。其中价格、商品或服务的质量、支付方式通常是谈判的重点。价格是绝大多数买卖谈判的核心。不论是商品交易、劳务交易还是工程项目的承包,价格都是谈判的核心问题。在小额买卖谈判中,支付方式一般不会成为谈判的重点。但是在大额的买卖谈判中,支付方式往往也成为谈判的重点问题。

【拓展案例】

为便于谈判者衡量决策,量化目标中的价格应该是考虑了所有影响价格的因素后而得出的综合价格。商品的质量和服务内容不同,价格自然要做出相应的调整;谈判时商品的包装、运输方式、售后服务等内容最好都换算成价格并进行相应的增加或扣除。如买方额外要求精包装,则卖方的综合报价就可以加上精包装的费用;如果卖方的综合报价中已包括了运费,而买方不要求运送,则买方就可以要求在综合报价中减去运输的费用。对卖方来说,如果买方的综合报价高于防御点,该买卖就可以成交;如果买方的综合报价低于防御点,则不能成交。

量化的谈判目标是一个体系,它可以分为最高目标、中间目标和最低目标。

1) 最高目标

最高目标是指谈判者希望达到的最理想的目标。以卖方为例,谈判中的最高目标就是卖方期望达到的最高价,也往往是卖方的第一次报价。这个报价当然也是综合考虑了商品的质量、数量、支付方式、包装、运输、服务等因素后经过换算得出的综合价格。作为最高目标的综合价格要有一定的高度和难度，以便能激发谈判者的潜能，也给自己留下足够的回旋余地。

2）中间目标

中间目标是介于最高目标和最低目标之间的部分。中间目标其实就是谈判者可以回旋的余地。如果用数学上的线段表示，最高目标和最低目标是线段的两个端点，中间部分是可接受目标。

3）最低目标

最低目标是指谈判者可以勉强接受的最不理想的目标。通常表现为卖方愿意出卖的最低价或买方愿意购买的最高价，也就是防御点。防御点是谈判者的心理底线。如果买方最终的报价低于己方防御点，理性的卖方应该考虑退出谈判；如果卖方最终的报价高于己方防御点，理性的买方也应该考虑退出谈判。

确定目标的过程是一个风险决策的过程，目标制定得越高，其所冒风险也越大。谈判者应当把所冒风险和可能获得的利益进行比较，以便作出正确的选择。最高目标和最低目标一旦确定，在谈判的过程中就不能随意更改，而介于两者之间的中间目标本身是有弹性的，它受谈判双方实力和谈判形势变化的影响。

为了有利于谈判目标的实现，谈判者的方案设计要有一定的灵活性，应该多制定几套分别与最高目标、中间目标或最低目标相配套的子方案供己方比较选择。

2. 谈判议程的安排

谈判议程的安排对谈判双方非常重要，议程本身就是一种谈判策略，必须高度重视这项工作。谈判议程一般要说明谈判时间的安排和谈判议题的确定。谈判议程可由一方准备，也可由双方协商确定。议程包括通则议程和细则议程，通则议程由谈判双方共同使用，细则议程供己方使用。

1）时间安排

时间的安排即确定在什么时间举行谈判、多长时间、各个阶段时间如何分配、议程出现的时间顺序等。谈判时间的安排是议程中的重要环节。如果时间安排很仓促，准备不充分，匆忙上阵，心浮气躁，就很难沉着冷静地在谈判中实施各种策略；如果时间安排得很拖沓，不仅会耗费大量的时间和精力，而且随着时间的推延，各种环境因素都会发生变化，还可能会错过一些重要的机遇。

2）确定谈判议题

所谓谈判议题，就是谈判双方提出和讨论的各种问题。确定谈判议题首先必须明确己方要提出哪些问题，要讨论哪些问题。要把所有问题全盘进行比较分析：

（1）哪些问题是主要议题，要列入重点讨论范围。

（2）哪些问题是非重点问题，哪些问题可以忽略。

（3）这些问题之间是什么关系，在逻辑上有什么联系。

（4）还要预测对方会提出什么问题，哪些问题是己方必须认真对待，全力以赴去解决的，哪些问题可以根据情况做出让步。

（5）哪些问题可以不予讨论。

3）拟定通则议程和细则议程

（1）通则议程。通则议程是谈判双方共同遵守使用的日程安排，一般要经过双方协商同意后方能正式生效。在通则议程中，通常应确定以下内容：谈判总体时间及分段时间安排；双方谈判讨论的中心议程，问题讨论的顺序；谈判中各种人员的安排；谈判地点及招待事宜。

（2）细则议程。细则议程是己方参与谈判的策略的具体安排，只供己方人员使用，具有保密性。其内容一般包括以下几个方面：

① 谈判统一口径，如发言的观点、文件资料的说明等。

② 对谈判过程中可能出现的各种情况的对策安排。

③ 己方发言的策略。何时提出问题？提什么问题？

④ 向何人提问？谁来提出问题？谁来补充？谁来回答对方问题？谁来反驳对方提问？什么情况下要求暂停或停止谈判。

⑤ 谈判人员更换的预先安排。

⑥ 己方谈判时间的策略安排、谈判的时间期限等。

谈判是一项技术性很强的工作。为了使谈判在不损害他人利益的基础上达成对己方更为有利的协议，可以随时卓有成效地运用谈判技巧，但又不为他人觉察。一个好的谈判议程，应该能够驾驭谈判，这就好像双方作战一样，成为己方纵马驰骋的缰绳。你可能被迫退却，你可能被击败，但是只要你能够左右敌人的行动，而不是听任敌人的摆布，你就仍然在某种程度上占有优势。更重要的是，你的每个士兵和整个军队都将感到自己比对方高出一筹。

当然，议程只是一个事前计划，并不代表一份合同。如果任何一方在谈判开始之后对它的形式不满意，那么必须有勇气修改，否则双方都将负担不起因为忽略议程而导致的损失。

4）谈判安排注意的问题

（1）己方拟定谈判议程时应注意以下几个问题：

① 谈判的议程安排要依据己方的具体情况，在程序上能扬长避短，也就是在谈判的程序安排上，保证己方的优势能得到充分的发挥。

② 议程的安排和布局要为自己出其不意地运用谈判策略埋下契机。一个谈判老手是决不会放过利用拟定谈判议程的机会来运筹帷幄的。

③ 谈判议程内容要能够体现己方谈判的总体方案，统筹兼顾，引导或控制谈判的速度，以及己方让步的限度和步骤等。

④ 在议程的安排上，不要过分伤害对方的自尊和利益，以免导致谈判的过早破裂。

⑤ 不要将己方的谈判目标、特别是最终谈判目标通过议程和盘托出，使己方处于不利地位。

当然，议程由自己安排也有短处。己方准备的议程往往透露了自己的某些意图，对方可分析猜出，在谈判前拟定对策，使己方处于不利地位。同时，对方如果不在谈判前对议程提出异议而掩盖其真实意图，或者在谈判中提出修改某些议程，容易导致己方被动甚至谈判破裂。

（2）对方拟定谈判议程时己方应注意以下几个方面：

① 未经详细考虑后果之前，不要轻易接受对方提出的议程。

② 在安排问题之前，要给自己充分的思考时间。

③ 详细研究对方提出的议程，以便发现是否有什么问题被对方故意摒弃在议程之外，或者作为用来拟定对策的参考。

④ 千万不要显出己方的要求是可以妥协的，应尽早表示己方的决定。

⑤ 对议程不满意，要有能力去修改，绝不要被对方编排的议程束缚手脚。

⑥ 要注意利用对方议程中可能暴露的对方谈判意图，后发制人。

3．谈判策略的布置

谈判策略布置，就是制订谈判的整体计划，从而在宏观上把握谈判的整体进程。制定谈判策略的基本步骤如下。

1）为谈判搜集具有重大影响的事实

如果某位供应商来讨论有关售价要提高的事，己方就要设法找出相对其他竞争对手而言，这个价位增长幅度太大的证据。经过权衡，供应商考虑到未来一段时间更大的生意，他会更改较高的报价。这些都是被称为能影响谈判的客观事实的例子。当然，常常还有能影响谈判过程的消极事实。

2）考虑共同利益

在许多谈判中，大部分时间常常花在另一方不能同意的问题的争论上。如果这些是引起争论的唯一问题，那么达成一个最后协议常常是很困难的。因而，事先建立一些共同利益点显得很重要，并且把注意力集中到这方面，将会形成友好的气氛，"怎样解决我们的冲突"的问题将变成"怎样找到我们的共同利益点，并将其转换成双方都能同意的最大限度利益"。另外，还要分析各自的优势和劣势所在。例如，供应商的供应能力、订单积压状况和盈利能力如何？该供应商签订合同的可能性有多大？是否存在时间上的紧迫性？分析实力的过程可以帮助谈判确立谈判要点，避免产生不切实际的愿望，并且为制定策略出谋划策。

3）提出一系列问题

系统方法在谈判中十分重要。在对方提出详细且较新的信息时，常常要抵制立即作出反应的诱惑。如果这些信息表达了一些完全不同的问题，那么最好终止谈判，且继续去做准备工作。因此，事先草拟好一系列问题，并且坚持到底很重要。

4）制定谈判策略

首先安排谈判进程：先讨论什么问题？后讨论什么问题？在哪些方面采购者愿意妥协？在哪些方面应立场坚定？谈判团队（通常由管理、质量控制人员和采购部门领导组成）由哪些人组成？团队成员的组成情况由谈判的主题决定。这些主题包括：谁是这次谈判的最佳人选？谁代表公司发言？谁做记录？谁察看对方的反应？为每一个目标确立谈判范围和指标，从而制定谈判者认为能够实现的合理目标。策略的制定应该建立在对形势和谈判策略的正确理解的基础上。如果谈判的目的是达成交易，那么谈判的方法和技巧就十分重要，因为它能够影响所要表达的意图。采取的策略要使另一方感觉谈判或者合同的结果是积极的，那么他们就会致力于协议的达成，并争取解决签订合同期间所产生的任何问题。

5）界定谈判的任务

在谈判过程中，双方常常做出一些让步，但完全接受对方的要求是不现实的（并且这些不适合己方所界定的谈判内容）。己方可以事先计划好将做出哪些让步，而要做到这一点，重要的是己方必须确定最好的结果是什么（并且考虑到客观现实，己方所认为的那些可行的最好结果对方是否会接受），哪些最可能的结果（现实地说，己方认为可行，但反过来对方能否接受），哪些是最坏的结果（如果没有其他的可能性，己方能接受的最坏结果）。

五、采购谈判策略

1. 避免争论策略

谈判中出现分歧是很正常的事。出现分歧时应保持冷静，不要感情冲动，尽可能地避免争论。能倾听对方的意见，委婉地提出不同意见，不应直截了当地提出自己的否定意见，这样会使对方产生抵触情绪，反而迫使对方千方百计地维护自己的意见。因此，应先同意对方的意见，然后再提出探索性的提议。

2. 抛砖引玉策略

抛砖引玉策略是指在谈判中，一方主动提出各种问题，但不提供解决的办法，让对方来解决。这一策略不仅让对方感觉到尊重，而且又可摸清对方的底细，争取主动。但这种策略不适合用于谈判出现分歧时或对方是一个自私自利、寸利必争的人，这样会使己方处于被动地位。

3. 留有余地策略

在实际谈判中，不论己方是否留有余地或真的没留什么余地，对方总认为另一方是留有余地的，所以在对方最看重的方面做了让步，可在其他条款上争取最大效益。这种策略特别适用于对付寸利必争的谈判方或在不了解对方的情况下。

4. 避实就虚策略

避实就虚策略是指为达到某种目的和需要，有意识地将洽谈的议题引导到相对次要的问题上，借此来转移对方的注意力，以求实现谈判目标。

5. 保持沉默策略

保持沉默是处于被动地位的谈判人员常用的一种策略，是为了给对方造成心理压力，同时也起到缓冲作用。但是如果运用不当，容易适得其反。例如，在还价中沉默常被认为是默认；沉默时间太短常意味着被慑服。

在沉默中，行为语言是唯一的反应信号，是对方十分关注的内容，所以应特别加以运用，以达到保持沉默的真正目的。

6. 忍气吞声策略

谈判中占主动地位的一方有时会以一种咄咄逼人的姿态表现自己。这时如果坚决反对或表达不满，对方会更加骄横甚至退出谈判。这时可对对方的态度不做任何反应，采取忍耐的策略，慢慢地消磨对方的棱角，挫其锐气，以柔克刚，反而能变弱为强。

7. 多听少讲策略

多听少讲是忍耐的一种具体表现方式，也就是让对方尽可能多地发言，充分表明他的观点，这样既能表示尊重对方，也可根据对方的要求，确定对付对方的具体策略。

8. 情感沟通策略

人有七情六欲，满足人的感情和欲望是人的一种基本需求。在谈判中充分利用感情因素以影响对方，则不失为一种可取的策略。

9. 先苦后甜策略

例如，供应商想要在价格上有多些余地，采购方可先在包装、运输、交货、付款方式等多方面提出较为苛刻的方案作为交换条件，在讨价还价过程中，再逐步地做出让步。供应商鉴于采购方的"慷慨"表现，往往会同意适当地降价，而事实上这些"让步"是采购方本来就打算给供应商的。但要注意的是，这一策略只有在谈判中处于主动地位的一方才有资格使用。

10. 最后期限策略

处于被动地位的谈判者，总有希望谈判成功、达成协议的心理。当谈判双方坚持己见、争执不下时，处于主动地位的谈判者就可利用这一心理，提出解决问题的最后期限和解决条件。

期限是一种时间通牒，可使对方感到如不迅速作出决定，就会失去机会，从而给对方造成一种心理压力——谈判不成损失最大的还是自己。

但使用该策略时还应注意，不可激怒对方，而要语气委婉、措辞恰当、事出有因；要给对方一定的时间进行考虑，让对方感到不是在强迫他，而是向他提供了一个解决问题的方案，并由对方自己决定具体时间；提出最后期限时最好还能对原有条件做出让步，给人以安慰。

案例分析

日本航空公司与美国波音公司的谈判

日本航空公司拟从美国引进10架新型波音客机，日方3位谈判代表按约到达波音公司的会议室。出乎意料的是，日方代表动作迟缓，慢吞吞地喝着咖啡。精明而又讲究效率的波音公司代表把对方的疲倦懒怠看做是可乘之机，在双方重申了购销意向之后，迅速把谈判引入"概说"阶段。从早上9点到11点半，3架放映机相继打开，图表、计算机计算、屏幕显示应有尽有，美国代表反压倒性的准备资料"淹没"了日方代表。整个过程日方代表只是静静地坐在一旁，一句话也没说。美国代表自信这些足以使对方相信波音公司飞机的性能和定价都是无可挑剔的。

美国代表讲完长长地舒了口气，关掉机器，拉开窗帘，充满信心地问日方代表："你们认为如何？"一位日方代表斯文有礼，面带微笑地说："我们看不懂。"

美方代表脸色倏地变得惨白："你说看不懂是什么意思？什么地方看不懂？"日方主谈笑了笑："都不懂。"

美方主谈急切地追问："都不懂是什么意思？请具体说明你们是从什么时候开始不明白的？"日方主谈说："从拉上窗帘的那一刻开始。"

眼看半天的努力全部化为泡影，美方代表几乎要骂出来。他们只有重新拉上窗帘，不过接下来的那两个小时的介绍已经失去了最初的热情和信心。

谈判进入交锋阶段。日方代表同样使美方代表大失所望，他们听觉不灵、反应迟钝，很难甚至根本不能理解波音公司代表的讲话。美方代表详细准备好的论点、证据都没有了，精心设计的谈判计划也无用武之地。几天下来，美方代表已被搅得烦躁不安，越来越说不清楚，只好直截了当地问对方："我们飞机的性能是最好的，报价也是合情合理的，你们有什么异议吗？"此时日方主谈似乎由于紧张忽然出现语言障碍，结结巴巴地说："第、第、第一，价、价……""你要说第一点是价格吗？这点可以商量。第二点是什么？""性、性……""你说的是性能吗？只要日方方面提出书面要求，我们一定能满足。"日方代表连连点头。

接着就商谈价格，这笔大宗交易还价应该按国际惯例采取适当的幅度。可是日方代表似乎全然不知，一开口就要求削价 20%，美方代表听了大吃一惊，可发现对方的态度认真，不像是开玩笑，为了表示出诚意，于是便说："我们可以削价 6%。"

由于双方差距太大，谈判暂告结束。下午日方代表第二次还价，要求削价 18%，波音公司坚持原来的立场，又一轮激烈的争论开始了，双方谁也说服不了谁。波音公司主谈已对这笔交易失去了耐心，提出休会："我们双方在价格上差距太大，有必要寻找新的解决方法。如果你们同意，两天后双方再谈一次。"

日方代表在休会期间反复权衡利弊。重新回到谈判桌后，日方代表降低了 6 个百分点，提出削价 12%，美方代表仅做出削价 7% 的让步，谈判又陷入僵局。经过长时间的沉默，美方主谈决定终止谈判，开始收拾文件。这时，日方主谈突然流利地说道："你对新型飞机的介绍推销使我们难以抵抗，如果同意降价 8%，我们现在就起草购买 11 架飞机的合同。"说完，他笑吟吟地起身把手伸向对方。

"同意。"美方代表也起身和精明的谈判对手握手："祝贺你们，用最低的价格买到了世界上最先进的飞机。"

日方代表用约 10 架飞机的价格买到了 11 架飞机。

问题

（1）日方谈判代表在正式谈判中的表现是出于什么考虑？他们是如何控制谈判的进程，掌握谈判主动权的？

（2）日方谈判代表是运用何种策略表达成交意图并促成交易的？

（3）试分析美国波音公司谈判失误之处。从本案例中你得到了什么启示？

技 能 训 练

1．思考题

（1）怎样制定采购谈判的目标？

（2）怎样把握采购谈判的时机？

2．能力训练

（1）找一个谈判的案例，模拟分成谈判小组中的采购方与供应方，制订谈判计划。

（2）在上例中，单独列一个谈判目标，进行讨论。

任务2　采购谈判实施

在制定好谈判方案后，还要按照一定的步骤进行有效的实施，同学们还要注意供应商预约的方法和技巧，为谈判打下良好的基础。

工作任务

日本某株式会社与中国某进出口公司的谈判

日本某株式会社生产的农业加工机械正是中国急需的关键性设备。几年前，为了进口这些设备，中国某进出口公司的代表与日本方面在上海进行了一场艰苦的谈判。按照惯例，由日方先报价，日方狮子大张口，开价1 000万美元。中国谈判代表事先做了精心的准备，充分掌握了与谈判有关的种种情报，认为日方的报价只能是一种参考，很难作为谈判的基础。

日方代表没有料到中方会马上判断出价格过高，有点措手不及，便答非所问地介绍其产品的性能与质量。中方代表故意用提问法巧妙地拒绝道："不知道贵国生产此类产品的公司一共有几家，贵公司的产品价格高于贵国××牌的依据是什么？"中方代表的提问使日方代表非常吃惊，日方主谈笑着打圆场，做了一番解释，同意削减100万美元。中方主谈根据掌握的信息，并且以对方不经请示就可以降价10%的让步信息作为还价的依据，就提出750万美元的还价，但马上遭到了日方的拒绝，谈判陷入了僵局。

为了打破谈判的僵局，说服日方接受中方的要求，中方代表郑重地提出："这次引进，我们从几个国家的十几家公司选中了贵公司，这已说明了我们对成交的诚意。"接着，中方代表以掌握的详细情况为依据，开始摆事实讲道理："你们说价格太低，其实不然。此价虽然比贵公司销往澳大利亚的价格稍微低一点，但由于运费很低，所以，总的利润并没有减少。"

中方代表侃侃而谈，面对中方代表的准确情报，日方代表哑口无言，不知说什么才好。为了帮助日方代表下定决心，中方代表使出杀手锏——制造竞争："更为重要的是，××国出售同类产品的几家公司，还正等待我方的邀请，迫切希望同我方签订协议。"说完，中方主谈随手将其他外商的电报递给了日方代表。

在中方代表的强大攻势面前，日方代表不得不败下阵来，他们被中方所掌握的详细情报和坦诚的态度所折服，感到中方的还价有理有据，无可挑剔，只有握手成交。

要求

（1）谈判开始时，日方提出他们以前卖过的价格为1 000万美元，请分析此种做法的好处。

（2）由于中方对行情掌握充分，所以日方的报价并没有占到便宜，请分析中方在谈判中的特点。

（3）日方让步后，中方并没有马上还盘，因为还盘就是向对方表明己方可以接受对方的报价。在弄不清对方报价离实际卖价的"水分"有多大时就马上"还盘"，往往造成被动，高了己方吃亏，低了可能刺激对方。所以中方在确定了对于自己比较有利的合理价格后，又与对方进行磋商。在遭到回绝后，中方马上告诉了日方关于与其他厂商合作的意向，旨在向对方表示己方对该谈判已失去兴趣，以迫使其做出让步。试分析双方谈判经过了哪些谈判阶段，体现了哪些谈判原则。

（4）在谈判中双方各用了哪些谈判技巧？

🌐 相关知识

一、采购谈判的基本原则

谈判原则是谈判的指导思想和基本准则，决定谈判者采用什么谈判策略和谈判技巧，以及怎样运用这些策略和技巧。

1. 合作原则

合作原则就是要求双方以最精练的语言表达最充分、真实、相关的信息。合作原则包括5个方面：

（1）从满足双方的实际利益出发，创造更多的合作机会。

（2）坚持诚挚与坦率的态度。

（3）提出的要求、条件要尽可能符合客观实际，公平合理地估量己方条件，评价对方的要求、立场。

（4）方式准则。方式准则要求清楚明白，避免晦涩、歧义，要简练、井井有条。

（5）互利原则。寻找共同利益，增加合作的可能性；协调分歧利益，达成合作目标。

2．理解和尊重原则

将对谈判对手的态度和所讨论问题的态度分开，相互理解和尊重。

（1）提出方案和建议时，不仅要考虑自身利益，还需要从对方的立场出发考虑提议的可能性。

（2）多阐述客观情况，避免责备对方。双方共同参与提议与协商，明确各自的利益关系。以和为重，避免僵局。

3．礼貌原则

人们在谈判过程中，为了实现各自的目的，保持良好的关系，一般都会遵循合作原则，当然还会遵循礼貌原则。

礼貌原则包括6个准则：

（1）得体准则，是指减少表达有损于他人的观点。

（2）慷慨准则，是指减少表达利己的观点。

（3）赞誉准则，是指减少表达对他人的贬损。

（4）谦虚准则，是指减少对自己的表扬。

（5）一致准则，是指减少自己与别人在观点上的不一致。

（6）同情准则，是指减少自己与他人在情感上的对立。

礼貌原则与合作原则互为补充。谈判中经常会出现这样的现象：一方对另一方的观点并不赞同，但是在表达不同意见之前，往往会先部分或笼统地赞成对方的观点，这里谈判者遵守礼貌原则的一致准则和赞誉准则，放弃了合作原则中的"质"的准则。在上述情况下，另一方的谈判者就不能只从字面上去理解对方的回答，他必须透过对方的话语表面意义去设法领会对方话语中的深层意义，寻求对方在什么地方体现着合作原则，进而体会对手言语之外的意思。

在采购谈判中，谈判双方虽然站在各自的立场，处于对立的状态，但他们的最终目的都是希望谈判能获得成功。为此，他们都尽量遵守合作原则，以显示自己的诚意，确保谈判的顺利进行，但由于种种原因，如谈判策略的需要、各自的立场不同等，他们又是经常性的违反某些原则。这时，其对手就需要揣度其弦外之音，以决定自己的应对之策，这不仅是智慧的较量，也是语言运用和理解能力的较量。

4．采购谈判中的具体原则

1）谈判前原则

（1）信息充足。注意信息的收集、分析和保密。在信息时代，谁掌握的信息多，谁就在谈判中处于主动。谁把握信息快，谁就在谈判中占据优势。这就要求参与谈判的时候，只有在十分必要的情况下才能将有关的想法一点一滴地透露出去，绝不要轻易暴露自己已知的信息和正在承受的压力，并且设法通过多种渠道去获取有关信息，以便及时调整我方的谈判方案。

（2）制定适当目标。为自己确定的谈判目标要有机动的幅度并留有可进退的余地。一般来说，目标可分3级，即最低目标，中间目标和最高目标。最高目标是应该努力争取的，最低目标是退让妥协的底线，中间目标是可谈判的目标。

2）谈判中原则

（1）知己知彼。在条件许可的情况下，要努力事先掌握谈判对手的企业现状，如企业的信誉、优势和劣势等；弄清本次谈判的利益何在、问题是什么，谁是对方的决策人物等有关资料。只有知己知彼，才能百战百胜，才能有针对性地制定谈判策略，击中对方的要害，使己方处于优势。

（2）掌握主动权。不轻易给对方讨价还价的余地。价格是采购谈判的核心，因此，价格往往成为谈判双方争执的焦点。要在价格问题上掌握主动，其中一个方法就是运用"价格—质量—服务—条件—价格"逻辑循环谈判法则，即不给对方讨价还价的余地，使对方处于一种只能在枝节问题上进行交涉，而在核心问题上无法进展的境地。

（3）不要急于摊牌。不要急于向对方摊牌或展示自己的实力。让对方摸不到自己的底牌是谈判主要的计策之一，所以不要轻易地把自己的要求和条件过早地、完整地、透彻地告诉对方，应采取有效的暗示方式，如通过第三方的影响或舆论的压力。要多听、多问、少说，谈判不是演讲，演讲的目的是要把自己的主张和想法告知听众，而谈判的目的是要通过语言交流实现自己的谈判目标，分到更多的"蛋糕"份额。这就要求尽可能多地了解和熟悉对方的意图。倾听并发现对方需要；恰当地提问是引导谈判的方向、驾驭谈判进程的工具，所以谈判能手往往是提问专家。而说得过多则会产生不应有的失误，所谓"言多必失"，极易使自己陷入被动。同时，多听多问有助于发觉事物的真相，探索对手的目的和动机，迫使对方更多地提供信息反馈，以确立和调整我方的策略、措施和方法。

（4）不要轻易放弃。一个客户就是一个商机，因此需要采取一切措施，使谈判对方对谈判保持极大的兴趣。通过给予对方心理上的更多的满足来增强谈判的吸引力。如施展个人的形象魅力，树立诚实可信、善于合作的形象，使对方产生可信赖、可交往的感觉，缩短对方心理上的距离；或让对方预感他即将获得的成功；设法增强自我满足感，使其保持良好的心绪和持久的自信心，从而使对方不易中断和己方的谈判。

3）谈判后原则

（1）掌握结束的时间。

（2）确认做好谈判记录，双方签字。

（3）事后总结的原则。

二、采购谈判方案实施

采购谈判前，谈判人员已做好了充分的准备，制定了完善的谈判方案。在方案实施过程中要灵活运用，因地制宜，以实现最终的采购目标。

1. 开局阶段

谈判开局对全局发展及走向有深刻的影响，因此，必须精心安排，创造一个和谐的谈判气氛，为实际性谈判取得成功奠定良好的基础。谈判开局是谈判双方首次正式接触，是准备工作的继续、正式谈判的开始，起着承前启后的作用。

认真创造一个适合谈判的环境是开局的目标。什么样的环境是适合谈判的环境呢？谈判场所应温暖、舒适，气氛应该友好、和谐，东道主应该热情、好客，这种气氛对任何一方都是迫切需要的。因此，双方刚一接触时就应相互打招呼，多谈一些中性语言，避开一些实际性问题，就双方共同关心的议题以坦诚、友好的态度先行交换意见。时间长短视双方情绪高低而定，只要是渲染、烘托了热烈的气氛，就为谈判的顺利进行创造了一个良好的条件。

开局阶段需要做的4项工作如下：

（1）进一步加深彼此的了解和沟通。这是指在准备阶段间接了解的基础上，就谈判的有关问题做进一步的询问或介绍。通过直接的询问，对产品的质量、性能、使用情况及一些需要专门了解的问题获得满意的答复。厂商亦可通过图像展示或产品使用的表演来宣传产品，从而避免广告或说明书中的一些不适之词给人们带来的错觉，提高产品的可信度。

（2）洞察对方，调整策略。这是指观察对方的经验和风格以便采取相应的策略。如对方在初始接触中表现瞻前顾后、优柔寡断，显然其经验不足；反之，若对方表现从容自若，侃侃而谈，又能巧用中性语言避实就虚，则肯定是行家。同时，要注意随时调整策略。若发现双方主谈人在权力、地位、资历等方面相差悬殊，应及时调整以适应人们的等级观念。

（3）刺激对方的兴趣。通过刺激对方感兴趣的话题，引发对方谈话，制造良好的谈话氛围。

（4）开局的另一项任务是共同设计谈判程序，包括议题范围和日程。当然，谁安排谈判的议事日程谁就有主控权。若能双方共同协商一致并相互尊重，谈判一定会有条不紊地顺利进行。

2．正式洽谈阶段

1）开始洽谈阶段

这个阶段，所有参加谈判的人员精力都很充沛，注意力非常集中，双方开始进入最初的洽谈议题。这个阶段要阐述为什么要谈判，谈判的内容是什么，预计谈多长时间等。双方各自表明自己的立场，进一步巩固已经建立起来的轻松、诚挚的工作气氛。

这个阶段虽然很短，但却建立了洽谈的格局，双方都从对方的言行中判断对方的特点，以确定自己的行动方式。该阶段需要注意观察以下几点：

（1）观察供应商的神态、表情，从而判断他们的心理状态。

（2）识别出他们的领导者——谁是使他们做出让步的真正决定者。

（3）如果他们讨论一个问题时犹犹豫豫，那么这就是他们的弱点。

（4）如果供应商没有关键问题的任何信息，这也是他们的弱点。

（5）保持紧张，注意力集中，倾听对方的发言。

2）业务洽谈阶段

（1）摸底阶段。在合作性洽谈中，这一阶段双方分别独自阐述对会谈内容的理解，希望得到哪些利益，首要利益是什么，可以采取何种方式为双方共同获得利益作出贡献，以及双方的合作前景。这种陈述要简明扼要，将洽谈的内容横向展开。

这个阶段不要受对方陈述的影响，应将注意力放在阐明自己的利益上。同时，要试图猜测对方的意图，准确理解对方的关键问题。

陈述之后，双方提出各种可供选择的设想和解决问题的方案。然后，双方都要判断哪些设想、方案更现实、更可行。任何一方都不能为自己的建议辩护。

（2）磋商阶段。所有要讨论的议题内容要横向铺开，以合作的方式，反复磋商，逐步推进谈判内容。通过对所采购商品的质量、价格、交货方式、付款条件等各项议题的反复讨论，互做让步，寻找对对方都有利的最佳方案。

这一阶段，要注意双方共同寻找解决问题的最佳办法。当在某一个具体问题上谈判陷入僵局时，应征求对方同意，暂时绕过难题，转换到另一个问题进行磋商，以便通过这一问题的解决，打开前一问题谈判的僵局。

这一阶段，要做好谈判记录，把双方同意解决的问题在适当时机归纳小结，请双方确认。如果通过反复的磋商，所有议题都得到圆满解决，谈判就进入成交阶段。

3．成交阶段

这一阶段要草拟经磋商所达成的协议初稿，经双方进一步修改认可，签订正式协议书，据以签订正式合同，整个谈判过程至此全部结束。

三、采购谈判常用的技巧

进行采购谈判时，采购主管及采购员需掌握一定的谈判技巧，确保谈判的顺利进行。

1．入题技巧

1）迂回技巧

迂回入题，可避免单刀直入，影响谈判的融洽气氛，具体如下：

（1）从题外话入题。将季节、天气、目前流行的事物及社会新闻、旅行、艺术和社会名人等相关内容作为话题。

（2）从介绍己方谈判人员入题。介绍己方人员的职务、学历、经历和年龄等。

（3）从"自谦"入题。如果是在己方所在地谈判，可谦虚表示照顾不周，希望通过谈判建立友谊等。谦要适度，避免让对方感到虚伪，缺乏诚意。

（4）从介绍己方的生产、财务状况等入题。提供给对方一些必要的资料，显示己方雄厚的财务实力、良好的信誉和质优价廉的产品等信息。

2）先谈细节，后谈原则性问题

围绕谈判主题，从细节问题入题，各项细节问题谈妥之后，自然达成原则性协议。

3）先谈一般原则，后谈细节问题

企业的采购谈判，要经过若干等级的谈判，先确定原则问题，然后分别讨论细节问题，最后达成协议。

2．阐述技巧

1）开场阐述

开场阐述需要明确以下6个要点：

（1）明确谈判的主题，统一双方的认识。

（2）表明己方通过谈判应得到的利益，尤其是对己方至关重要的利益。

（3）表明己方立场，预测谈判中可能出现的机遇或障碍，表示己方采取何种方式获得共同利益作出贡献等内容。

（4）应简明扼要。

（5）让对方明白己方的意图。
（6）创造协调的谈判气氛。
2）让对方先谈
让对方先谈，根据对方提供的信息，提出己方的要求，做到心中有数。
3）坦诚相待
将对方想知道的坦诚相告，适当透露己方的某些动机和想法。
4）正确使用语言
（1）语言要规范、通俗和易懂。
（2）语言要简明扼要，有条理性。
（3）针对不同的对象，使用不同的语言。
（4）发言紧扣主题，注意层层展开、环环相扣。
（5）注意语调、语速、声音、停顿和重复。
（6）使用解围用语。
（7）以肯定性的语言结束谈判。

3．提问技巧

提问类型包括封闭式、开放式、婉转式、澄清式、探索式、借助式、强迫选择时和协商时。提问时机为对方发言停顿时和协商时。提问时机为对方发言停顿、间歇时提问，自己发言前后提问，议程规定的辩论时间提问。

提问中，需要注意提问的频率和对方的心境；提问后，要给对方足够的答复时间，尽量保持问题的连续性。

4．聆听技巧

（1）倾听回应。迅速回应对方所说的内容，避免让对方误认为己方不感兴趣或持反对意见。
（2）提出问题。在听过的过程中，提出一些问题，尽量让对方多说，了解更多的信息。
（3）重复内容。不断重复对方所说的重要内容，强化对方所说的内容，加深问题在对方头脑中的印象。
（4）归纳总结。把对方提出的问题和建议做一个归纳可利用总结，并得到对方的确认，确保信息的有效性。
（5）表达感受。在表达感受的时候，一定要真正发自内心，让对方感觉可靠。

5．答复技巧

（1）不要彻底答复对方的提问。
（2）针对提问者的真实心理答复。
（3）不要确切答复对方的提问。
（4）降低提问者追问的兴致。
（5）让自己获得充分的思考时间。
（6）礼貌地拒绝不值得答复的问题。
（7）找借口拖延时间。

6. 说服技巧

1）说服的原则

（1）分析对方的心理需求及特点。

（2）消除对方的戒心、成见。

（3）态度诚恳，平等相待，积极寻找双方的共同点。

（4）不要批评、指责对方，不把己方的意志和观点强加于对方。

（5）说服用语要朴实亲切，不讲大道理。

2）说服的步骤

（1）建立良好关系。与对方建立相互信赖的关系，让对方从心理上接受己方的说服。

（2）分析利害得失。说服对方接受己方意见的充分理由及利弊得失，客观地说明自己获得利益，增加诚意。

（3）分析利害程序。简化对方接受说服的程序，对方决定接受意见时，设法简化确认程序，避免对方中途变卦。

3）说服的注意事项

（1）谈判开始时，先讨论容易解决的问题，再讨论敏感问题。

（2）多向对方提出要求和传递信息，影响对方的意见。

（3）强调与对方立场、观点和期望的一致性，提高对方的认识程度、接纳程度。

（4）先谈好的信息，再谈坏的消息，问题的好坏两面都要说明。明确提出结论，不要让对方揣摩或自行下结论，避免背离说服目标。

（5）强调合同中有利于对方的条件，多次重复某些信息、观点，增进对方对这些信息和观点的了解和接纳。

（6）充分了解对方，以对方能接受的方式、逻辑，展开说服工作。强调互相合作、互惠互利的可能性与现实性，激发对方在认同自身利益的基础上接纳己方的意见或建议。

7. 打破谈判僵局的技巧

打破谈判僵局的技巧包括暂停、转换话题和回顾成果3种。

1）暂停

当谈判双方情绪激动，开始相互争执时，可从谈判的实际利益出发，考虑暂时休会，待气氛缓和继续谈判。运用暂停技巧往往需要提出暂停方表现退避、让步，对方容易采取强势应对；提出暂停的目的是缓和气氛，寻找符合双方利益的措施，促进谈判有效进行；此技巧可能会导致不良后果，甚至使谈判终止。

2）转换话题

运用转换话题的技巧，必须注意以下3个要点：

（1）分析原因。分析导致谈判陷入僵局的原因，包括价格、质量、交付方式和售后服务等原因。

（2）明确目的。通过转换话题，将有争议或对抗的问题暂搁一边，营造有利于谈判的气氛，消除双方的顾虑和对立情绪，为进一步的谈判铺平道路。

（3）转换要自然。转换后的主题不能纠缠于双方争执的问题，也不能与谈判主题毫不相干。应围绕预定的谈判目标，由此及彼。

3）回顾成果

当谈判进入僵局时，谈判双方可以通过回顾成果，缓和紧张的气氛。同时，通过成果的回顾，使双方不忘谈判的共同利益，关注谈判的根本，而在枝节上采取适当的让步，使谈判获得最后的成功。

8．买方占优势时的技巧

买方占优势的情况下，供应商之间竞争激烈，买方可以"因势利导"，运用压迫式谈判技巧，具体如下。

1）借刀杀人

通常询价之后，可能会有 3～7 个厂商报价，经过报价高低的次序排列。接着，采购人员需要考虑，谈判究竟先从报价最高者着手还是从最低者开始；是否只找报价最低者来谈判；是否要与报价的每一厂商分别谈判。

采购人员若逐一与报价厂商谈判，在时间方面就很不经济，且谈判的厂商越多，通常决定的时候困扰越多。所谓"借刀杀人"，即从非报价最低者来谈判，经过这两次谈判，"底价"就可以浮现出来。若此"底价"比原来报价最低者还低，表示第三、第二低者合作意愿相当高，则可再找原来报价最低者来谈判。以前述第三、第二低价者降价后的"底价"，要求最低者降至"底价"以下来合作，达到"借刀杀人"的目的。如果原来报价最低者不愿降价，则可交予第二或第三低者按谈判后的最低价格成交。如果原来报价最低者刚好降至第二或第三低者的最低价格，则以交给原来报价最低者为原则。运用"借刀杀人"的方法达到合理的降价目的时，应见好就收。

2）化整为零

采购人员获得最合理的价格，必须深入了解供应商的"底价"究竟是多少。若是仅获得供应商笼统的报价，据此与其谈判，吃亏上当的概率相当大。若能要求供应商提供详细的成本分析表，则"杀价"才不致发生错误。因为真正的成本或底价，只有供应商自己心里清楚，无论采购人员如何杀价，最后恐怕还是无法获取好处。因此，特别是当拟购的物品是由几个不同的零件组合装配而成时，即可要求供应商"化整为零"，列示各种零件并逐一报价，同时询问专门制作这些零件的厂商的报价，借此寻求最低的单项报价或总价，作为谈判的依据。

3）压迫降价

在买方占优势的情况下，可以以胁迫的方式要求供应商降低价格，并不征询供应商的意见，这通常是在买方处于产品销路欠佳，或竞争十分激烈，导致发生亏损或利润微薄的情况下，为改善其获利能力而使出的杀手锏。由于市场不景气，所以供应也有存货积压，急于出手换取周转资金。这时候采购人员通常遵照公司的紧急措施，要求供应商自特定日期起降价若干；如果原供应商缺乏配合意愿，即可更换来源。当然，采用此种激烈的降价手段，供需关系难以维持长久，适用于短期的购买行为。

9．买方处于劣势时的谈判技巧

1）迂回战术

当卖方占优势时，正面杀价通常效果不好，采取迂回战术才能成功。例如，某厂家自本地的总代理购入某项化学品，发现价格比其他公司的同类产品贵，因此总代理说明原委，并比照给予同样的价格。未料总代理未能解释个中道理，也不愿意降价。因此，采购人员就委托原产国的某贸易商，先行在该国购入该项化学品，再运至内地。因为总代理的利润偏高，此种转运安排虽然费用增加，但成本还是比通过总代理购入的价格高。

2）预算不足

当买方居于劣势时，应以"哀兵"姿态争取卖方的同情与支持。由于买方没有能力与卖方谈判，有时会以预算不足为借口，请求卖方同意在其有限的费用上，勉为其难地将货品卖给他。一方面买方必须施展"动之以情"的谈判功夫，另一方面则口头承诺将来"感恩图报"，换取"来日方长"的打算。此时，若卖方并非血本无归，只是削减原本过高的利润，则双方可能成交。

3）釜底抽薪

为了避免卖方在处于优势情况下攫取暴利，采购人员只好同意卖方有"合理"利润；否则胡乱杀价，仍然给予卖方可乘之机。因此，通常由买方提供所有样本资料。以国外采购为例，可以请总代理提供一切进口单据，借以查核真实的成本，然后加计合理的利润作为采购的价格。

四、谈判成功的关键因素

1. 要具备必胜的信念，敢于面对任何困难和挑战

只有具备必胜的信念，才能使谈判者的才能得到充分发挥，成为谈判活动的主宰。谈判者必须具备必胜的信念，不仅是指求胜心理，而且有着更广泛的内涵、更深的层次。信念决定了谈判者在谈判活动中所坚持的谈判原则、方针，运用的谈判策略与方法。例如，谈判的一方为达到目的不择手段，甚至采取欺诈、威胁的伎俩迫使对方就范。有时，这些做法是受求胜心理支配，但是企业不能提倡这种必胜信念，因为这是不道德的。实践证明，这样做的后果是十分消极的。不择手段的做法使企业获得了合同，也获得了利益，但它使企业失去了信誉失去了朋友，失去了比生意更加宝贵的东西。必胜的信念应该符合职业道德，具有高度理性的信心、自信心，这是每一个谈判人员要想取胜的心理基础。只有满怀取胜信心，才能有勇有谋、百折不挠，达到既定目标，才能虚怀若谷，赢得对方信任，取得成功的合作。

2. 谈判者要有耐心，要很好地控制自己的情绪

耐心是在心理上战胜谈判对手的一种战术与谋略，也是成功谈判的心理基础。在谈判中，耐心表现为不急于取得谈判结果，能够很好地控制自己的情绪，掌握谈判的主动权。耐心可以使人们更多地倾听对方，掌握更多的信息。有关统计资料表明：人们说话的速度是每分钟120~180个字，而大脑思维的速度却是其4~5倍，这就是为什么常常对方话还没讲完，人们却已经理解的原因。但如果这种情况表现在谈判中却会直接影响谈判者倾听，会使思想不集中的一方错过极有价值的信息，甚至失去谈判的主动权，所以保持耐心是十分重要的。

3. 谈判者要有诚意

受诚意支配的谈判心理是实现谈判目标的必要条件。诚意是谈判的心理准备，只有双方致力于合作，才会全心全意地考虑合作的可能性和必要性，才会合乎情理地提出自己的要求和认真考虑对方的要求。所以说，诚意是双方合作的基础。

诚意也是谈判的动力。希望通过洽谈来实现双方合作的谈判人员会进行大量细致、周密

的准备工作，拟订具体的谈判计划，收集大量的信息，全面分析谈判对手的个性特点，认真考虑谈判中可能出现的各种突发情况。诚意不仅能够保证谈判人员有良好的心理准备，而且也使谈判人员心理活动始终处于最佳状态，在诚意的前提下，双方求大同、存小异、相互理解、互相让步，以求达到最佳的合作。

4. 善于树立第一印象

在知觉认识中，第一印象决定人们对某人某事的看法。在许多情况下，人们对某人的看法、见解往往来自于第一印象，如果第一印象良好，很可能就会形成对对方的肯定态度；否则，很可能就此形成否定态度。

正是由于第一印象的决定作用，比较具有优势的谈判者都十分注重双方的初次接触，力求给对方留下深刻印象，赢得对方的信任与好感，增加谈判获胜的筹码。第一印象的形成主要取决于人的外表、着装、举止和言谈。通常情况下，仪表端正、着装得体、举止大方稳重，较容易获得人们的好感。同时心理学家研究发现，如果一个人很善于沟通感染别人，那么他给人的第一印象也比较好。

5. 营造和睦的谈判氛围

和睦的谈判氛围是谈判双方良好沟通的基础，能够加快谈判目标的达成。拥有和睦的谈判气氛，谈判的双方就有了"共同语言"，并能够促进相互理解。

营造和睦的谈判氛围，最有效的手段有两种：一是尽量使自己的声调和语调与对方和谐。如果按照对方说话速度和频率来改变自己的说话速度和频率，就可以引导对方的说话速度和频率照自己的说话速度和频率进行，这样在交谈时就会不知不觉地建立起和谐的气氛。二是采用与对方相协调的身体姿势。在谈判中，如果采取与对方相似的举动，自然而然就会形成和谐关系。但是在这个过程中，要避免给对方造成模仿的感觉。

6. 表达准确、有效

无论是何种谈判，正式谈判的第一项内容都是陈述自己的条件，说明希望达到什么样的目标及如何实现这个目标。作为建立良好谈判的基础之一，正确、完整、有效的表达是非常重要的。说话语气保持平稳，说话时吐字清晰，保持较慢的说话速度，但一定要自始至终保持一样的语调，这样才会显示权威和自信。同时，在说话的时候切不可埋头，要用温和的眼神看着对方。

7. 采取稳健的谈判方式

稳健的谈判方式要求谈判者坚持自己的权利，同时尽可能地顾及他人的权利。因此，在谈判中，要考虑他人的要求和意见，开诚布公地陈述自己的要求和意见（并不是说直接将自己的底牌亮给对方）。进攻意味着将双方的关系对立起来，而稳健的方式却是为了找到共同的解决方法而一起努力工作，从而创造双赢的谈判气氛。

8. 拒绝方式要正确

谈判者在处理对方提出的棘手问题时，需要诚心诚意和开诚布公地说"不"，但是在说"不"的时候，需要讲究方式和方法。一般来说，成功的谈判者在说"不"的时候，一般将拒绝的原因放在前面，而后才提出拒绝。错误的拒绝方式如："我不同意，因为这个价格超过了我们的进货价格。"正确的拒绝方式如:"你的这项价格要求超过了我们进货的价格,所以我们不能接受。"

9. 正确使用臆测

臆测是指在某一客观条件下的主观猜想、揣测。在谈判中,臆测的作用是重要的,它能帮助谈判者预测未来可能发生的事情,但应注意不要被头脑想当然的思想所左右,克服的最好办法就是谈判双方都参与发现事实、分析论证、寻找真实情况的活动。经过双方确定的事实是解决问题的基本要素,只要有充裕的时间分析和发现事实,就能找出双方确定的分歧,同时又能发现有价值的事实。谈判时所坚持的或不可改变的一切就不会那样不可动摇,一切都可以商议。

案例分析

有限权力成就低价谈判

内地某中外合资公司总经理,获悉澳大利亚著名建筑设计师将在上海做短暂的停留,这位大师是著名的当代建筑设计师。该公司为了把即将建设××的大厦建设成一幢豪华、气派,既方便公务办公,又适于家居生活的现代化综合商住楼,认为必须使大厦设计科学、合理,不落后于时代新潮。具有长远发展眼光的总经理委派高级工程师作为全权代表飞赴上海,与该大师洽谈,既向这位澳洲著名设计师咨询,又请他帮助公司为××大厦设计一套最新方案。

根据总经理的指示精神,全权代表一行介绍了××大厦的现状:"××大厦建筑方案是在七八年前设计的,其外形、外观、立面等方面有些不合时宜,与跨世纪建筑的设计要求存在很大差距。我们慕名远道而来,恳求您的合作与支持。"全权代表一边介绍,一边将事先准备好的有关资料,如施工现场的相片、图纸,国内有关单位的原设计方案、修正资料等提供给该大师看。这位大师在我国注册了一家甲级建筑设计公司,在上海注册后,该大师很快赢得了上海建筑设计市场。但是,内地市场还没有深入,该公司希望早日在中国内地的建筑市场上占有一席之地。由于有这样一个良好的机会,所以该大师一行对这一项目很感兴趣,他们同意接受委托。

可以说,双方都愿意合作。然而,设计方报价40万元人民币,这一报价令人难以接受。设计方的理由是:公司是一家讲求质量、注重信誉、在世界上有名气的公司,报价稍高是理所当然的。而且,鉴于内地的工程造价,以及中国内地的实际情况,这一价格已是最优惠的价格了。根据谈判代表了解,设计方在上海的设计价格为每平方米6.5美元。若按此价格计算,××大厦250万平方米的设计费应为16.26万美元,根据当天的外汇牌价,应折合人民币136.95万元。的确,40万元人民币的报价算是优惠的了!"40万元人民币,是充分考虑了内地情况,按每平方米设计费为16元人民币计算的。"该大师说道。但是,考虑到公司的利益,全权代表还价:"20万元人民币。"对方感到吃惊。顺势,全权代表解释道:"在来上海之前,总经理授权我们10万元人民币左右的签约权限。我们出价20万元人民币,已经超出我们的权力范围,如果再增加,必须请示内地的总经理。"双方僵持不下,谈判暂时结束。第二天晚上,双方又重新坐到谈判桌前,探讨对建筑方案的设想、构思,接着又谈到价格。这次设计方主动降价,由40万元人民币降到35万元人民币,并一再声称:"这是最优惠的价格了。"内地方面的代表坚持说:"太高了,我们无法接受!经过请示,公司同意支付20万元人民币,不能再高了!请贵公司再考虑考虑。"对方谈判代表小声议论了几句,说:"鉴于你们的实际情况和贵公司的条件,我们再降5万元人民币,30万元人民币好了。低于这个价格,我们就不做了。"内地方面的代表分析,对方舍不得丢掉这次合作的机会,很有可能还会降价,内地方面仍然坚持支付20万元人民币,过了一会儿,设计方的代表收拾笔记本等用具,根本不说话准备退场。眼看谈判进入僵局,这时,代表急忙说:"请您与我公司总经理通话,待我公司总经理决定并给我们指示后再谈,看这样好不好？"由于这个提议，紧张的气氛才缓和下来。

之后，设计方打了很多次电话，与总经理联系。在此之前，全权代表已与总经理通话，向总经理详细汇报了谈判的情况及对谈判的分析和看法。总经理要求全权代表一行："不卑不亢！心理上平衡！"所以当设计方与总经理通话时，总经理做出了具体指示。最后，在双方报价与还原价的基础上，某公司出价25万元人民币，设计方基本同意，但提出的交出图纸的日期，比原计划延期两周左右。经过协商，当天晚上草签了协议。又过了一天，签订正式协议。

问题
（1）在业务谈判中，如果已经做出的让步仍无法让对方满意，你该怎么办？
（2）如果面临一个急于求成的对方，怎样把握谈判时机？

技 能 训 练

1．思考题
（1）采购谈判的入题技巧有哪些？
（2）说服对方应注意些什么？

2．能力训练
（1）全班分成若干组，其中一两组代表采购企业，其余组代表不同的供应商，然后进行一次模拟采购谈判，先制定采购策略。
（2）在上例采购策略的基础上，按照采购程序开始谈判并记录谈判过程。

任务3　采购合同订立

商品采购合同是企业和供应商在采购谈判达成一致的基础上，双方就交易条件、权利义务关系等内容签订的具有法律效力的契约文件，是双方执行采购业务程序的基本依据。

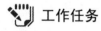工作任务

大发超市采购合同模板

大发超市集团公司欲与A供应商签订一份买卖合同，合同规定供应商在某年10月向大发超市集团交付山城表大号20 000只、中型30 000只；昆仑表大号1 000只、中型9 000只。大发超市集团应在收到货后一个月内付清全部货款。

【参考范例】

大发集团采购部有合同模板，现由日用品采购部部长张某负责拟定合同初稿。以下是公司采购合同模板。

订立合同双方
购货单位（简称甲方）:
供货单位（简称乙方）:

经甲乙双方充分协商，特订立本合同，以便共同遵守。
第一条　产品的名称、品种、规格和质量
第二条　产品的数量、计量单位及计量方法
第三条　产品的包装标准和包装物的供应与回收
第四条　产品的交货单位、交货方法、运输方式、到货地点（包括专用线、码头）
第五条　产品的交（提）货期限
第六条　产品的价格与货款的结算
第七条　验收方法
第八条　对产品提出异议的时间和办法
第九条　乙方的违约责任
第十条　甲方的违约责任
第十一条　不可抗力
第十二条　其他

要求

（1）请替张某拟定合同初稿。
（2）在履行合同过程中张某需注意哪些问题？

相关知识

一、采购合同的含义和特征

1. 采购合同的含义

合同是双方或多方确立、变更和终止相互权利和义务关系的协议。合同的种类很多，但人们生活中最常见的合同是经济合同，它是法人之间为实现一定的经济目的，明确双方权利义务关系的协议。它的基本特征在于：经济合同的主体限于法人；经济合同的内容限于法人之间为进行经济行为的各种事项。

采购合同（Purchaser and Sale Contract）是经济合同的一种，是供需双方为执行供销任务，明确双方权利和义务而签订的具有法律效力的协议。随着商品流通的发展，采购合同正成为维护商品流通秩序和促进商品市场完善的手段。

2. 采购合同的特征

（1）它是转移标的物所有权或经营权的合同。采购合同的基本内容是出卖人向买受人转移合同标的物的所有权或经营权，买受人向出卖人支付相应货款，因此它必然导致标的物所有权或经营权的转移。

（2）采购合同的主体化比较广泛。从国家对流通市场的管理和采购的实践来看，除生产企业外，流通企业、其他社会组织具有法律资格的自然人也是采购合同的主体。

（3）采购合同与流通过程密切联系。流通是社会再生产的重要环节之一，对国民经济和社会发展有着重大影响，重要的工业品生产资料的采购关系始终是国家调控的重要方面。采购合同是采购关系的一种法律形式，它以采购这一客观经济关系作为设立的基础，直接反映采购的具体内容，与流通过程密切相连。

3. 订立采购合同的注意事项

1）合同起草

采购、品管、财务、法律等相关人员共同参与起草，由具有法人资格的代表签署，格式统一，便于统一管理供应商。

2）单价及交货数量

采购合同要确定定价的原则与方法、交货数量的计算原则与方法，具体的价格采用采购订单等合同附件进行约束，为定期评审价格的日常交货付款提供方便。

3）签约对象的主体资格

严格审查交易对方的法人资格、经营范围、改选合同的能力和信用等级等内容，降低交易风险。

4）合同条款对等、明确

体现公平原则，说明双方的义务、责任和权利等内容。合同条款用词简洁、明了，条款之间不存在相矛盾的地方。

5）仲裁机构名称具体

明确仲裁机构，要求在己方所辖范围内进行裁决。

6）签字盖章同时操作

签字盖章同时进行，只签字或只盖章的合同在法律上属无效合同。

7）区别定金与订金

定金在法律上是债务的一种担保方式，交付定金的一方不能履行约定的债务，则无权要求返还定金；收受定金的一方不能履行约定的债务，应当双倍返还定金。订金在法律上被认定为预付款。

二、采购合同的内容构成

合同、合约、协议等作为正式契约，应该条款具体、内容详细。一份买卖合同主要由首部、正文与尾部3部分内容组成。

1. 首部

（1）名称，如生产用原材料采购合同、品质协议书、设备采购合同、知识产权协议、加工合同等。

（2）编号，如20××年第×号。

（3）签订日期。

（4）签订地点。

（5）买卖双方的名称。

（6）合同序言。

2. 正文

1）数量条款

数量条款需明确成交物品的数量和计算单位。成交物品的数量须以重量计量时，还须明确计量的办法，有时还须规定交货数量的机动幅度。

2）价格条款

价格条款包括物品的单价和总值两项基本内容。物品的单价由计量单位、单位价格金额、计价货币和贸易术语 4 个部分组成。总值指单价与成交商品数量的乘积，即一笔交易的货款总金额。

3）品质条款

品质条款应写明商品的名称、规格和等级等，或说明样品的编号和日期，否则采购方有权拒绝收货，甚至撤销合同。订立品质条款应注意以下问题：

（1）根据产品的特性确定统一表示的方法。

（2）用词应简单、具体和明确，避免引起纠纷。

（3）条款应符合有关国家或相关国际组织的标准。

4）支付条款

支付条款用来规定货款的交付方式。货款交付的方式包括以下 3 种：

（1）现金采购方式，可在价格、交货期或其他条件上获得优惠。

（2）月结或年结的方式，适用于资金周转较为困难的时期。

（3）预付订金的方式，适用于较难采购的商品。

5）检验条款

检验条款包括检验的时间与地点、检验机构、检验证书、检验依据与复验等内容。

（1）检验的时间与地点。明确检验的时间和地点，确保检验工作顺利进行。

（2）检验机构。可以是专门的检验部门或检验企业，也可由供需双方自己检验。

（3）检验证书。货物检验后，能够证明检验结果的书面文件是确定供应方所交货物是否符合规定的凭证，也是采购方向供应方或其他关系人提出异议和索赔的法律依据。

（4）检验依据。衡量货物是否合格的标准，包括成交的样品、标样合同和信用证等。

（5）复验。采购方可自由行使复验权，合同中应明确规定复验的期限、机构和地点等内容。

6）包装条款

包装条款规定物品包装的方式、材料、规格、标志和费用等内容。规定包装条款应注意以下 3 个问题：

（1）根据具体物品，做具体、明确的规定，不能有"适合海运包装""惯包装"等模糊的规定。

（2）有的国家禁止或限制某种包装材料，或对运输标志有严格的规定等，应按法律规定选择合适的包装条款。

（3）明确包装由哪一方提供，包括由供应方提供、由供应方提供并收回和由采购方提供 3 种情况。

7）装运条款

装运条款规定了交易货物的装运时间、装运地和目的地、分批装运和转运及装运通知等问题。

（1）装运时间。规定装运时间的方法包括 3 种：即明确具体期限；明确规定装运或交货的年度和月份，规定在收到信用证或汇款后若干天装运，目的是防止采购方不开证或不按时开证而给供应方造成损失;采用装运时间术语包括"立即装运""即期装运"和"尽速装运"等。

（2）装运地和目的地。装运地和目的地是指供需双方规定的装货和卸货地点。规定装运地和目的地应注意以下3个问题:对装卸地的规定具体明确;注意装卸地的具体运输和装卸条件;确保装卸地无重名,防止发生差错。

（3）分批装运和转运。分批装运是指一笔成交数量较大的货物,可以分若干批装运。转运是指货物运输途中,允许转换运输工具转运到目的地。分批装运和转运条款直接关系到供需双方的权益,因此能否分批装运,应在合同中明确规定。

（4）装运通知。装运通知是一项供需双方相互配合、相互衔接的工作。合同中应明确规定装运通知发出的提前时间,如提前一周或一个月,以确保装运工作顺利进行。

8）保险条款

交易货物的保险由供应方负责,保险条款应明确规定保险金额和险别,保险金额是核算保险费的基础,由供需双方协商确定;险别是根据商品的性质与特点、货物运输的工具和路线及货物的残损规律与风险的程度,双方协议确定投保的险别。

9）仲裁条款

仲裁条款包括仲裁地点的规定、仲裁机构的选择、仲裁程序法的适用、仲裁裁决的效力、仲裁费用的负担等内容。例如,仲裁条款中规定:"凡因执行本合同所发生的或与本合同有关的一切争议,双方应通过友好协商办法解决,如果协议不能解决,应提交××国××地××仲裁机构,并根据其仲裁程序规则进行仲裁,仲裁裁决为终局裁决,对双方都具有约束力,仲裁费用由败诉方负担。"

10）不可抗力条款

不可抗力包括战争、水灾、台风和地震等因素。不可抗力条款应包括以下内容:

（1）不可抗力事件的范围,尤其是双方需要特别排除的事件。

（2）事件发生后通知对方的期限以及延迟通知的责任。

（3）出具证明文件的机构。

（4）明确不可抗力事件的后果。例如,哪些不可抗力事件导致合同解除,哪些不可抗力事件只需部分解除等。

（5）与不可抗力事件相关的其他事项。例如,减少损失的措施、费用承担、保险等。

3．尾部

合同的尾部包括合同的份数、使用语言及效力、附件、合同的生效日期、双方的签字盖章。

对大批量、大金额、重要设备及项目的采购合同,要求全面详细地描述每一条款;对于金额不大、批量较多,而且买卖双方已签有供货、分销、代理等长期协议（认证环节完成）的,则每次采购交易使用简单订单合同,索赔、仲裁和不可抗力等条款已经包含在长期的合同中。

对于企业因频繁批量采购而与供应商签订的合同可以分为两个部分:认证合同、订单合同。认证合同的内容是在买卖双方之间需要长期遵守的协议条款,由认证人员在认证环节完成，是对企业采购环境的确定。订单合同就每次物料采购的需求数量、交货日期、其他特殊要求等条款进行表述。

三、采购合同的订立

采购合同的订立，是采购方和供应方双方当事人在平等自愿的基础上，就合同的主要条款经过协商取得一致意见，最终建立起商品采购合同关系的法律行为。

1. 采购合同订立前的准备工作

合同依法订立后，双方必须严格执行。因此，采购人员在签订采购合同前，必须审查卖方当事人的合同资格、资信及履约能力，按合同法的要求，逐条订立采购合同的各项必备条款。

为了避免和减少采购合同执行过程中的纠纷，在签订正式合同之前，采购人员首先应审查卖方当事人作为合同主体的资格。所谓合同资格，是指订立合同的当事人及其经办人必须具有法人的订立经济合同的权利。审查卖方当事人的合同资格，目的在于确定对方是否具有合法签约的能力，这一点直接关系到所签合同是否具有法律效力。

1）法人资格审查

认真审查卖方当事人是否属于经国家规定的审批程序成立的法人组织。判断一个组织是否具有法人资格，主要看其是否持有工商行政管理部门颁发的营业执照。经工商行政管理部门登记的国有企业、集体企业、私营企业、各种经济联合体及其独立核算的国家机关、事业单位和社会团体等，都可以具有法人资格，成为合法的签约对象。

在审查卖方法人资格时应注意：没有取得法人资格的社会组织、已被取消法人资格的企业或组织，无权签订采购合同。要特别警惕一些根本没有依法办理工商登记手续或未经批准的所谓的"公司"，它们或私刻公章，冒充法人，或假借他人名义订立合同，旨在骗取买方的货款或定金。同时，要注意识别那些没有设备、技术、资金和组织机构的"四无"企业，它们往往在申请营业执照时弄虚作假，以假验资、假机构骗取营业执照，虽签订供货合同并收取货款或定金，但根本不具备供货能力。

2）法人能力审查

法人能力审查指审查卖方的经营活动是否超出营业执照批准的范围。超越业务范围以外的经济合同属无效合同。

法人能力审查还包括对签约的具体经办人的审查。采购合同必须由法人的代表人或法定代表人授权证明的承办人签订。法人的法定代表人就是法人的主要负责人，如董事长、总经理等，他们代表法人签订合同。法人代表也可授权业务人员如推销员、采购员作为承办人，以法人的名义订立采购合同。承办人必须有正式授权证明书，方可对外签订采购合同。法人的代表人在签订采购合同时，应出示身份证明、营业执照或其副本；法人委托的经办人在签订采购合同时，应出示本人的身份证明、法人的委托书、营业执照或其副本。

3）卖方当事人的资信和履约能力审查

资信，即资金和信用。审查卖方当事人的资信情况，了解当事人对采购合同的履行能力，对于在采购合同中确定权利义务条款具有非常重要的作用。

（1）资信审查。具有固定的生产经营场所、生产设备和与生产经营规模相适应的资金，特别是拥有一定比例的自有资金，是一个法人对外签订采购合同的物质基础。准备签订采购合同时，采购人员在向卖方当事人提供自己的资信情况说明的同时，要认真审查卖方的资信情况，从而建立起相互依赖的关系。

（2）履约能力审查。履约能力是指当事人除资信以外的技术和生产能力、原材料与能源供应、工艺流程、加工能力、产品质量、信誉高低等方面的综合情况。总之，就是要了解对方有没有履行采购合同所必需的人力、物力、财力和信誉保证。

如果经审查发现卖方资金短缺、技术落后、加工能力不足，无履约供货能力，或信誉不佳，都不能与其签订采购合同。只有在对卖方的履约能力有充分了解的基础上签订采购合同，才能有可靠的供货保障。

审查卖方的资信和履约能力的主要方法如下：

（1）通过卖方的开户银行，了解其债权债务情况和资金情况。

（2）通过卖方的主管部门，了解其生产经营情况、资产情况、技术装备情况和产品质量情况。

（3）通过卖方的其他用户，可以直接了解其产品质量、供货情况、维修情况。

（4）通过卖方所在地的工商行政管理部门，了解其是否具有法人资格和注册资本、经营范围、核算形式。

（5）通过有关的消费者协会和法院、仲裁机构，了解卖方的产品是否经常遭到消费者投诉，是否曾经牵涉诉讼。

对于大批量的性能复杂、质量要求高的产品或巨额的机器设备的采购，在上述审查的基础上，还可以由采购人员、技术人员、财务人员组成考察小组，到卖方的经营加工场所实地考察，以确知卖方的资信和履约能力。采购人员在日常工作中，应当注意收集有关企业的履约情况有关的商情，作为以后签订合同的参考依据。

2．采购合同签订的程序

签订采购合同的程序根据不同的采购方式而有所不同，这里主要谈谈采购合同订立的一般程序。普遍运用的采购合同签订程序要经过要约和承诺两个阶段。

1）要约阶段

这是指当事人一方向他方提出订立经济合同的建议。提出建议的一方叫要约人。要约是订立采购合同的第一步，要约应具有以下特征：

（1）要约是要约人单方的意思表示，它可向特定的对象发出，也可向非特定的对象发出。当向某一特定的对象发出要约，要约人在要约期限内，不得再向第三人提出同样的要约，不得与第三人订立同样的采购合同。

（2）要约内容必须明确、真实、具体、肯定，不能含糊其辞、模棱两可。

（3）要约是要约人向对方做出的允诺，因此要约人要对要约承担责任，并且要受要约的约束。如果对方在要约一方规定动作期限内作出承诺，要约人就有接受承诺并与对方订立采购合同的义务。

（4）要约人可以在得到对方接受要约表示前撤回自己的要约，但撤回要约的通知必须不迟于要约到达。对已撤回的要约或超过承诺期限的要约，要约人不再承担法律责任。

2）承诺阶段

承诺表示当事人另一方完全接受要约人的订约建议，同意订立采购合同的意思表示。接受要约的一方叫承诺人，承诺是订立合同的第二步。它具有以下特征：

（1）承诺由接受要约的一方向要约人作出。

（2）承诺必须是完全接受要约人的要约条款，不能附带任何其他条件，即承诺内容与要约内容必须完全一致，这时协议即成立。如果对要约提出本质性意见或附加条款，则是拒绝原要约，提出新要约。这时要约人与承诺人之间地位发生了互换。在实践中，很少有对要约人提出的条款一次性完全接受的，往往经过反复的业务洽谈，经过协商取得一致的意见后，最后达成协议。

供需双方经过反复磋商，经过要约与承诺的反复，形成文字的草拟合约，再经过签订合同和合同签证两个环节，一份具有法律效力的采购合同便正式形成了。签订合同是在草拟合约确认的基础上，由双方法人代表签署，确定合同的有效日期。合同签证是合同管理机关根据供需双方当事人的申请，依法证明其真实性与合法性的一项制度。在订立采购合同时，特别是在签订金额数目较大及大宗商品同时，必须经过工商行政管理部门或立约双方的主管部门签证。

3. 采购合同签订的形式

1）口头合同形式

口头合同指合同双方当事人只是通过语言进行意思表示，而不是用文字等书面形式表达合同内容来订立合同的形式。采用口头形式订立商品采购合同的优点是：当事人建立合同关系方便、迅速、缔约成本低。但这类合同发生纠纷时，当事人举证困难，不易分清责任。

【拓展资源】

《中华人民共和国合同法》（后文简称《合同法》）在合同形式的规定方面，放松了对当事人的要求，承认多种合同形式的合法性，将选择合同形式的权利交给当事人，对当事人自愿选择口头形式订立物品采购合同的行为予以保护，体现了合同形式自由的原则，这与旧《合同法》的规定有很大不同，但是《合同法》同时规定："法律规定采用书面形式的合同，必须采用书面形式。"这是法律从交易安全和易于举证的角度考虑，对一些重要合同要求当事人必须签订书面合同。

2）书面合同形式

《合同法》第十一条明确规定："书面形式是指合同书、信件和数据电文（包括电报、电传、传真、电子数据交换和电子邮件）等可以有形地表现所载内容的形式。"简单地说，书面形式是以文字为表现形式的合同形式。书面合同的优点在于：有据可查，权利义务记载清楚，便于履行，发生纠纷时容易分清责任。在目前我国市场经济制度尚未完善之际，当事人订立物品采购合同，适宜采用书面合同形式。

书面合同是采购实践中采用最广泛的一种合同形式。《合同法》第十条第二款规定："法律、行政法规规定采用书面形式的，应当采用书面形式。当事人约定采用书面形式的，应当采用书面形式。"可见，书面形式是一种十分重要的合同形式，书面合同形式具体分以下4类：

（1）合同书。合同书是记载合同内容的文书。它是书面合同的一种，也是商品采购合同中最常见的一种。当事人采用合同书形式订立采购合同的，合同自双方当事人签字或者盖章时成立。

（2）信件。信件是当事人就合同的内容相互往来的普通信函。信件的内容一般记载于纸张上，因而也是书面形式的一种。它与通过计算机及网络手段而产生的信件不同，后者被称为电子邮件。在采购合同中，经常是当事人在签订合同书的基础上，又围绕合同条款发生一系列信件往来，这些信件构成书面合同的一部分。

（3）数据电文。这是与现代通信技术相联系的书面形式，包括传真、电子数据交换和电子邮件。其中传真是通过电子方式来传递信息，而电子数据交换和电子邮件则不同，它们虽然是通过电子方式传递信息，但它们的传递结果可以产生以纸张为载体的书面资料，也可以被储存在磁带、磁盘、微光盘或其他接收者选择的非纸张的中介物上。这些由中介载体载明的信息记录，构成了明确、可靠的书面资料，能够充分证明合同的存在。这完全符合书面合同的概念和要求，因此，电子数据交换和电子邮件也是书面合同形式的一种。这种合同形式在订立涉外物品采购合同时比较多见。随着信息化技术的发展和普及，这种书面合同形式会越来越多。

（4）确认书。确认书是通过信件和数据电文的方式订立物品采购合同时，在承诺方承诺生效之前，当事人以书面形式对合同内容予以确认的文件。它实质上是一种合同书的形式。《合同法》第三十三条规定："当事人采用信件、数据电文等形式订立合同的，可以在合同成立之前要求签订确认书。签订确认书时合同成立。"

确认书的适用条件有：一是当事人采用信件或数据电文形式订立合同；二是有一方当事人要求签订确认书；三是确认书一般是在合同成立前签订，因为确认书是对合同内容的最终确认，如果合同已经成立，再签订确认书就没有意义了。确认书属于承诺的一种意思表示。

3）其他合同形式

这是指除了口头合同与书面合同以外的其他形式的合同，主要包括默示形式和推定形式。

四、采购合同的履行

1. 采购合同的追踪

合同跟踪是采购人员的重要职责。合同跟踪的目的有3个：促使合同的正常执行；满足企业的物资需要；保持合理的库存。在合同执行过程中，合同、需求、库存三者会产生矛盾，采购人员恰当地处理好三者的关系，是对采购人员业务素质和能力的考察。

1）合同执行前的跟踪

在采购环境中同一物资有几家供应商可供选择，采购人员对每个供应商的采购都有一定的比例，但有时供应过程还是会出现问题。例如，因时间变化，供应商可能提出改变"合同条款"，对价格、质量、期限等提出改变。作为采购人员，要及时了解情况，进行沟通，确认可选择的供应商。如对供应商难以接受的订单，不可勉强，应另择供应商，对供应商正式签订的合同要及时存档，以备查阅。

2）合同执行过程的跟踪

（1）严密跟踪。严密跟踪供应商物资准备情况，保证订单的正常进行。如发现问题及时沟通，及时解决。

（2）紧密响应生产需求形式。如因市场生产需求紧急，而对物资供应提出紧急要求，要立即到货时，应积极与供应商进行协调，必要时可帮助供应商解决疑难问题。有时市场需求出现滞销，也要与供应商进行沟通，确认可以承受的延缓时间，终止本次订单操作，同时可给供应商相应赔款。

（3）慎重处理库存控制。指既不能让生产缺料，又要保证最低的库存，这是一个具有挑战性的问题，体现了采购人员确定订单的水平。

（4）控制好物资验收环节。物资到达订单交货地点，对国内供应商一般指到达企业原材料库房；对国外供应商一般指到达企业的国际物流中转中心。采购订单操作者必须按订单对到货的物品、批量、单价、总金额进行确认，并录入归档，开始办理付款手续。

3）合同执行后的跟踪

在按照合同规定的支付条款对供应商进行付款后，需要进行合同跟踪。如果供应商未收到货款，采购人员有责任督促财务按流程规定加快操作，否则会影响企业的信誉。而对在运输或检验过程中出现的小问题，可由采购人员与供应商进行联系和解决。

4）合同追踪分析管理

（1）采购业务追踪查询。供应厂商的选择与资料建立是否存档，采购方式的设定并执行，采购进度，供应商的物资供应是否有异常；以采购进度控制表来监控采购进度。

（2）商品到货情况了解。采购物资是否按时、按质、按地到达，检验是否规范，检验结果及问题的处理。

（3）业务员业绩与分析。采购人员是否按既定进度完成任务，完成采购的质量及客户的评价情况。

（4）能力评价。以上几项完成状况的能力考核。

2．采购合同的解除

1）合同的解除

合同的解除一般可以分为以下两种情况：

（1）对方解除合同。首先，要了解对方解除合同的原因以确定此行为是否合理；其次，如对方解除合同的理由是因为己方违约所致，则应采取补救措施；再次，如解约是不可抗力所致则可变更合同；最后，如系无理解约，则可通过协商或提起诉讼进行解决。

（2）己方解除合同。己方解除合同必须坚持有理、有据的原则，并用书面形式及时通知对方，说明理由。

2）履行挫折

在合同的履行过程中，常常会遇到各种干扰或挫折。造成此情况的主要原因有以下两个方面：

（1）由于客观方面发生变化。

（2）由于主观方面的原因。

如果履行挫折是由于第一方面的原因所致，当事人应再次谈判，实事求是地面对新情况，解决新问题，达成新协议。

如果是由于第（2）方面的原因所致，谈判解决不成，只有根据合同中争议解决条款来解决。

3）经济索赔

谈判签约的目的在于全面、正确地履行合同，以实现各自的利益。但在实际经济生活中常有违约情况发生。发生此情况需要进行索赔时，当事人应明确责任、提出相关索赔凭据、确定索赔范围和金额、制定索赔方案。索赔方式有协商、调解、仲裁或司法解决等。

4）合同解除的注意事项

（1）合同跟踪过程，要注意供应物资的质量、货期的变化，需要对合同的条款进行修改的，要及时提醒办理人员，以利于订单操作。

（2）注意保存好种类数据，可采用计算机软件管理系统进行管理，将合同进展情况录入计算机，借助计算机自动处理跟踪合同。

（3）供应商历史表现数据对采购人员采购及合同跟踪具有重要的参考价值。应掌握采购环境中供应商表现数据的情况及变化，以保证企业的利益，供应商历史表现数据同时也是衡量采购人员水平的一个重要指标。

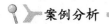

案例分析

项目采购合同纠纷案例

A方，某印刷集团公司；B方，某品牌计算机公司；C方，某货运公司。

A方在报纸上看到B方发布的"某型号计算机推广月买一送一活动"广告：在推广月期间，每订购某型号的计算机一台，均赠送400元的喷墨打印机1台；不愿接受者，返还现金300元。

经过电话协商，A方向B方订购某型号计算机100台，B方向A方赠送喷墨打印机50台，另外在设备款中减免15 000元。双方以信件方式签订合同，约定在A方所在地交货，B方负责托运，A方支付运费，C方作为承运人负责该批计算机设备的运输。计算机设备到达A方所在地后，经B、C双方同意，A方开箱检验，发现以下问题：

（1）少量计算机显示器破损。

（2）随机预装软件，虽有软件著作人出具的最终用户许可协议，且给出了有效的下载地址，但无原版的软件光盘，怀疑为盗版软件。

（3）B方误按"买一送一"的配置发货，共发来计算机100台，喷墨打印机100台，发货单与所发货物相符，但与合同不符合。

为此，A方传真通知B方，并要求B方：

（1）更换或修好破损的计算机显示器。

（2）提供随机预装软件的原版光盘。

但A方并未将多收50台喷墨打印机的事通知B方。

收到A方的传真之后，B方回电称：

（1）A、C两方均未就计算机设备包装问题做特殊要求，公司采用了通用的计算机设备包装方式，C方作为承运人应当对运输过程中计算机显示器的破损承担损害赔偿责任。待C方赔偿之后，公司再更换或修好破损的显示器。

（2）正版软件有多种形式，该型号计算机所配的原厂委托制造随机预装软件是"授权下载"的无光盘正版软件。

同月，B方查账时发现多发了50台喷墨打印机，此时A方已经将全部打印机开箱使用。B方要求A方返还合同中减免的15 000元设备款。

问题

（1）B方应如何处理显示器的破损问题？
（2）合同出现纠纷的主要原因是什么？
（3）A方是否应该返还合同中减免的 15 000 元设备款？

技 能 训 练

1．思考题

（1）采购合同标的物条款有哪些？
（2）采购合同签订需经过几个阶段？请分别列示。

2．能力训练

（1）假设你是一家采购公司的采购员，请草拟一份商品采购合同（罐装食品 10 000 听，单价 3.5 元/听）。
（2）在上题中，若供应商没有按时供货，采购员应该怎么办？

项目 6
招投标采购

项目介绍

本项目阐述了招投标采购的基本理论和方法,通过本项目的学习,学生应了解招标采购的概念和条件,掌握招标采购的程序,掌握招投标文件的编制,明确开标的程序和评标的原则与形式。

学习目标

知 识 目 标	能 力 目 标
(1)掌握招标采购的概念、适用范围。 (2)掌握招标采购的程序与评标的指标体系	(1)掌握招标文件内容和招标标底的编制。 (2)掌握投标文件内容的编制及投标报价的策略。 (3)掌握评标的期限和投标文件的评审

 任务 1　招　　标

【拓展资源】

招标方式是采购的基本方式，决定着招投标的竞争程度，也是防止不正当交易的重要手段。世界各国和有关国际组织的有关采购法律、规则都规定了公开招标、邀请招标、议标 3 种招标方式。《中华人民共和国招标投标法》（后文简称《招标投标法》）未将议标作为法定的招标方式，即法律所规定的强制招标项目不允许采用议标方式，主要是因为我国国情与市场的现状条件，不宜采用议标方式，但法律并不排除议标方式。

工作任务

某项目的国际竞争性招标

某物流工程项目实行国际竞争性招标。在刊出邀请资格预审通告后，有 20 家承包商按规定时间和要求递交资格预审申请书。招标机构采用"定项评分法"进行评分预审，结果有 12 家承包商的总分达到最低标准。招标人认为获得投标资格的申请人太多，考虑到这些申请人准备投标的费用太高，遂决定再按得分高低，取总分前 6 名的申请人前来购买招标文件，通知其他申请人未能通过资格预审。

要求
该招标人的做法是否合适？

相关知识

一、招标采购概述

1. 招标采购的概念

招标是指由招标人发出公告或通知，邀请潜在的投标商进行投标，然后由招标人通过对投标人所提出的价格、质量、交货期限和该投标人的技术水平、财务状况等因素进行综合比较评价，确定其中最佳的投标人为中标人，并与其签订合同的过程。

招标采购，就是通过招标方式寻找最好的供应商进行采购的采购方法。

在商业贸易中，特别是在国际贸易中，大宗商品的采购或大型建设项目承包等，通常采用招标的方法。在招标交易中，对采购企业来说，他们进行的业务是招标；对供应商（或承包商）来说，他们进行的业务是投标。

投标是指投标人接到招标通知后，根据招标通知的要求填写投票文件（又称标书），并将其送交招标人的行为。

2. 招标采购的特点

1）招标程序的公开性

公开性有时又称透明性，是指将整个采购程序全部公开化，公开发布招标邀请，公开发布招标商资格审查标准和最佳投标商评选标准，公开开标，公布中标结果，公开采购法律，接受公众监督，防止暗箱操作、徇私舞弊和腐败违法行为。

2）招标过程的竞争性

招标是一种引发竞争的采购程序，是竞争的一种具体方式。招标活动是若干投标商的一个公开竞标的过程，是一场实力的大比拼。招标的竞争性体现现代竞争的平等、诚信、正当和合法等基本原则。招标也是种规范的、有约束的竞争，有一套严格的程序和实施方法。企业采购通过招标活动，可以在最大程度上吸引和扩大投票商参与竞争，从而使招标企业有可能以更低的价格采购到所需的物资或服务，更充分地获得市场利益。

3）招标程序的公平性

所有对招标感兴趣的供应商、承包商和服务提供者都可以进行投标，并且地位一律平等，不允许歧视任何投标商。根据事先公布的标准评选中标商，招标是一次性的，并且不准同投标商进行谈判。所有这些措施保证了招标程序的完整，又可以吸引优秀的供应商来进行投标。

3．招标采购的适用范围

招标采购是一项比较庞大的活动，涉及面广，耗费人力、物力、财力较多。因此，一般适宜于较重大的项目，或者影响比较深远的项目。

（1）寻找长时期供应物资的供应商。例如，新成立的物流企业或工商企业，寻找未来长期物资供应伙伴时采用招标方式。

（2）寻找比较大批量的物资供应商。

（3）寻找一项比较大的建设工程项目和物资采购的供应商。对于小批量物资采购和比较小的建设工程，则不宜采用招标方法。

4．招标投标的方式

1）公开招标

公开招标又称竞争性招标，指由招标人在国家指定的报刊、信息网络或其他媒体上发布招标公告，邀请不特定的企业单位参加投标竞争，招标人从中选择中标单位的招标方式。

按照竞争程度，公开招标又可分为国际竞争性招标和国内竞争性招标。国际竞争性招标，是指在世界范围内进行招标，国内外合格的投标商都可以投标。它要求制作完整的英文标书，在国际上通过各种宣传媒介刊登招标广告。世界银行规定，我国利用世界银行贷款的工业项目在 100 万美元以上的，要采用国际竞争性招标来进行。国内竞争性招标，是指在国内进行招标。利用本国语言编写标书，在国内的媒体上刊出广告，公开出售标书，公开开标。通常用于合同金额较小（世界银行规定一般在 50 万美元以下）、采购品种比较分散、分批交货时间较长、劳动密集型、商品成本较低而运费较高、当地价格明显低于国际市场等类型的采购。

2）邀请招标

邀请招标又称有限竞争性招标或选择性招标，指由招标单位选择一定数目的企业，向其发出投标邀请书，邀请他们参加投标竞争。一般选择 3～10 个企业参加较为适宜。由于被邀请参加投票的竞争者有限，可以节约招标费用，缩短招标有效期，提高每个投标者的中标机会。

5．招标采购的程序

招标采购是一个复杂的系统工程，它涉及各个方面和环节。一个完整的招标采购过程基本上可以分为 7 个阶段。

1）策划

开展招标活动，需要进行认真的周密策划，以确保招标有序进行。招标策划主要有以下工作：

（1）对招标采购的必要性和可行性进行充分的研究，明确招标的目标和内容。

（2）对招标的标底、方案、操作步骤、时间安排等进行仔细研究确定，例如，是采用公开招标还是邀请招标，是自立组织招标还是请人代理招标，每一步如何进行等。

（3）研究确定评标指标体系、评标方法和评标小组。

（4）把上述研究策划形成的方案写成文件交由企业领导层决定，取得企业领导层的同意和支持。

2）招标

招标阶段是指采购方根据已经确定的采购需求，提出招标采购项目的条件，向潜在的供应商或承包商发出投标邀请的行为，是招标方单独作为的行为。在这一阶段，采购方需要做的工作主要有：确定采购机构和采购要求，编制招标文件，确定标底，发布采购公告或发出投标邀请，进行投票资格预审，通知投票商参加投标并向其出售标书，组织召开标前会议。

3）投标

投标是指投标人接到招标通知后，如果愿意投标，则根据要求填写投标文件，并将其送交采购单位的行为。在这一阶段，投标商所进行的工作主要有申请投标资格、购买标书、考察现场、办理投标保函、算标、编制和投送标书等。

4）开标

开标是采购机构在预先规定的时间和地点将投标人的投标文件正式启封揭晓的行为。开标由招标人组织，邀请所有投标人参加。开标时，由投标人或者其推选的代表检查投标文件密封情况，经确认无误后，由工作人员当众拆封，宣读投标人名称、投标价格和投标文件的其他主要内容。开标结束后，由开标组织者编写一份开标纪要，并存档备查。

5）评标

评标是采购单位根据招标文件的要求，对所有的标书进行审查和评比的行为。评标是采购方的单独行为，由采购方组织进行。在这一阶段采购方要进行的工作主要是：审查标书是否符合招标文件的要求和有关规定，组织评标委员会成员对所有标书按照一定的方法进行比较和评审，就初评阶段被选出的几份标书中存在的某些问题要求投标人加以澄清，最后评定并写出评标报告等。

6）决标

决标是采购方决定中标人的行为。决标是采购方的单独行为，但需要由使用机构或其他人一起进行裁决。在这一阶段采购方所要进行的工作主要有：决定中标人，通知中标人其投标已经被接受，向中标人发出授权意向书，通知所有未中标的投标人并向他们退还投标保函等。

7）签订合同

签订合同指由招标人将合同授予中标人并由双方签署的行为。在这一阶段双方对标书中的内容进行确认，并依据标书签订正式合同。为保证合同履行，签订合同后，中标的供应商向采购方提交一定形式的担保书或保证金。

二、招标采购文件

1. 招标文件概述

招标文件是招标人向投标人提供的为进行投标工作所必需的文件。它的作用在于说明需要采购货物或工程的性质，通报招标依据的规则和程序，告知订立合同的条件。招标文件既是投标商准备投标文件和参加投标的依据，又是采购方与中标商签订合同的基础。因此，招标文件在整个招标投标活动中起着至关重要的作用。招标人应十分重视编制招标文件的工作，并本着公平互利的原则，务使招标文件严密、周到、细致、内容正确。编制招标文件是一项十分重要而又烦琐的工作，应组织有关专家参与拟定，必要时还要聘请咨询专家参加。

2. 招标文件的内容

1）招标邀请书

招标邀请书又称招标书，其主要内容是向未定的投标方说明招标的项目名称和简要内容，发出投标邀请，说明招标书编号、投标截止时间、投标地点、联系电话、传真、电子邮件地址等。招标书应当简短、明确、让读者一目了然，并得到基本信息。

2）投标人须知和投标资料表

投标人须知是招标文件的重要组成部分，它是采购企业对投标人如何投标的指导性文件，其内容包括投标文件、有关要求及手续等。具体包括：资金来源；对投标商的资格要求；货物产地要求；招标文件和投标文件的澄清程序；投标文件的内容要求；语言要求；投标价格和货币规定；修改和撤销投标的规定；标书格式和投标保证金的要求；评标的标准和程序；国内优惠的规定；投标程序；投标有效期；投标截止日期；开标的时间、地点等。

投标资料表是关于拟采购货物的具体资料，是对投标人须知的具体补充和修改，如果有矛盾的话，应以投标资料表为准。投标人须知和投标资料表都是指导投标商编制投标文件的重要文件，都不包含在采购企业与投标商签订的合同中。

3）合同条款

合同条款包括一般合同条款和特殊合同条款，它们是采购企业与供应商签订合同的基础。一般合同条款适用于没有被本合同其他部分的条款所取代的范围，特殊合同条款是对一般合同条款的补充。一般合同条款内容包括：买卖双方的权利和义务；运输、保险、验收程序；价格调整程序；付款条件程序以及支付货币规定；履约保证金的数量、货币及支付方式；不可抗力因素；延误赔偿和处罚程序；合同中止程序；解决争端的程序和方法；合同适合用法律的规定；有关税收的规定等。特殊合同条款内容包括：交货条件；履约保证金的具体金额和提交方式；验收和测试的具体程序；保险的具体要求；零配件和售后服务的具体要求等。

4）技术规格

技术规格是招标文件和合同文件的重要组成部分。它规定所要采购的设备和货物的性能、标准及物理和化学特征；如果是特殊设备，还要附上图纸，规定设备的具体形状。货物采购技术规格一般采用国际或国内公认的标准。

5）投标书的编制要求

投标书是投标供应商对其投标内容的书面声明，包括投标文件构成、投标保证金、总投标价和投标书的有效期等内容。投标书中的总投标价应分别以数字和文字表示。投标书的有效期是投标商确认受其投标书的约束的期限，该期限应与投标须知中规定的期限一致。

6）投标保证金

投标保证金是为防止投标商在投标有效期内任意撤回其投标，或中标后不签订合同，或不交纳履约保证金，使采购方蒙受损失。

投标保证金的金额不宜过高，可以确定为投标价的 1%～5%，也可以制定一个固定数额。由于按比例确定投标保证金的做法很容易导致报价泄露，所以确定固定投标保证金的做法较好，它有利于保护各投标商的利益。国际性招标采购的投标保证金的有效期一般为投标有效期加上 30 天。

投标商有下列行为之一的，应没收其投标保证金：投标商在投标有效期内撤回投标；投标商在收到中标通知书后，不按规定签订合同或不交纳履约保证金；投标商在投标有效期内有违规违纪行为等。

在下列情况下应及时把投标保证金退还给投标商：中标商已按规定签订合同并交纳履约保证金；没有违规违纪的未中标投标商。

7）供应一览表、报价表

供应一览表应包括采购商品品名、数量、交货时间和地点等。

在国境内提供的货物和在国境外提供的货物在报价时要分开填写。在报价表中，境内提供的货物要填写商品品名、商品简介、原产地、数量、出厂单价、出厂价境内增值部分占的比例、总价、中标后应缴纳的税费等。境外提供的货物要填写商品品名、商品简介、原产地、数量、离岸价单及离岸港、到岸价单及到岸港、到岸价总价等。

3. 招标文件的传递

1）发布项目的招标信息

发布项目的招标信息，登载招标公告，或者发布招标预告。作为国际公开招标，招标公告必须选择一份对国外发行的媒体上公布，一般是在《人民日报》海外版上发布。时间拟选在招标文件制作完成之前 7～10 天，原因是让世界各国有制造这些设备能力的制造商或供货商，能及时地通过媒介而掌握招标采购项目的信息，决定自己单位参不参加这次竞争，并且在时间上也能及时购买招标文件，如果自己公司在北京或在中国有代理机构，可以通过他们来购买标书；如果没有代理机构，也可以委托某办事处、代理处为其代购，还可以通过邮件函购。

2）发出邀请函

发出邀请函是公告的一个重要补充，因为一种信息载体的发行范围总是有限的，由于资金上的限制，不可能每天登同一公告，如果有些著名的、信誉又好的制造商、代理商没有看到公告，就可能出现错过机会的问题，招标机构根据业务经验积累和掌握的一些情况，可以对著名的制造商、代理商发出专门邀请，促进其参加投标。

3）招标文件价格的确定

招标文件价格的确定是一个很具体很现实的问题，定价没有具体规定，随意性很大。正确地考虑这个问题时，对是否可考虑非盈利原则、设备的价格和出售的份数要统筹考虑。坚持招标文件售出的收入扣除制作成本略有盈余的做法。例如，一台 100 万美元的设备，其标书售价应考虑 30～80 美元。

4）发售招标文件的注意事项

发售招标文件是一项很细致的工作，因为这期间招标机构将给予各代理商、制造商广泛接触的时间，对形成招标机构的形象相当重要。很重要的一点就是只要开始发售招标文件，除节假日、双休日，在工作时间内都要有专人负责值班。为了防止发售招标文件过程中可能发生的混乱，总是要按先后顺序让购买者登记，有人为了掌握自己究竟有哪些竞争者的信息，前几天不来买招标文件，等到卖得差不多了才来买，只要一登记，前面购买者的情况一览无遗，使先购者利益受损。为了防止这种现象，也为了防止这种现象引发的"串标"现象，应该设计一种登记卡，每一招标文件购买者填写一张，登记完，即取出单另成册，这对购招标文件者，即潜在投标者不公布，这样做就有效地防止了"串标"、哄抬招标文件的现象，保证了招标工作公平有序地进行。

5）招标文件售出后澄清

招标文件售出后，潜在投标者将研究和消化、理解招标文件，当有疑问时，必然要向联系人询问，以求获得澄清。每次询问，均应有记录，能当时解答的，就及时解答，不能及时答复，以后也要答复，凡属重要询问，应该正式地以书面形式答复，这种答复应被视为招标文件的一个组成部分，而且这一书面答复，也应寄给所有招标文件的购买者，以防止对招标文件产生理解上的差异。

6）发售招标文件

要在发售前 7～10 天的时间内发布招标公告，以便为潜在投标者预留是否购买招标文件、委托谁去做代理的准备时间。在开标前都应该允许投标者购买招标文件，但实际上又不合情理，因为做投标文件需要一定时间。招标文件已经发售较长时间后，有人还要购买，要问清其购买目的。招标工作严格、规范，要按招标文件要求提供满意的产品或服务来投标，要投入相当大的力量，组织一定专业人员做较长时间的细致研究。对所有投标者都是一视同仁，不会因为其准备时间短而有所照顾。如果购买者的目的不是针对这一次招标的，只是想通过某一份具体的招标文件，来了解中国招标的真实的运作情况及招标文件的内容，以便将来投标时参考，是作为资料来处理的，这时就应该予以理解与支持，将招标文件出售给他。

7）发售招标文件到开标的时间确定

从发售招标文件到开标这段时间是投标者消化和制作投标文件的时间，这段时间的长短是很重要的，留的时间太短，则投标者准备时间不够，投标文件必然粗糙不细致，甚至产生遗漏，这样就增加了询标、评标的难度，有可能导致一些好的项目供应商落标，对于采购的业主不利，招标的效果也不好；反之，留的时间过长，延长了招标周期，也就是延长了项目采购周期，对项目按期进行不利。总之，这一问题事先要统筹考虑，主要根据项目的采购量和项目复杂性来考虑，一个中等复杂的项目招标，投标者制作投标文件的时间为 1 个月，对复杂项目，或生产线性质的成套设备，应该有 1.5～2 个月的准备时间，大型成套、复杂性很强的项目一般也不宜超过 3 个月。这样，从时间上说，招标文件编成之后从发售时计算，到招标结束，发出中标通知，签订经济合同，一般一次招标时间为 3～4 个月。对比一般项目而言，在时间上，效率也是相当高的。

案例分析

某市物流中心规划建设项目

某市一个物流中心规划建设项目，该项目为该市建设规划的重要项目之一，且已列入地方年度固定资产投资计划，概算已经主管部门批准，征地工作尚未全部完成，有关技术资料齐全。现决定对该项目进行项目规划及建议招标。因估计除本市企业参加投标外，还可能有外省市企业参加投标，故业主委托咨询单位编制了两个标底，准备分别用于对本市和外省市企业投标价的评定。业主对投标单位就招标文件所提出的所有问题统一作了书面答复，并以备忘录的形式分发给各投标单位，为简明起见，采用的表格形式如表 6-1 所示。

表 6-1 采用的表格形式

序 号	问 题	提问单位	提问时间	答 复
1				
…				
N				

在书面答复投标单位的提问后，业主组织各投标单位进行了物流项目现场踏勘。在投标截止日期前 10 天，业主书面通知各投标单位，由于某种原因，决定将其中某一个物流项目从原招标范围内删除。开标会由市招投标办的工作人员主持，市公证处有关人员到会，各投标单位代表均到场。开标前，市公证处人员对各投标单位的资质进行审查，并对所有投标文件进行审查，确认所有投标文件均有效后，正式开标。主持人宣读投标单位名称、投标价格和有关投标文件的重要说明。

问题
（1）该项目的标底应采用什么方法编制？
（2）业主对投标单位进行资格预审应包括哪些内容？
（3）该项目招标在哪些方面存在问题或不当之处，请逐一说明。

技能训练

1. 思考题
（1）公开招标与邀请招标有什么区别？
（2）招标文件包括哪些具体内容？
（3）项目招标的误区有哪些？

2. 能力训练
2015 年 12 月，某职业技术学院从实验、实训设备经费中拨出 60 万元专款用于投建一个物流信息实训室，要求 2016 年 6 月底必须完工，以便于学生 9 月开学后使用。现场地已经选好，初步估计需要服务器 1 台、投影机 1 台、计算机 120 台、空调 2 台、电脑桌 120 个、相关附件若干。

针对以上采购需求，收集、制作相应的招标通告、招标文件。

任务 2 投 标

投标单位一旦决定了投标，就要向招标单位提出投标申请，报送资格预审表，并同时提供一套可以证明投标资格的相关资料，如营业执照、企业资质证书、企业简历、企业资金、人员、经营状况等。

工作任务

投标截止时间与投标保证金

某物流运输项目招标，某投标人投标时，在投标截止时间前递交了投标文件，但投标保证金递交时间晚于投标截止时间两分钟送达，招标人均进行了受理，同意其投标文件参与开标。其他投标人对此提出异议，认为招标人同意该投标文件参加开标会议违背相关规定。

要求

（1）招标人应怎样处理该份投标文件？投标保证金晚于投标截止时间 2 分钟送达，招标人是否可以接受？为什么？

（2）该投标人的投标文件是否有效？是否为废标？

相关知识

一、投标的前期工作

投标的前期工作包括投标信息的获取与前期投标决策，即从众多市场招标信息中确定选取哪个（些）项目作为投标对象。这方面要注意以下问题。

1. 查证信息并确定信息的可靠性

改革开放已实行多年，但目前国内项目的招标投标与国际招标投标仍存在一定差距，特别是在信息的真实性、公正竞争的透明度、业主支付项目价款、承包商承包履约的诚意、合同的履行等方面存在不少问题。因此要参加投标的企业，在决定投标对象时，必须认真分析验证所获信息的真实可靠性。通过与招标单位直接洽谈，证实其招标项目确定已立项批准和资金是否落实。

2. 对采购方进行必要的调查分析

对采购方的调查了解是确信实施项目的资金能否回收的前提。许多采购单位依仗手中权势，仗势欺人，长期拖欠项目资金，致使投标企业不仅不能获取利润，甚至连成本都无法回收。还有些采购单位的项目负责人与外界勾结，索要巨额回扣，中饱私囊，致使投标企业苦不堪言。投标方必须对获得该项目之后，履行合同的各种风险进行认真的评估分析。机会可以带来效益，但不良的采购方同样有可能使投标方陷入泥潭而不能自拔。利润总是与风险并存的。

3. 成立投标工作机构

如果已经核实了信息，证明某项目的采购方资信可靠，没有资金不到位及拖欠项目款的风险，则企业可做出投标该项目的决定。为了确保在投标竞争中获胜，投标方必须精心挑选精干且富有经验的人员组成投标工作机构，该工作机构应能及时掌握市场动态，了解价格行情，能基本判断拟投标项目的竞争态势。注意收集和积累有关资料，熟悉项目招投标的基本程序，认真研究招标文件，善于运用竞争策略，能针对具体项目的各种特点制定出恰当的投标报价策略，至少应能使其报价进入预选圈内。

投标工作机构通常应由以下人员组成：

（1）决策人。通常由部门经理或副经理担任，也可以由总经济师负责。

（2）技术负责人。可由总工程师或主任工程师担任，其主要责任是制定运营方案和各种技术措施。

（3）投标报价人员。由经营部门的主管技术人员、预算师负责。

此外，物料供应、财务计划等部门也应积极配合，特别是在提供价格行情、工资标准、费用开支及有关成本费用等方面给予大力协助。

投标机构的人员应精干、富有经验且受到良好培训，有娴熟的投标技巧和较强的应变能力。这些人渠道广、信息灵、工作认真、纪律性强，尤其应对公司绝对忠诚。投标机构的人员不宜过多，特别是最后决策阶段，参与的人数应严格控制，以确保投标报价的机密。

二、投标内容

投标与招标是一个过程的两个方面，它们的具体程序和步骤是相互衔接和对应的。从投标人的角度看，投标有以下几个方面的内容。

1. 申报资格审查

投标人在获悉招标公告或投标邀请后，应当按照招标公告或投标邀请书中所提出的资格审查要求，向招标人申报资格审查，提供有关文件资料。资格审查是投标人投标过程中的第一关。

不同的招标方式对潜在投标人资格审查的时间和要求不一样。如在国际项目无限竞争性招标中，通常在投标前进行资格审查，这叫做资格预审，只有资格预审合格的承包商才可能参加投标；也有些国际项目无限竞争性招标不在投标前而在开标后进行资格审查，这被称做资格后审。在国际项目有限竞争性招标中，通常是在开标后进行资格审查，并且这种资格审查往往作为评标的一个内容，与评标结合起来进行。我国项目招标中，在允许投标人参加投标前一般都要进行资格审查。

2. 购领招标文件

投标人经资格审查合格后，便可向招标人申购招标文件和有关资料，同时要缴纳投标保证金。投标保证金是为防止投标人对其投标活动不负责任而设定的一种担保形式，是招标文件中要求投标人向招标人缴纳的一定数额的金钱。在国际上，投标保证金的数额较高，一般设定在占投资总额的 1%～5%。而我国的投标保证金数额，则普遍较低。如有的规定最高不超过 10 万元，有的规定一般不超过 50 万元，有的规定一般不超过投标总价的 2%等。

3. 组织投标班子，委托投标代理人

投标人在通过资格审查、购领了招标文件和有关资料之后，就要按招标文件确定的投标准备时间着手开展各项投标准备工作。投标准备时间是指从开始发放招标文件之日起至投标截止时间为止的期限，它由招标人根据项目的具体情况确定，一般为 28 天之内。

投标代理人的一般职责，主要有以下内容：

（1）向投标人传递并帮助分析招标信息，协助投标人办理通过招标文件所要求的资格审查。

（2）以投标人名义参加招标人组织的有关活动，传递投标人与招标人之间的对话。

（3）提供当地物资、劳动力、市场行情及商业活动经验，提供当地有关政策法规咨询服务，协助投标人做好投标书的编制工作，帮助递交投标文件。

（4）在投标人中标时，协助投标人办理各种证件申领手续，做好有关承包项目的准备工作。

（5）按照协议的约定收取代理费用。通常，如代理人协助投标人中标，所收的代理费用会高些，一般为合同总价的1%～3%。

4. 参加现场踏勘和投标预备会

投标人拿到招标文件后，应进行全面细致的调查研究。若有疑问或不清楚的问题需要招标人予以澄清和解答的，应在收到招标文件后的7日内以书面形式向招标人提出。

投标人在去现场踏勘之前，应先仔细研究招标文件有关概念的含义和各项要求，特别是招标文件中的工作范围、专用条款以及说明等，然后有针对性地拟订出踏勘提纲，确定重点需要澄清和解答的问题，做到心中有数。投标人参加现场踏勘的费用，由投标人自己承担。招标人一般在招标文件发出后，就着手考虑安排投标人进行现场踏勘等准备工作，并在现场踏勘中对投标人给予必要的协助。

5. 编制和递交投标文件

经过现场踏勘和投标预备会后，投标人可以着手编制投标文件。递送投标文件，又称递标，是指投标人在招标文件要求提交投标文件的截止时间前，将所有准备好的投标文件密封送达投标地点。招标人收到投标文件后，应当签收保存，不得开启。投标人在递交投标文件以后，投标截止时间之前，可以对所递交的投标文件进行补充、修改或撤回，并书面通知招标人，但所递交的补充、修改或撤回通知必须按招标文件的规定编制、密封和标志。补充、修改的内容为投标文件的组成部分。

6. 出席开标会议，参加评标期间的澄清会谈

投标人在编制、递交了投标文件后，要积极准备出席开标会议。参加开标会议对投标人来说，既是权利也是义务。按照国际惯例，投标人不参加开标会议的，视为弃权，其投标文件将不予启封，不予唱标，不允许参加评标。投标人参加开标会议，要注意其投标文件是否被正确启封、宣读，对于被错误地认定为无效的投标文件或唱标出现的错误，应当场提出异议。在评标期间，评标组织要求澄清投标文件中不清楚问题的，投标人应积极予以说明、解释、澄清。

澄清招标文件一般可以采用向投标人发出书面询问，由投标人书面做出说明或澄清的方式，也可以采用召开澄清会的方式。澄清会是评标组织为有助于对投标文件的审查、评价和比较，而个别地要求投标人澄清其投标文件（包括单价分析表）而召开的会议。在澄清会上，评标组织有权对投标文件中不清楚的问题向投标人提出询问。有关澄清的要求和答复，最后均应以书面形式进行。所说明、澄清和确认的问题，经招标人和投标人双方签字后，作为投标书的组成部分。在澄清会谈中，投标人不得更改标价、工期等实质性内容，开标后和定标前提出的任何修改声明或附加优惠条件，一律不得作为评标的依据。但评标组织按照投标须知规定，对确定为实质上响应招标文件要求的投标文件进行校核时发现的计算上或累计上的计算错误，评委会将允许修正投标文件中不构成重大偏差的、微小的、非正规的、不一致的或不规则的地方，但这些修改不能影响任何投标人相应的名次排列。

7. 接受中标通知书签订合同

经评标，投标人被确定为中标人后，应接受招标人发出的中标通知书。未中标的投标人有权要求招标人退还其投标保证金。中标人收到中标通知书后，应在规定的时间和地点与招标人签订合同。在合同正式签订之前，应先将合同草案报招标投标管理机构审查。经审查后，中标人与招标人在规定的期限内根据《合同法》等有关规定，依据招标文件、投标文件的要求和中标的条件签订合同。同时，按照招标文件的要求，提交履约保证金或履约保函，招标人同时退还中标人的投标保证金。中标人如拒绝在规定的时间内提交履约担保和签订合同，招标人报请招标投标管理机构批准同意后取消其中标资格，并按规定不退还其投标保证金，并考虑在其余投标人中重新确定中标人，与之签订合同，或重新招标。中标人与招标人正式签订合同后，应按要求将合同副本分送有关主管部门备案。

三、投标文件

1. 投标文件概述

1）投标文件的概念

投标文件是项目投标人单方面阐述自己响应招标文件要求，旨在向招标人提出愿意订立合同的意思表示，是投标人确定、修改和解释有关投标事项的各种书面表达形式的统称。投标人在投标文件中必须明确向招标人表示愿意以招标文件的内容订立合同的意思；必须对招标文件提出的实质性要求和条件做出响应，不得以低于成本的报价竞标；必须由有资格的投标人编制；必须按照规定的时间、地点递交给招标人。否则该投标文件将被招标人拒绝。投标文件是投标方参与投标竞争的重要凭证，是对招标文件提出实质性要求和条件的响应，也是日后评标、决标和订立合同的依据。因此要严格按招标文件中规定的内容、样式和评标原则进行编制。不仅内容全面，文件齐全，而且尽可能多地介绍和宣传单位在资金、技术、管理、服务上的优势。

2）投标文件的类型

投标人应认真研究、正确理解招标文件的全部内容，并按要求编制投标文件。投标文件应当对招标文件提出的实质性要求和条件做出响应，"实质性要求及条件"是指招标文件中有关招标项目的价格、项目的计划、技术规范、合同的主要条款等，投标文件必须对这些条款做出响应。这就要求投标人必须严格按照招标文件填报，不得对招标文件进行修改，不得遗漏或者回避招标文件中的问题，更不可以提出任何附带条件。投标文件通常可分为以下 3 种：

（1）商务文件。这类文件是用以证明投标人履行了合法手续及招标人了解投标人商业资信、合法性的文件。一般包括投标保函、投标人的授权书和证明文件、联合体投标人提供的联合协议、投标人所代表的公司的资信证明等。

（2）技术文件。如果是建设项目，则包括全部施工组织设计内容，用以评价投标人的技术实力和经验。

（3）价格文件。价格文件是投标文件的核心，全部价格文件必须完全按照招标文件的规定格式编制，不许有任何改动；如有漏填，则视为其已包含在其他价格报价中。

3）投标文件的基本内容

（1）开标一览表。

（2）投标函。

（3）投标函附录。
（4）投标保证金。
（5）投标报价单。
（6）法定代表人资格证明书。
（7）授权委托书。
（8）具有标价的项目业务量清单与报价表。
（9）辅助资料表。
（10）资格审查表（资格预审的不采用）。
（11）对招标文件中的合同协议条款内容的确认和响应。
（12）项目运营组织设计。
（13）招标文件规定提交的其他资料。

2．投标文件编制要求

1）语言约定

投标文件及投标人与招标人之间与投标有关的来往通知、函件和文件均应使用一种官方主导语言（如中文或英文）。国际招标时，外国投标者的投标文件应以英文书写，国内投标者应以中文书写。

2）投标保证金

投标人应提供一定数额的投标保证金，此投标保证金是投标文件的一个组成部分。根据投标人的选择，投标保证金可以是现金、支票、银行汇票，也可以是在中国注册的银行出具的银行保函。投标保证金采用银行保函的形式，银行在出具投标保函之前一般都要对投标人的资信状况进行考察，信誉欠佳或资不抵债的投标人很难从银行获得经济担保。由于银行一般都对投标人进行动态的资信评价，掌握投标人的大量资信信息，因此，投标人能否获得银行保函，能够获得多大额度的银行保函，这也可以从侧面反映投标人的实力。

（1）银行保函。银行保函由外国银行开具（须经中国银行校核其签章），且以招标文件中附件格式提供，其有效期应比投标文件的有效期长30天，即达到120天。也可以由中国银行或中国其他银行开具，有效期也是120天。

（2）银行支票或汇票。对于未能按要求提交投标保证金的投标，招标人将视为不响应投标而予以拒绝。招标机构向落标的投标者发出《落标通知书》并退还其投标保证金（无息），最迟不超过规定的投标有效期期满后的14天。中标方投标保证金，中标人签订中标货物商务合同并交纳履约保证金和中标服务费后，服务费予以退还。若投标人在投标有效期内，撤回投标或不能按要求的时间、地点与项目采购方签订合同，不能提供履约保证金，不能提供支付中标服务费承诺的，均可能没收其投标保证金。

【参考范例】

3）投标文件的有效期

从开标之日起，有效期为90天。在特殊条件下，如果出现特殊情况，经招标投标管理机构核准，招标人可以书面形式向投标人提出延长投标有效期的要求，投标人可以拒绝上述要求而不会没收投标保证金。若同意延期，投标有效期的投标人不允许修改他的投标文件，但需要相应地延长投标保证金的有效期，在延长期内投标须知关于投标保证金的退还不退还的规定仍然适用。

4）投标文件的签署及规定

投标人按投标须知的规定，编制 1 份投标文件"正本"和 4 份"副本"，并明确标明"投标文件正本"和"投标文件副本"。投标文件正本和副本如有不一致之处，以正本为准。投标文件正本与副本均应使用不能擦去的墨水打印或书写，由投标人的法定代表人亲自签署（或加盖法定代表人印鉴），并加盖法人单位公章。全套投标文件应无涂改和行间插字，除非这些删改是根据招标人的指示进行的，或者是投标人造成的必须修改的错误。修改处应由投标文件签字人签字证明并加盖印鉴。投标人以电话、电报、电传方式的投标，概不接受。

5）投标预备会

投标人派代表于规定时间和地点出席投标预备会。投标预备会的目的是澄清、解答投标人提出的问题和组织投标人现场踏勘，了解情况。投标人可能被邀请对项目现场和周围环境进行踏勘，以获取须投标人自己负责的有编制投标文件和签署合同所需的所有资料。踏勘现场所发生的费用由投标人自己承担。投标人提出的与投标有关的任何问题须在投标预备会召开 7 天前，以书面形式送给招标人。会议记录包括所有问题和答复的副本，将迅速提供给所有获得招标文件的投标人。因投标预备会而产生的对招标文件内容的修改，由招标人以补充通知等书面形式发出。

6）投标文件的密封与标志

投标人应将投标文件的正本和每份副本密封在内层包封，再密封在一个外层包封中，并在内包封上正确标明"投标文件正本"和"投标文件副本"。内层和外层包封都应写明招标人名称和地址、合同名称、项目名称、招标编号，并注明开标时间以前不得开封。在内层包封上还应写明投标人的名称与地址、邮政编码，以便投标出现逾期送达时能原封退回。如果内外层包封没有按上述规定密封并加写标志，招标人将不承担投标文件错放或提前开封的责任，由此造成的提前开封的投标文件将被拒绝，并退还给投标人。

7）投标截止期

投标人应在规定的日期内将投标文件递交给招标人。招标人可以按投标须知规定的方式，酌情延长递交投标文件的截止日期。在上述情况下，招标人与投标人以前在投标截止期方面的全部权利、责任和义务，将适用于延长后新的投标截止期。招标人在投标截止期以后收到的投标文件，将原封退给投标人。

8）投标文件的修改与撤回

投标人可以在递交投标文件以后，在规定的投标截止时间之前，采用书面形式向招标人递交补充、修改或撤回其投标文件的通知。在投标截止日期以后，不能更改投标文件。投标人的补充、修改或撤回通知，应按投标须知规定编制、密封、加写标志和递交，并在内层包封标明"补充""修改"或"撤回"字样。根据投标须知的规定，在投标截止时间与招标文件中规定的投标有效期终止日之间的这段时间内，投标人不能撤回投标文件，否则其投标保证金将不予退还。

9）质量保证

（1）卖方应保证提供的货物是全新的未曾使用的，采用的最佳材料和一流工艺制造的货物。

（2）符合合同规定的质量规格和性能要求的。

（3）卖方应保证货物经过正确安装，正常操作和保养，在货物寿命期内运转良好。

（4）在有故障的条件下，卖方在30天内，除招标文件另有规定者外，免费修理或更换有缺陷的零件、部件甚至整机。

10）索赔

当卖方供货与合同规定不符时，买方应于质量保证期内，检验、安装、调试、验收、测试、试运行期内，提出索赔，主要的解决办法有以下几种：

（1）卖方同意买方拒收货物，退还买方拒收货物的金额，且以合同规定的货币返还卖方承担这期间发生的一切费用和损失，包括利息、运输、保险、仓储、保管、装卸及其他所有费用。

（2）根据货物低劣程度和受损程度，经协商，双方同意降低货物的价格。

（3）更换有缺陷的零件、部件或整机，或修理有缺陷的部分，使之达到合同条款的质量、规格和性能要求，卖方承担一切费用与风险，并承担买方因此遭受的一切直接损失。同时，卖方应相应延长更换货物的质量保证期。

（4）若买方提出索赔要求30日后，卖方未予答复，则视该索赔要求已为卖方所接受。若卖方未能在30日内或经买方同意延长的一定时间内，按买方同意的上述一种方法处理索赔事宜，买方则在付款尾数，或卖方的履约保证金中扣回索赔金额。

11）税费

（1）根据中国政府的现行税法，向买方征收的与执行本合同的一切有关税费，由买方负责支付。

（2）根据中国政府的现行税法，向卖方征收的与执行本合同有关的一切税费，由卖方负责支付。

（3）发生在中国境外的，与履行本合同有关的一切税费，由卖方负责。

12）仲裁

在执行合同过程中，发生与合同有关的争端时，双方首先应通过友好协商，达成双方都能接受的解决办法。在60天内，虽经协商仍不能达成协议，应提交仲裁。

（1）在国际招标时，除国外投标商在投标文件中提出了其他仲裁方式，且已为买方仲裁委员会根据其仲裁程序或规则予以仲裁；仲裁的正式语言是英语；国内贸易争端由国家工商行政管理局及其所属系统根据其仲裁程序和规则进行。

（2）仲裁裁决为最终裁定，对双方均有约束力。

（3）除另有规定外，由败诉方负担仲裁费用。

除有仲裁争端部分外，合同的其他部分应不受仲裁影响，继续按合同规定执行。

3．编制投标文件注意事项

（1）投标人编制投标文件时必须使用招标文件提供的投标文件表格格式，但表格可以按同样格式扩展。投标保证金、履约保证金的方式，按招标文件有关条款的规定可以选择。投标人根据招标文件的要求和条件填写投标文件的空格时，凡要求填写的空格都必须填写，不得空着不填；否则，即被视为放弃意见。实质性的项目或数字如工期、质量等级、价格等未填写的，将被作为无效或作废的投标文件处理。将投标文件按规定的日期送交招标人，等待开标、决标。

（2）应当编制的投标文件"正本"仅一份，"副本"则按招标文件前附表所述的份数提供，同时要明确标明"投标文件正本"和"投标文件副本"字样。投标文件正本和副本如有不一致之处，以正本为准。

（3）投标文件正本与副本均应使用不能擦去的墨水打印或书写，各种投标文件的填写都要字迹清晰、端正，补充设计图纸要整洁、美观。

（4）所有投标文件均由投标人的法定代表人签署、加盖印鉴，并加盖法人单位公章。

（5）填报投标文件应反复校核，保证分项和汇总计算均无错误。全套投标文件均应无涂改和行间插字，除非这些删改是根据招标人的要求进行的，或者是投标人造成的必须修改的错误。修改处应由投标文件签字人签字证明并加盖印鉴。

（6）如招标文件规定投标保证金为合同总价的一定百分比时，开投标保函不要太早，以防泄露己方报价。但有的投标商提前开出并故意加大保函金额，以麻痹竞争对手的情况也是存在的。

（7）投标人应将投标文件的正本和每份副本分别密封在内层包封，再密封在一个外层包封中，并在内包封上正确标明"投标文件正本"和"投标文件副本"。内层和外层包封都应写明招标人名称和地址、合同名称、项目名称、招标编号，并在注明开标时间以前不得开封。在内层包封上还应写明投标人的名称与地址、邮政编码，以便投标出现逾期送达时能原封退回。如果内外层包封没有按上述规定密封并加写标志，招标人将不承担投标文件错放或提前开封的责任，由此造成的提前开封的投标文件将被拒绝，并退还给投标人。投标文件递交至招标文件前附表所述的单位和地址。投标文件有下列情形之一的，在开标时将被作为无效或作废的投标文件，不能参加评标。具体如下：

① 投标文件未按规定标志、密封的。
② 未经法定代表人签署或未加盖投标人公章或未加盖法定代表人印鉴的。
③ 未按规定的格式填写，内容不全或字迹模糊辨认不清的。
④ 投标截止时间以后送达的投标文件。

投标人在编制投标文件时应特别注意，以免出现错误被判为无效标而前功尽弃。

案例分析

某承包商招标合同

某承包商通过资格预审后，对招标文件进行了仔细分析，发现业主所提出的要求过于苛刻，且合同条款中规定每拖延1天工期罚款合同价的1%。若要保证实现该工期要求，必须采取特殊措施，这样会大大增加成本，同时还发现原项目方案过于保守。因此，该承包商在投标文件中说明业主的工期要求难以实现，因而按自己认为的合理工期（比业主要求的工期增加6个月）编制项目进度计划并据此报价；还建议调整框架体系，不仅能保证项目的可靠性和安全性、增加使用面积、提高空间利用的灵活性，而且可降低造价约3%。该承包商将技术和商务标分别封装，在封口处加盖单位公章和项目经理签字后，在投标截止日期前1天上午将投标文件报送业主。次日（即投标截止日当天）下午，在规定的开标时间前1小时，该承包商又递交了一份补充材料，其中声明将原报价降低4%。但是，招标单位的有关工作人员认为，根据国际上的"一标一投"的惯例，一个承包商不得递交两份投标文件，因而拒收承包商的补充材料。

问题
（1）该承包商运用了哪几种报价技巧？其运用是否得当？请逐一加以说明。

（2）从所介绍的背景资料来看，在该项目招标程序中存在哪些问题？请分别作简单说明。

技 能 训 练

1. 思考题

（1）投标前期要做哪些工作？

（2）投标文件的编制有哪些要求？

2. 能力训练

（1）资料。

某学院食堂物品招标书（生鲜类产品）

招标简介：食堂餐厅为学院自主经营。就餐师生7 500余人。

招标要求：本次招标采取公平、公开、公正招标，坚持竞质、竞价的原则，由学院招标领导小组统一开标，且学校非常重视各类蔬菜的配送流程管理及配送的时效性。

账务结算：供应货物款项按月结算，付款方式为转账，投标价为送达餐厅价。

招标物品：蔬菜，如表6-2所示。

表6-2 招标物品   单位：元/500克

名 称	投 标 价	名 称	投 标 价	名 称	投 标 价
白菜		黄瓜		大青菜	
白瓜		京葱		青椒	
包菜		毛刀豆		青雪菜	
菠菜		净莴苣		山药	
长白萝卜		毛西芹		生菜	
冬瓜		净西芹		生姜	
佛手瓜		韭菜		水咸菜	
海带丝		老葱		大土豆	
河藕		绿豆芽		小土豆	
红椒		梅干菜		西红柿	
胡萝卜		南瓜		香菜	
黄豆芽		平菇		洋葱	
花菜		茄子		鲜毛豆米	
地瓜		圆椒		丝瓜	
豇豆		大芋子		净蒿瓜	
小青菜		粉丝		水发青豆	
蒜黄		干海带		老豆腐	
蒜米		鲜香菇		嫩豆腐	
鸭血		鲫鱼		胖头鱼	
河虾		明虾		大排	
里脊肉		五花肉		带皮腿肉	

投标人提供证件：营业执照（复印件）；食品卫生许可证（复印件）；负责人身份证（复印件）；联系电话。

标书送达地点：所有标书及证件资料一起装入信封，密封后送达学院后勤工作部，或现场填写，当面密封交给学院招标工作人员带回。

垂询电话：8692××××（王老师）

标书送达截止日：2016年1月10日下午3：00前

某学院后勤工作部
2015年12月8日

（2）问题：假如你是新成立的绿园蔬菜食品配送有限公司的法人代表，注册资本200万元，现有1吨小型货运车辆5辆，职工15人，请针对该学院的招标书要求作出投标书。

任务3 开 标

《招标投标法》规定，开标时，由投标人或者其推选的代表检查投标文件的密封情况，也可以由招标人委托的公证人员检查；经确认无误后，由工作人员当众拆封，宣读投标人名称、投标价格和投标文件的其他主要内容。招标人在招标文件要求提交投标文件的截止时间前收到的所有投标文件，开标时都应当当众予以拆封、宣读。开标过程应当记录，并存档备查。

 工作任务

某项目开标一览表

某市国家税务局需招标采购一批发票专用柜，王某是该市柏顺办公家具公司的老板，为了获得这个项目，需要填写该项目的开标一览表（表6-3）。

表6-3 项目开标一览表

项目名称：某市国家税务局发票专用柜项目

投标方名称		
投标总价		
其中	专用柜柜体（单价）	
	隔板（单价）	
免费保修年限		
保修期后维修费用计算方式及价格		
备　注		

注：所有价格应以小写填写，单位为元；投标总价为所有费用之和；其他优惠条件或需要说明的问题应在备注栏中填写。

法人或法人代表签字：
盖章：
日期：

要求

假如你是王某，请查阅相关资料后完成该表。

相关知识

一、开标概述

1. 开标的含义

开标即揭标，又称唱标，它是指招标人按在招标文件中所规定投标人提交投标文件的截止时间、地点，将各投标人集中开会，当众对投标文件正式启封和宣布的活动过程。这个过程是招标投标程序中的一个法定环节，也是定标的第一个环节，它对保证投标过程中贯彻、执行"三公"原则和诚实守信原则有重要意义。

2. 开标的方式

1）公开开标

开标由招标人主持，邀请所有的投标人参加叫做公开开标，公开开标是强制招标必须采取的法定形式。所谓公开进行，就是开标活动都应当向所有提交投标文件的投标人公开。应当使所有提交投标文件的投标人到场参加开标。通过公开开标，投标人可以发现竞争对手的优势和劣势，可以判断自己中标的可能性大小，以决定下一步应采取什么行动。法律这样规定，是为了保护投标人的合法权益。只有公开开标，才能体现和维护公开透明、公平公正的原则。

2）秘密开标

没有邀请所有投标人参加的开标叫做公开开标。开标、评标、中标三者是首尾相接的招标阶段的工作内容。开标活动是否顺利、合法、合规，是否满足招标文件中关于开标的各种具体规定，直接关系到评标、中标活动的成败。

3. 开标的组织

开标应当按招标文件规定的时间、地点和程序，以公开方式进行。开标时间与投标截止时间应为同一时间。提交文件截止时间，便是开标之时。唱标内容应完整、明确，只有唱出的价格优惠才是合法、有效的，唱标及记录人员不得将投标内容遗漏不唱或不记。开标活动由招标人主持并组织，其工作内容主要包括开标的时间、地点和参与者。

1）开标的时间

开标时间应当在提供给每一个投标人的招标文件中事先确定，以使每一投标人都能事先知道开标的准确时间，以便届时参加，确保开标过程的公开、透明。将开标时间规定为提交投标文件截止时间的同一时间，目的是防止招标人或者投标人利用提交投标文件的截止时间以后与开标时间之前的一段时间间隔做手脚，进行暗箱操作。例如，有些投标人可能会利用这段时间与招标人或招标代理机构串通，对投标文件的实质性内容进行更改等。关于开标的具体时间，实践中可能会有两种情况，如果开标地点与接受投标文件的地点相一致，则开标时间与提交投标文件的截止时间应一致；如果开标地点与提交投标文件的地点不一致，则开标时间与提交投标文件的截止时间应有一个合理的间隔。如联合国示范法规定，开标时间应为招标文件中规定作为投标截止日期的时间。世界银行采购指南规定，开标时间应该和招标通告中规定的截标时间相一致或随后马上宣布。其中,"马上"的含义可理解为需留出合理的时间把投标书运到公开开标的地点。

2)开标的地点

开标地点是指开标的具体空间场所。为了使所有投标人都能事先知道开标地点,并能够按时到达,开标地点应当在招标文件中事先确定,以便使每一个投标人都能事先为参加开标活动做好充分的准备,如根据情况选择适当的交通工具,并提前做好机票、车票的预订工作等。招标人如果确有特殊原因,需要变动开标地点,则应当按照规定对招标文件作出修改,作为招标文件的补充文件,书面通知每一个提交投标文件的投标人。

3)参与者

开标既然是公开进行的,就应当有一定的相关人员参加,这样才能做到公开性,让投标人的投标为各投标人及有关方面所共知。

(1)开标主持人。一般情况下,开标由招标人主持;在招标人委托招标代理机构代理招标时,开标也可由该代理机构主持。只有招标人主持开标,对所有投标人才是公正的。主持人按照规定的程序负责开标的全过程。其他开标工作人员办理开标作业及制作记录等事项。

(2)开标会参与人。邀请所有的投标人或其代表出席开标,可以使投标人得以了解开标是否依法进行,有助于使他们相信招标人不会任意做出不适当的决定;投标人或者他们的代表出席开标会是他们的法定权利。同时,也可以使投标人了解其他投标人的投标情况,做到知己知彼,大体衡量一下自己中标的可能性,这对招标人的中标决定也将起到一定的监督作用。此外,为了保证开标的公正性,一般还邀请相关单位的代表参加,如招标项目主管部门的人员,评标委员会成员,监察部门代表等。有些招标项目,招标人还可以委托公证部门的公证人员对整个开标过程依法进行公证。

二、开标程序

1. 招标人签收投标人递交的投标文件

在开标当日且在开标地点递交的投标文件的签收应当填写投标文件报送签收一览表,招标方由专人负责接收投标人递交的投标文件。提前递交的投标文件也应当办理签收手续,由招标人携带至开标现场。在招标文件规定的截标时间后递交的投标文件不得接收,由招标人原封退还给有关投标人。在截标时间前递交投标文件的投标人少于3家的,招标无效,开标会即告结束,招标人应当依法重新组织招标。

2. 投标人出席开标会的代表签到

投标人授权出席开标会的代表本人填写开标会签到表,招标人专人负责核对签到人身份,应与签到的内容一致。

3. 开标会主持人宣布开标会开始

主持人宣布开标人、唱标人、记录人和监督人员。开标人一般为招标人或招标代理机构的工作人员,唱标人可以是投标人的代表或者招标人或招标代理机构的工作人员,记录人由招标人指派,投标工作人员同时记录唱标内容,招标办监管人员或招标办授权的投标工作人员进行监督。记录人按开标会记录的要求开始记录。主持人介绍主要与会人员,主要与会人员包括到会的招标人代表、招标代理机构代表、各投标人代表、公证机构公证人员、见证人员及监督人员等。

4．主持人宣布开标会程序、开标会纪律和当场废标的条件

开标会纪律一般包括以下4条：

（1）场内严禁吸烟。

（2）凡与开标无关人员不得进入开标会场。

（3）参加会议的所有人员应关闭手机等，开标期间不得高声喧哗。

（4）投标人代表有疑问应举手发言，参加会议人员未经主持人同意不得在场内随意走动。

投标文件有下列情形之一的，应当场宣布为废标：

（1）逾期送达的或未送达指定地点的。

（2）未按招标文件要求密封的。

5．核对投标人授权代表的身份证件、授权委托书及出席开标会人数

招标人代表出示法定代表人委托书和有效身份证件，同时招标人代表当众核查投标人的授权代表的授权委托书和有效身份证件，确认授权代表的有效性，并留存授权委托书和身份证件的复印件。法定代表人出席开标会的要出示其有效证件。主持人还应当核查各投标人出席开标会代表的人数，无关人员应当退场。

6．招标单位领导讲话

有此项安排的则招标单位领导讲话，一般不需要。

7．主持人介绍招标文件情况

主持人介绍招标文件、补充文件或答疑文件的组成和发放情况，投标人确认，主要介绍招标文件组成部分、发标时间、答疑时间、补充文件或答疑文件组成，发放和签收情况。可以同时强调主要条款和招标文件中的实质性要求。

8．主持人宣布投标文件截止和实际送达时间

宣布招标文件规定的递交投标文件的截止时间和各投标单位实际送达时间。在截标时间后送达的投标文件应当场废标。

9．招标人和投标人的代表（或公证机关）共同检查各投标书密封情况

密封不符合招标文件要求的投标文件应当场废标，不得进入评标。密封不符合招标文件要求的，招标人应当通知招标办监管人员到场见证。

10．主持人宣布开标和唱标次序

一般按投标书送达时间逆顺序开标、唱标。

11．唱标人依唱标顺序依次开标并唱标

开标由指定的开标人在监督人员及与会代表的监督下当众拆封，拆封后应当检查投标文件组成情况并记入开标会记录，开标人应将投标书和投标书附件以及招标文件中可能规定需要唱标的其他文件交唱标人进行唱标。唱标内容一般包括投标报价、工期和质量标准、质量奖项等方面的承诺、替代方案报价、投标保证金、主要人员等，在递交投标文件截止时间前收到的投标人对投标文件的补充、修改同时宣布，在递交投标文件截止时间前收到投标人撤

回其投标的书面通知的投标文件不再唱标,但须在开标会上说明。

12. 开标会记录签字确认

开标会记录应当如实记录开标过程中的重要事项,包括开标时间、开标地点、出席开标会的各单位及人员、唱标记录、开标会程序和开标过程中出现的需要评标委员会评审的情况,有公证机构出席公证的还应记录公证结果,投标人的授权代表应当在开标会记录上签字确认,对记录内容有异议的可以注明,但必须对没有异议的部分签字确认。

13. 公布标底

招标人设有标底的,标底必须公布。唱标人公布标底。

14. 投标文件、开标会记录等送封闭评标区封存

实行项目业务量清单招标的,招标文件约定在评标前先进行清标工作的,封存投标文件正本,副本可用于清标工作。最后,主持人宣布开标会结束。

案例分析

三峡二期工程国际投标开标公证

中国机电设备招标中心和中国机械进出口总公司受中国长江三峡工程开发总公司的委托,对长江三峡水利枢纽二期工程大坝和厂房主混凝土施工主要设备进行国际采购招标。武汉市第二公证处受理了此项公证申请后,派人员审查了招标委托方和受托方的主体资格、招标文件及有关资料,前往开标所在地宜昌市进一步了解情况并为开标现场公证做好准备工作。招标公告和招标文件规定,1996年1月15日12时和16时分别是此次招标的截止时间和开标时间。公证员于1996年1月15日8时到达接收投标书现场,监督了标书的验收、登记工作。在规定的投标截止时间内共有7个投标企业参加了投标,分别是丹麦K.Grane公司、美国Prtec公司、法国Potain公司、中国香港Balamaprima公司、夹江水工厂/中俄联合体、上海港口机械厂和中信国际合作公司。开标于当日16时准时在中国长江三峡工程开发总公司三楼第五会议室进行。标书启封之前,公证员和投标方的代表又再次检查了标书的密封情况,并由投标方代表在检查登记表上签字认可,然后正式启封。随后,公证员监督了唱标和开标记录,在核实标书内容与唱标和开标记录一致后,现场发表了公证词,确认了开标活动的真实性和合法性。

此次工程招标的标的额高达10亿元人民币,投标方涉及欧、亚、美8个国家和地区,电视台、电台、报纸等新闻媒体纷纷予以宣传报道,社会影响很大。由于公证员恪尽职守,严格实施法律监督,从而确保了此次招标、开标活动的顺利进行,产生了良好的社会效果,得到了招、投标双方的一致好评。

问题

为什么长江三峡水利枢纽二期工程大坝和厂房主混凝土施工主要设备国际采购招标开标时要有公证人员在场?

技 能 训 练

1. 思考题

开标的程序是怎样的?

2．能力训练

为工作任务中某市国家税务局发票专用柜项目撰写唱标主持词。

任务4 评 标

投标书一经开标，即转送到评标委员会进行评标，评标是招标企业的主权。

工作任务

某钢材物流中心招标

某年4月，某市决定在该市的高新开发区修建占地850亩的钢材物流中心，预计投资5亿元人民币，于第三年8月前建成，由招标代理机构负责招标。4月7日招标代理机构在当地的媒体上发布了招标公告。公告发布后，在截止日前，已有多家单位投标，其中该市第一建筑公司、市第二建筑公司等8家单位经资格审查合格。招标代理机构成立了以王教授、赵总工程师、李总工程师、马总经济师、朱总经济师五人组成的评标委员会（其中朱总经济师是市第一建筑公司的顾问）。市第一建筑公司为了获取该工程的建筑权，向朱总经济师打听评标委员会的组成人员的名单，并送给朱总经济师5 000元人民币，朱总经济师欣然接受了市第一建筑公司的送礼，替公司向其他几位评标委员打招呼。在评标的过程中，朱总经济师多次和市第一建筑公司的领导吃饭和娱乐，并多次向市第一建筑公司透露评标的具体情况。在朱总经济师的努力下，市第一建筑公司最终获得了该钢材物流中的修建权。

后该案被市第二建筑公司等单位举报到有关部门，有关部门经过调查取证，证实举报属实，依照《招标投标法》的有关规定给予朱总经济师如下处理：给予警告、没收赃款5 000元人民币并罚款10 000元；取消朱总经济师担任评标委员会成员的资格。

要求

（1）朱总经济师担任评标委员会成员，是否符合法律的规定？为什么？

（2）朱总经济师应承担什么样的法律责任？

相关知识

一、评标概述

1．评标的概念

评标文件经开标后，送达评标委员会进行评议，以选择最有利的投标的过程称为评标。或者说评标是招标方根据招标文件的要求，对所有的标书进行审查和评比的行为。评标是招标方的单独行为，由招标方组织进行。

2．评标原则

1）公平、公正、科学、择优

根据2013年4月修订的《评标委员会和评标办法暂行规定》（后文简称《暂行规定》）指出：评标活动应遵循公平、公正、科学、择优的原则。评标活动依法进行，任何单位和个人不得非法干预或者影响评标过程和结果。实际操作中应做

【拓展资源】

到平等竞争、机会均等,在评标定标过程中,对任何投标者均应采用招标文件中规定的评标定标办法,统一用一个标准衡量,保证投标人能平等地参加竞争。对投标人来说,评标定标办法都是客观的,不存在带有倾向性的、对某一方有利或不利的条款,中标的机会均等。

2)客观公正,科学合理

对投标文件的评价、比较和分析,要客观公正,不以主观好误为标准,不带成见,真正在投标文件的响应性、技术性、经济性等方面有客观的差别和优劣。采用的评标定标方法,对评审指标的设置和评分标准的具体划分,都要在充分考虑招标项目的具体特征和招标人的合理意愿的基础上,尽量避免和减少人为的因素,做到科学合理。

3)实事求是,择优定标

对投标文件的评审,要从实际出发,尊重现实,实事求是。评标定标活动既要全面,也要有重点,不能泛泛进行。任何一个招标项目都有自己的具体内容和特点,招标人作为合同一方主体,对合同的签订和履行负有其他任何单位和个人都无法替代的责任,在其他条件同等的情况下,应该允许招标人选择更符合项目特点和自己招标意愿的投标人中标。招标评标办法可根据具体情况,侧重于工期、价格、质量或信誉等几个重点,在全面评审的基础上做合理取舍。

3. 评标组织

评标组织由招标人的代表和有关经济、技术等方面的专家组成。其具体形式为评标委员会,实践中也有的是评标小组。

《招标投标法》明确规定:评标委员会由招标人负责组建,评标委员会成员名单一般应于开标前确定。评标委员会成员名单在中标结果确定前应当保密。《暂行规定》规定:依法必须进行招标的项目,其评标委员会由招标人的代表和有关技术、经济等方面的专家组成,成员人数为 5 人以上单数,其中招标人、招标代理机构以外的技术、经济等方面专家不得少于成员总数的 2/3。评标委员会的专家成员,应当由招标人从有关行政主管部门及其他有关政府部门确定的专家名册或者招标代理机构的专家库内相关专业的专家名单中确定。确定专家成员一般应当采取随机抽取的方式。与投标人有利害关系的人不得进入相关工程的评标委员会。

【拓展资源】

根据 2013 年 3 月修订的《评标专家和评标专家库管理暂行办法》做出了组建评标专家库的规定:评标专家库由省级(含,后同)以上人民政府有关部门或者依法成立的招标代理机构依照《招标投标法》的规定自主组建。

评标专家库的组建活动应当公开,接受公众监督。政府投资项目的评标专家,必须从政府有关部门组建的评标专家库中抽取。省级以上人民政府有关部门组建评标专家库,应当有利于打破地区封锁,实现评标专家资源共享。

入选评标专家库的专家,必须具备以下条件:

(1)从事相关专业领域工作满 8 年并具有高级职称或同等专业水平。

(2)熟悉有关招标投标的法律法规。

(3)能够认真、公正、诚实、廉洁地履行职责。

(4)身体健康,能够承担评标工作。

《暂行规定》中规定评标委员应了解和熟悉以下内容：招标的目标；招标项目的范围和性质；招标文件中规定的主要技术要求、标准和商务条款；招标文件规定的评标标准、评标方法和在评标过程中考虑的相关因素。

4．评标的形式

评标一般采用评标会的形式进行。参加评标会的人员为招标人或其代表人、招标代理人、评标组织成员、招标投标管理机构的监管人员等。投标人不能参加评标会。评标会由招标人或其委托的代理人召集，由评标组织负责人主持。

评标会主要包括以下程序：

（1）开标会结束后，投标人退出会场，参加评标会的人员进入会场，由评标组织负责人宣布评标会开始。

（2）评标组织成员审阅各个投标文件，主要检查确认投标文件是否实质上响应招标文件的要求；投标文件正、副本之间的内容是否一致；投标文件是否有重大漏项、缺项；是否提出了招标人不能接受的保留条件等。

（3）评标组织成员根据评标定标办法的规定，只对未被宣布无效的投标文件进行评议，并对评标结果签字确认。

（4）如有必要，评标期间评标组织可以要求投标人对投标文件中不清楚的问题作必要的澄清或者说明，但是，澄清或者说明不得超出投标文件的范围或改变投标文件的实质性内容。所澄清和确认的问题，应当采取书面形式，经招标人和投标人双方签字后，作为投标文件的组成部分，列入评标依据范围。在澄清会谈中，不允许招标人和投标人变更或寻求变更价格、工期、质量等级等实质性内容。开标后，投标人对价格、工期、质量等级等实质性内容提出的任何修正声明或者附加优惠条件，一律不得作为评标组织评标的依据。

（5）评标组织负责人对评标结果进行校核，按照优劣或得分高低排出投标人顺序，并形成评标报告，经招标投标管理机构审查，确认无误后，即可据评标报告确定出中标人。至此，评标工作结束。

二、禁止串标的规定

《中华人民共和国建筑法》《招标投标法》《暂行规定》《工程建设项目施工招标投标办法》都有禁止串标的有关规定，其中《招标投标法》第三十二条指出：投标人不得相互串通投标报价，不得排挤其他投标人的公平竞争，损害招标人或者其他投标人的合法权益。投标人不得与招标人串通投标，损害国家利益、社会公共利益或者他人的合法权益。禁止投标人以向招标人或者评标委员会成员行贿的手段谋取中标。第三十三条指出：投标人不得以低于成本的报价竞标，也不得以他人名义投标或者以其他方式弄虚作假，骗取中标。

依据《中华人民共和国反不正当竞争法》（后文简称《反不正当竞争法》）的有关规定，《关于禁止串通招标投标行为的暂行规定》第三条指出：投标者不得违反《反不正当竞争法》第十五条第一款的规定，实施下列串通投标行为：

（1）投标者之间相互约定，一致抬高或者压低投标报价。

【拓展资源】

（2）投标者之间相互约定，在招标项目中轮流以高价位或者低价位中标。

（3）投标者之间先进行内部竞价，内定中标人，然后再参加投标。

（4）投标者之间其他串通投标行为。

第四条又规定投标者和招标者不得违反《反不正当竞争法》第十五条第二款的规定，进行相互勾结，实施下列排挤竞争对手的公平竞争的行为：

（1）招标者在公开开标前，开启标书，并将投标情况告知其他投标者，或者协助投标者撤换标书，更改报价。

（2）招标者向投标者泄露标底。

（3）投标者与招标者商定，在招标投标时压低或者抬高标价，中标后再给投标者或者招标者额外补偿。

（4）招标者预先内定中标者，在确定中标者时以此决定取舍。

（5）招标者和投标者之间其他串通招标投标行为。

在评标过程中，评标委员会发现投标人以他人的名义投标、串通投标、以行贿手段谋取中标或者以其他弄虚作假方式投标的，该投标人的投标应作废标处理。

三、采购评标体系

1. 对投标书初步审查

在正式开标前，招标企业要对所有的投标书进行初步审查。初步评审主要包括检验投标文件的符合性和核对投标报价。确保投标文件响应招标文件的要求。剔除法律法规所提出的废标。

1）有关废标的法律规定

投标文件有下述情形之一的，属重大投标偏差，或被认为没有对招标文件作出实质性响应，根据《暂行规定》作废标处理，具体如下：

（1）关于投标人的报价明显低于其他投标报价等的规定。《暂行规定》第二十一条规定：在评标过程中，评标委员会发现投标人的报价明显低于其他投标报价或者在设有标底时明显低于标底，使得其投标报价可能低于其个别成本的，应当要求该投标人做出书面说明并提供相关证明材料。投标人不能合理说明或者不能提供相关证明材料的，由评标委员会认定该投标人以低于成本报价竞标，其投标应作废标处理。

（2）投标人资格条件不符合国家有关规定和招标文件要求的，或者拒不按照要求对投标文件进行澄清、说明或者补正的，评标委员会可以否决其投标。

（3）评标委员会应当审查每一投标文件是否对招标文件提出的所有实质性要求和条件作出响应。未能在实质上响应的投标，应作废标处理。

评标委员会应当根据招标文件，审查并逐项列出投标文件的全部投标偏差。投标文件存在重大偏差，按废标处理，下列情况属于重大偏差：

① 没有按照招标文件要求提供投标担保或者所提供的投标担保有瑕疵。

② 投标文件没有投标人授权代表签字和加盖公章。

③ 投标文件载明的招标项目完成期限超过招标文件规定的期限。

④ 明显不符合技术规格、技术标准的要求。

⑤ 投标文件载明的货物包装方式、检验标准和方法等不符合招标文件的要求。
⑥ 投标文件附有招标人不能接受的条件。
⑦ 不符合招标文件中规定的其他实质性要求。

2）评审内容

（1）投标书的有效性。审查投标人是否与资格预审名单一致；递交的投标保函的金额和有效期是否符合招标文件的规定；如果以标底衡量有效标时，投标报价是否在规定的标底上下百分比幅度范围内。

（2）投标书的完整性。投标书是否包括了招标文件规定应递交的全部文件。例如，除报价单外，是否按要求提交了工作进度计划表、项目方案、合同付款计划表、主要设备清单等招标文件中要求的所有材料。如果缺少一项内容，则无法进行客观公正的评价。因此，该投标书只能按废标处理。

（3）投标书与招标文件的一致性。如果招标文件指明是反应标，则投标书必须严格地对招标文件的每一空白格作出回答，不得有任何修改或附带条件。如果投标人对任何栏目的规定有说明要求时，只能在原标书完全应答的基础上，以投标致函的方式另行提出自己的建议。对原标书私自做任何修改或用括号注明条件，都将与业主的招标要求不相一致或违背，也按废标对待。

（4）标价计算的正确性。由于只是初步评审，不详细研究各项目报价金额是否合理、准确，而仅审核是否有计算统计错误。若出现的错误在规定的允许范围内，则可由评标委员会予以改正，并请投标人签字确认。若投标人拒绝改正，不仅按废标处理，而且按投标人违约对待。当错误值超过允许范围时，按废标对待。修改报价统计错误的原则如下：

① 如果数字表示的金额与文字表示的金额有出入时，以文字表示的金额为准。
② 如果单价和数量的乘积与总价不一致，要以单价为准。若属于明显的小数点错误，则以标书的总价为准。
③ 副本与正本不一致，以正本为准。

经过审查，只有合格的标书才有资格进入下一轮的详评。对合格的标书再按报价由低到高重新排列名次。因为排除了一些废标和对报价错误进行了某些修正，这个名次可能和开标时的名次排列不一致。一般情况下，评标委员会将把新名单中的前几名作为初步备选的潜在中标人，并在详评阶段将他们作为重点评价的对象。

2. 评标内容

评标的目的是根据招标文件中确定的标准和方法，对每个投标商的标书进行评价和比较，以评出最佳的投标商。评标必须以招标文件为依据，不得采用招标文件规定以外的标准和方法进行评标，凡是评标中需要考虑的因素都必须写入招标文件之中。

评标分为技术评审和商务评审两个方面。

1）技术评审内容

技术评审的目的在于确认备选的中标商完成本招标项目的技术能力以及其后提供方案的可靠性，投标商实施本招标项目的技术能力。

技术评审的主要内容有：

（1）标书是否包括了招标文件要求提交的各项技术文件，它们同招标文件中的技术说明和图纸是否一致。

（2）实施进度计划是否符合招标商的时间要求，计划是否科学和严谨。
（3）投标商准备用哪些措施来保证实施进度。
（4）如何控制和保证质量，措施是否可行。
（5）如果投标商在正式投标时已列出拟与之合作或分包的公司名称，则这些合作伙伴或分公司是否具有足够的能力和经验保证项目的实施和顺利完成。
（6）投标商对招标项目在技术上有何种保留或建议的可行性和技术经济价值如何。

2）商务评审内容

商务评审的目的在于从成本、财务和经济分析等方面评定投标报价的合理性和可靠性，并估量授标给各投标商后的不同经济效果。

商务评审的主要内容有：
（1）将投标报价与标底进行对比分析，评价该报价是否可靠合理。
（2）投标报价构成是合理。
（3）分析投标文件中所附现金流量表的合理性及其所列数字的依据。
（4）审查所有保函是否被接受。
（5）评审投标商的财务能力和资信程度。
（6）投标商对支付条件有何要求或给招标商提供优惠条件。
（7）分析投标商提出财务和付款方面建议的合理性。

3. 评标方法

评标方法很多，具体评标方法取决于采购企业采购对象的要求，货物采购常用的评标方法分为以下几种。

1）最低评标价法

在采购技术规格简单的商品原料、半成品，以及其他性能质量相同、容易进行比较的货物，可以把价格作为评标的唯一尺度。以价格为尺度时，不是指最低报价，而是指最低评标价。最低评标价的价格计算为成本和利润。其中，利润为合理利润，成本有其特定的计算口径。如果采购的货物是从国外进口的，报价包括货款、运费的到岸价；如果采购的货物是国内生产的，报价应以出厂价为基础。

出厂价应包括为生产、供应货物而从国内外购买的原料和零配件所支付的费用以及各种税款，但不包括货物售出后所征收的销售性或其他类似税款。如果提供的货物是国内投标商早已从国外进口，现已在境内的，应报仓库交货价或展示价，该价应包括进口货物时所支付的进口关税，但不包括销售性税款。

2）综合评标法

它指以价格加上其他因素为标准进行评价，在采购耐用设备、车辆以及其他重要固定资产时，可采用这种评标方法。这种评标方法除考虑报价因素外，还考虑把其他因素加以量化，用货币折成价格，与报价一起计算，然后按照标价高低排列，除报价外，评标时应考虑的因素一般有内陆运输以及保险费、交货或竣工期、支付条件、购货人在国内获得零部件以及售后服务的可能性、价格调整因素、设备和工厂（生产线）运转和维护费用、质量和技术性能等。

3）以寿命期的成本为依据评标

采购整座工厂、生产线或设备、车辆等，它们在采购后若干年运行期的各项后续费用（零件、油料、燃料、维修等）很大，有时甚至超过采购价。在这种情况下，评标时要考虑后续费用，以产品寿命期内的成本作为评标的依据。其做法是，将采购时的报价和因为其他因素需要调整的价格，加上一定运作期年限的各项费用，再减去一定年限后设备的残值等，然后进行比较，决定各种评标价。在计算以后运转期内的各项费用时，应按照一定的贴现率计算其净现值，再加入到评标价中。

4）优点积分法

一般只适用于价值不高的采购。其基本做法是，使各项技术性能因素以及其他评标标准各按其重要性分占一定权重（百分比），由此算出每一份标书的积分，然后用每份标书所得总积分除标书的价格，得出"报价除以积分"的商值。报价越低，积分越高，所得的商值越低。商值最低的标书就是评标最低的标书。

该方法另一种简单的做法是，将报价也作为计算积分的评价因素之一，与其他因素一样，占多少权重，分别评定积分。这种方法适用于报价在全部评价因素中占主要份额的设备的采购。一般报价所占权重在60%以上。

案例分析

某项目评标组织程序

某机电产品国际招标项目采用综合评估法进行评标，评标委员会成员在完成了各自对投标文件的评审与比较后进行打分汇总、推荐中标候选人和完成评标报告工作。汇总完成后，有一位评标委员会成员不同意汇总后的结论，提出在听了其他成员介绍的情况后，需要重新核对一下自己的打分结果，要求招标代理机构给每个评标委员会成员提供一份空白表格，以便其对投标文件重新进行评审。为此，招标代理机构认为法律规定评标委员会负责评标活动，同时任何单位和个人不能干预其评标活动，于是就是否重新发放评标表格，征求了所有评标委员会成员的意见。评标委员会中存在两种意见。

第1种意见：依据相关规定，评标委员会成员对评标结果承担个人责任，既然有的评标委员会成员不同意最终的评标结论，可以向这部分成员重新发放评标用表格，然后再重新汇总，推荐中标候选人，而不能要求所有评标委员会成员进行重新评审。

第2种意见：依据《招标投标法》对评标委员会的功能定位，评标结束前，评标委员会有权利决定评标的方式与方法，因为对评标结论依法承担责任的主体是评标委员会，所以应通过举手表决，按照少数服从多数的原则决定是否发放空白表格。

最后，招标代理机构与评标委员会达成了一致意见，由评标委员会全体成员举手表决是否发放空白表格，进行重新评审。超过2/3的评标委员会成员同意重新发放空白表格，招标代理机构于是向评标委员会成员发放了空白表格，评标委员会重新对该项目进行了评审和比较，推荐了中标候选人，签署了评标报告。

问题

（1）招标代理机构的上述评标组织程序是否有问题？为什么？

（2）评标委员会成员的两种意见是否正确？为什么？

（3）如果由你组织评标委员会评审，会怎样处理？

技 能 训 练

1. 思考题

（1）如何进行采购评标？

（2）各种评标方法的优、缺点是什么？

2. 能力训练

每 5 个人一个小组组成评标委员会，对 5 家品牌的打印机及耗材企业的标书进行评标，详细列出决标的理由。

项目 7

采购控制与监管

 **项目介绍**

控制采购商品质量、采购成本及对采购人员实施监管是采购工作中非常重要的一个环节，它关系到企业的信誉、效益及发展。通过掌握商品质量管理的方法对采购商品进行检验与验收；通过掌握商品采购成本的构成找到成本控制方法和途径；通过对采购人员的控制来杜绝采购回扣现象的发生。

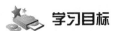 **学习目标**

知 识 目 标	能 力 目 标
（1）掌握采购商品质量管理方法。	（1）会对采购商品进行质量管理。
（2）掌握商品检验及验收的方法。	（1）能进行采购商品的检验。
（3）掌握采购成本的构成及降低方法。	（3）会根据企业采购成本资料提出降低成本方法。
（4）掌握采购回扣控制措施	（4）利用控制采购回扣办法提出控制采购回扣的合理化建议

任务1 采购质量控制

采购质量控制就是为保持采购商品的质量所采取的作业技术和有关活动，其目的在于为使用部门提供符合规格要求的满意产品。对采购商品质量进行严格控制是企业杜绝假冒伪劣产品和防止欺诈行为的必要措施，因此，采购行为主体和采购人员应正确认识采购质量控制的重要性，并采取有效措施，在采购全过程中加强采购质量控制，促进采购质量的不断提高。

工作任务

电熨斗产品质量问题

上海市工商局发布沪售电熨斗产品质量监测结果，此次监测共涉及 21 家经销企业销售的 35 个批次的产品，其中不合格的有 6 个批次，合格率为 82.9%，不合格产品近两成，其中农工商、乐购、永乐、世纪联华等多家商场均被工商部门列入经销"黑榜"。

工商局监测发现，有 3 个批次的电熨斗非正常工作不合格。根据标准规定，为确保使用安全，电熨斗在无人或操作失误情况下，即使处于高温状态，也不应产生火焰或金属底板熔化现象。但试验过程中有 3 个批次电熨斗的金属发生熔融，产生损害安全的外壳变形。如上海农工商宝山超市经销的 1 批次"龙的"电熨斗在试验过程中发生燃烧。使用这种电熨斗，调温器一旦失控，就会造成电熨斗过热而引起火灾。另外，上海莘松乐购超市经销的 1 批次"日威"蒸汽电熨斗、上海永乐家电南汇店经销的 1 批次"惠家"蒸汽电熨斗都在试验中出现了金属熔融的情况。其次，有 2 个批次标志和说明不合格，主要表现在产品的标志说明上没有使用正确的符号，标志和警示语不正确。最后，有 1 批次电气强度和机械强度不合格，在使用中易造成带电部件外露，给消费者带来安全隐患，如上海世纪联华超市南汇店经销的 1 批次"宁锐"电熨斗这两项指标都不合格。此外，还有 1 个批次螺钉和部件连接不合格，会造成接地不可靠，接地失效，从而丧失安全保护作用。工商部门已将检测结果通知了相关的生产企业和经销商，其中，生产厂家的中山市龙的电器实业有限公司、上海日威电器有限公司、上海惠家电器制造有限公司、大连三洋家用电器有限公司 4 家企业对不合格产品采取了召回、整改措施。

要求

（1）作为上海世纪联华超市南汇有限公司的采购部经理，应该怎么处理上述问题？
（2）该采购企业应该怎么做才能避免上述现象再次发生？

相关知识

一、采购商品质量特性

1. 商品质量的概念

关于商品质量的定义可分为广义和狭义两种：狭义的商品质量是特定使用目的所要求的商品各种特性的总和，即商品的自然属性的综合；广义的商品质量是商品能适合一定用途要求，满足社会一定需要的各种属性的综合，即商品的符合性和社会适用性相结合。适用性是从用户出发的，但是适用性过度，质量就无法控制。符合性是从厂家出发的，但符合性不能不适应商品的革新和市场变化的需求。因此，将适用性与符合性两者结合起来看待质量问题才是比较科学的。

2. 商品的质量特性

商品的质量特性是指满足人们某种需要所具备的客观要求、属性和特征的总和，能够反映消费者对商品的明确或潜在的要求。例如，方便、舒适、安全、卫生等用语言表达的意思，但如果不能把它们转化为技术经济语言或衡量尺度，就无法实现对商品质量的有效管理和监督。因此，必须把质量用可定量的具体质量特性值体现出来。一般来说，表示每种商品的质量，常常要用很多质量特性来表示。每种质量特性对商品质量都有一定的贡献，但其重要程度却不尽相同，因此随用途不同也会发生变化。同时，产品的类别不同，具有的质量特性也不同，大致可归纳为以下几个方面：

（1）性能。性能指产品能适应用户使用目的所具有的技术特性，它综合反映了顾客和社会对产品所规定的功能，如载货汽车的载重量、速度、功率，金属切削刀具的硬度、强度、切削效率等。它一般包括使用性能和外观性能。

（2）可信性。可信性是一个集合性术语，是与时间有关的质量特性，反映产品的可用程度，具体表现为可用性、可靠性、维修性和维修保障性。

（3）安全性。安全性反映产品在储存、流通和使用过程中不发生由于产品质量而导致的人员伤亡、财产损失和环境污染的能力。它是一个最具刚性的指标，一般要严格加以保证。

（4）适应性。适应性反映产品适应外界环境变化的能力。

（5）经济性。经济性反映产品合理的寿命周期费用。

（6）时间性。时间性反映在规定时间内满足顾客财产对产品交货期和数量要求的能力，以及满足顾客要求随时间变化的能力。

（7）可追溯性。追溯考虑产品的历史、应用情况或所处场所情况，一般涉及原材料和零部件的来源、加工历史、产品交付后的分布和场所。

质量特性要有过程来保证，即在设计、研发、采购、生产制造、销售服务等全过程中实现并得到保证。过程中的各种活动的质量决定质量特性，从而决定产品质量，为此在采购中必须明确这些质量特性，并保证这些质量特性满足使用要求。

二、采购商品的质量管理方法

1. 质量管理常用的统计控制方法

统计质量控制就是依据数理统计的原理，对产品质量进行控制。统计质量控制的简要过程为：运用数理统计方法，把收集到的大量质量信息、数据和有关材料进行整理和定量分析，发现问题，采取对策，及时处置，从而达到控制质量，预防不合格品出现，提高质量的目的。上述过程的实现，一是靠大量调查；二是靠占有足够的信息和数据；三是及时作出质量判断。

因此，全面质量管理的过程，也可以视为对数据进行收集、整理、分析、判断、处理（采取措施）和改进质量的过程。

数据统计是反映数据（商品质量数据）在某一时刻或某一小段时间内静止状态的方法，一般用直方图、排列图、因果图、调查表、管理图和散布图与回归直线来反映。

【参考视频】

1）直方图

此方法将收集到的大小不均、杂乱无章的计量值数据进行整理，找出数据的分布中心及散布规律，以判断质量是否稳定，预测不合格率，提出改进质量的具体措施。

2）排列图

影响产品质量的原因错综复杂，排列图是找出影响产品质量主要原因的一种有效的统计方法。它的应用面较广，如后勤工作、节约问题、安全问题等均可利用该方法来找出。此外，它还可以用来检验改进措施是否有效果。

3）因果图

因果图也称为树枝图、鱼刺图、特性要素图等。商品质量管理过程中对故障品（或缺陷品），应实地考察或亲自过目。为了寻找产生某一质量问题的原因，须进行现实的有价值的因果推想。当推想所需的资料数量较少时，可从列有推想所需的资料的清单上得到。当推想所需的资料数量较大且复杂性增大时，则须对推想清单进行有序整理。通过识别可能的主要变量，将清单压缩整理，或以表格形式分类排列。

4）调查表

调查表也是数据整理和原因分析的一种工具。为了了解质量状况，需要收集许多数据，并将可能出现的原因及其分类预先列成"调查表"，检查时在相应的分类中进行统计及做简单原因分析，为以后决策提供依据。

根据使用目的的不同，可使用不同的调查表，常见的调查表有缺陷位置调查表、不合格项目调查表、不合格原因调查表、商品布局调查表等。

5）管理图

管理图是研究数据随时间变化的统计规律的动态方法，通过管理界限进行质量分析和控制。

管理图可分为计量值管理图与计数值管理图两种。前者用于管理计量指标的产品，如长度、重量、时间、强度、成本、得率等连续量，常用的有 X-R 管理图、L-S 管理图、S-R 管理图等。后者用于管理计数指标的产品，如不合格品数、不合格品率、缺陷数、单位缺陷数等离散量，常用的有 Pn 管理图、P 管理图、C 管理图、u 管理图等。

6）散布图与回归直线

上述方法是对一个变量（母体）进行分析的统计方法，对于两个变量之间的相互关系，可用散布图、回归直线进行统计处理。

（1）散布图。由两个变量产生的两种数据生成的坐标图称为散布图。从散布图中可清楚地看出两个变量之间的线性关系。

（2）回归直线。研究两个或几个变量之间的关系称为回归分析。回归分析的应用包括展望与预测，通过分析，确定影响某一结果的各种重要变量及各种最佳操作条件。

2. 模糊数学综合评判法

模糊数学是研究和处理模糊性现象的数学。模糊数学与概率论研究和处理的是两种不同的不确定性。概率论研究和处理随机现象，随机性主要是指在事件的出现与否上表现出的不确定性；模糊数学研究和处理模糊现象，模糊性则是指概念本身没有明确的外延所造成的划分上的不确定性。

管理所研究的问题，很多是与人脑的思维和控制直接发生关系的，是系统中难以定量化的问题，都具有模糊性，需要用模糊数学方法加以解决。

所谓综合评判，就是对某一现象进行恰当的评价，而此评价对象往往涉及几个因素。如买一件服装，要考虑它的款式、面料、花色、价格等。多因素评判通常采用以下几种方法。

1）总分法

总分法设评判对象有 m 个因素，对其中每个因素评定一个分数 S_i，它们的总和即为该对象的评判标准。其计算公式为

$$S = \sum S_i \quad (i = 1, 2, 3, \cdots, m)$$

2）加权平分法

加权平均法设评判对象有 m 个因素，每个因素所得分数为 S_i，鉴于我们对每个因素的重视程度不同，可对每个因素视其重要程度给以一定的权重（P_i 表示第 i 个因素在评判中所占的百分比），然后用它们的和作为评判结果。其计算公式为

$$S = \sum P_i S_i \quad (i = 1, 2, 3, \cdots, m)$$

3）综合评判法

上述两种方法的评判结果是用一个数值来表示的。综合评判法的评判结果是评判集上的一个模糊子集。

例如，对某一种商品，由100名顾客来进行评判，预先将评判意见划分等级，如"很受欢迎""受欢迎""一般""不太受欢迎"和"不受欢迎"5个等级，由所有评价等级的全体组成评价集 V。

$$V = （很受欢迎、受欢迎、一般、不太受欢迎、不受欢迎）$$

设有 P 个评价等级，则评价集为

$$V = (V_1, V_2, \cdots, V_p)$$

上例中，若分别有40、25、20、15和0人对该商品的评价为很受欢迎、受欢迎、一般、不太受欢迎和不受欢迎，则对该商品的综合评判结果可用评判集 V 上的模糊子集 $V\sim$ 表示，即

$$V\sim = (0.4, 0.25, 0.20, 0.15, 0)$$

这种评判结果显然比用单一的分数评判更为全面地反映了评判信息。

综合评判，涉及以下3个要素：因素集 U、评价集 V 和单因素评判。

综合评判（R）可以看成是 U 到 V 的一个模糊变换，因此，可确定综合评判模型为 (U, V, R)。

三、商品检验的概念与种类

1. 商品检验的概念

检验是对产品或服务的一种或多种特征进行测量、检查、试验、度量，并将这些特性与规定的要求进行全面比较以确定其符合性的活动。商品检验就是根据商品标准和合同条款规定的质量指标，确定商品质量高低和商品等级的工作。

商品检验的主体是商品的供货方、购货方或者第三方。

商品检验的对象是商品的各种特性，如商品的质量、规格、重量、数量及包装等方面。

商品检验的依据是合同、标准或国际、国家有关法律、法规、惯例等对商品的要求。

商品检验的目的是在一定条件下，借助科学的手段和方法，对商品进行检验后，作出合

格与否或通过验收与否的判定；或为维护买卖双方合法权益，避免或解决各种风险损失和责任划分的争议，便利商品交接结算而出具各种有关证书。

商品的质量检验是商品检验的中心内容，狭义的商品检验是指商品的质量检验。

2. 商品检验的种类

（1）根据检验对象的流向，商品检验可分为内销商品检验和进出口商品检验两种形式。

① 内销商品检验。内销商品检验是指国内的商品经营者、用户及相关部门的商品质量管理机构与检验机构或国家技术监督局及其所属的商品质量监督管理机构与其认可的商品质量监督检验机构，依据国家法律、法规、有关技术标准或合同对内销商品所进行的检验活动。

② 进出口商品检验。进出口商品检验是由商检机构（即国家商检局在省、自治区、直辖市以及进出口商品的口岸、集散地设立的商检局及其分支机构）和国家商检局、商检机构指定的检验机构依照有关法律、法规、合同规定、技术标准、国际贸易惯例与公约等，对进出口商品进行的法定检验、鉴定检验和监督管理检验。

（2）根据检验目的的不同，商品检验可分为生产检验（第一方检验）、验收检验（第二方检验）和第三方检验 3 种形式。

① 生产检验（第一方检验）是商品生产者为维护企业信誉，达到保证质量的目的，而对原材料、半成品和成品商品进行的检验活动，检验合格的商品应有"检验合格"标志。

② 验收检验（第二方检验）是商品的买方（如商业、外贸部门和工业）为了维护自身及其顾客的利益，保证其所购商品满足合同或标准要求所进行的检验活动。在实践中，商业或外贸企业还常常派出"驻厂员"对商品质量形成的全过程进行监控，及时发现问题，及时要求生产方解决。

③ 第三方检验是指处于买卖利益之外的第三方，以公正、权威的非当事人身份根据有关法律、合同或标准所进行的商品检验。其目的在于维护各方合法权益和国家权益，协调矛盾，促使商品交换活动的正常进行。第三方检验由于具有公正性、权威性，其检验结果被国内外所公认，具有法律效力。

（3）根据检验有无破坏性，商品检验可分为破坏性检验和非破坏性检验两种形式。

① 破坏性检验是指为取得必要的质量信息，经测定、试验后的商品遭受破坏的检验。

② 非破坏性检验是指经测定、试验后的商品仍能使用的检验，也称无损检验。

（4）根据检验商品相对数量差异，商品检验可划分为全数检验和抽样检验两种形式。

① 全数检验是对被检商品逐个（件）地进行的检验，又称百分之百检验。它可以提供较多的商品质量信息，给人以心理安全感，适用于批量小、质量特性少且质量不稳定、较贵重、非破坏性的商品检验，但应避免由于检验工作单调、检验人员疲劳所导致的漏检或错检现象。

② 抽样检验是按照事先已确定的抽样方案，从被检商品中随机抽取少量样品，组成样本，再对样品逐一测试，并将结果与标准或合同技术要求进行比较，最后由样本质量状况统计推断被检商品整体质量合格与否的检验。它检验的商品数量相对较少，节约检验费用，有利于及时交货，但提供的商品质量信息少，有可能误判，因此不适用于质量差异程度大的商品。若能避免抽样时可能犯的错误，其可靠性甚至优于全数检验。抽样检验适用于批量较大、价值较低、质量特性多且质量较稳定或具有破坏性的商品检验。

四、采购商品的检验方式

《中华人民共和国产品质量法》(后文简称《产品质量法》)第 21 条规定:销售者应当执行进货检查验收制度,验明产品合格证明和其他标识。《中华人民共和国消费者权益保护法》第 50 条规定:经营者销售的商品应当检验、检疫;而未检验、检疫或者伪造检验、检疫结果的,《产品质量法》和其他有关法律、法规对处罚机关和处罚方式有规定的,依照法律、法规的规定执行;法律、法规未作规定的,由工商行政管理部门责令改正,可以根据情节单处或者并处警告、没收违法所得、罚款,情节严重的,责令停业整顿,吊销营业执照。

【拓展资源】

对采购商品检验,先核对品名、规格、型号、等级和交货批数,查看包装标志,检查包装是否安全、完好,然后根据质量标准所规定的要求,对照测量报告,进行验收检验。

1. 国内商品检验

一般对工厂直接购进的商品,可以采取下列检验方式。

1)工厂签证,商业免检

工厂生产出的商品,经过工厂检验部门检验签证后,商业部门可以直接收货,免去检验程序。这种情况适用于产品质量稳定,生产技术条件比较好、工厂检验设备比较齐全及管理制度较健全的企业。

2)商业监检(下厂验收),凭工厂签证收货

商业部门的检验人员对工厂的半成品、成品,甚至包括原材料等,在生产工艺全过程中进行监督检验,一直到成品包装、装箱后,才算完成监检任务。然后,商业部门可按工厂检验签证验收,此目的在于保证消费者对产品质量的要求。某些高档商品、有关人身安全和健康的商品,检验人员必须下厂监督检验,以确保商品质量,特别对出口商品要求更要严格。

3)工厂签证交货,商业定期抽验

质量较稳定的产品,工厂签证后便可交货,商业部门为确保质量,可定期或不定期地抽查产品质量。

4)商业批验

这种检验对工厂的每批产品都要检验,合格者由商业部门收购。这种方法主要是对产品不稳定,检验设备、技术条件不健全的工厂的产品采用的。

5)行业会检

行业会检又称联检,同行业中,对于多个厂家生产的同一种产品,工商联合举办行业会检,由双方联合组成的质量检查评比小组,定期或不定期地对同行业的产品,按质量标准要求进行全面评定。

6)报检

生产部门主动向商业部门提出要求检验,商业部门可及时进行检验,这是决定是否要货的一种方式。

7）库存商品的检验

对储存期间的商品实行定期检验，以防止由于质量的变化而影响商品的使用效能。

2. 进出口商品检验

随着全球经济的一体化，跨国采购成为采购工作中的重要部分。我国进出口商品检验工作由国家商检总局及所属各地商检局负责统一管理，专业性的检验机构负责有关专业产品的检验工作。如中华人民共和国动植物检验所、药品检验所、船舶检验局、卫生检疫所等，都是我国专业性的检验机构。

根据国家有关规定，国家商检总局及所属各地商检局的主要任务是：对进出口商品实行品质管制，管理进出口商品的检验工作，办理与对外贸易有关的各项公证鉴定（包括法定检验、监督管理和公证鉴定）工作。品质管制范围内的商品，即法定检验的商品，不经检验既不能进口，也不能出口。

1）法定检验

法定检验是根据国家法律、法规，对指定的重要进出口商品执行强制性检验，非经检验合格不准出口或进口，以维护国家的信誉和利益。我国商检法规定，对重要进出口商品实施强制性的法定检验。商检部门根据合同或标准的规定进行检验，签发检验证书，作为海关放行的凭证。

2）公证检验

公证检验与法定检验性质不同，不是强制性检验，而是凭对外贸易关系人（进口商、出口商、承运部门、仓储部门、保险公司等）的申请办理的。其工作范围和内容十分广泛，包括运用各种技术手段和经验，检验、鉴定各种进出口商品的品质、数量、重量、包装、积载、残损、载损、海损等实际情况，以及商品的运载工具、装卸等事实状态和其他有关业务是否符合合同、标准和国际条约的规定及国际惯例的要求，进而作出检验、鉴定结果与结论，提供有关数据，签发检验、鉴定证书或其他有关证明，以及有关对外贸易的其他鉴定工作。

3）监督管理

监督管理的实质是国家商检机构对进出口商品检验工作实施统一管理，并对各地区、各部门的一切进口商品的质量检验进行监督管理和组织检验。商检机构或国家商检局、商检机构指定或认可的检验机构对生产企业申请使用认证标志或申请获得必要的进口安全质量许可、出口质量许可或卫生注册登记的进出口商品所实施的检验。只有检验合格，才可获准使用认证标志或者取得进口、销售、使用或出口资格。

五、商品检验概述

1. 商品检验的步骤

商品检验大多无须或不能逐件或逐个（全检）检验，除一些价值昂贵的商品，如钻石、艺术品、古董等，现代商品一般按标准要求及选定的抽样方案，抽取规定的样本，再按合同或标准要求进行检验，最后以样本的质量情况推断整批商品的质量情况。商品质量检验工作程序通常为：定标→抽样→检查→分析→比较→处理。

1）定标

定标是指检验前应根据合同或标准明确技术要求，掌握检验手段和方法及商品合格判定原则，制订商品检验计划，并确定检验批。

检验批是指一次检验的所有商品构成的整体。正确确定检验批对于简化检验结果的处理工作，确切反映商品的质量有着重要的意义。

确定检验批必须遵循如下准则：

（1）同一检验批的商品必须是同品种、同规格、同花色、同进货批次。

（2）对标有质量等级的商品，必须是同一质量等级。

2）抽样

商品抽样就是在检验整批商品质量时，按合同或标准规定的抽样方案（全数检验不存在抽样问题），根据科学的概率理论适用的随机抽取方法，从中抽取一定数量的具有代表性的样品，作为评定该批商品质量依据的工作。

3）检查

检查是在规定的环境条件下，用规定的试验设备和试验方法检测样品的质量特性。

4）分析

对检验所得数据的处理是商品检验过程中的一项重要工作。一般对于非直观数据，均规定用算术平均值或其他特定数据计算值表示。

5）比较与处理

比较是通过检查数据分析结果同技术要求比较，衡量其结果是否符合质量要求，进而由合格判定原则判定商品是否合格，并作出是否接收的结论。处理是对检验结果出具检验报告，反馈质量信息，并分别对不合格品及不合格批作出处理。

2. 商品质量检验方法

商品质量检验的方法很多，一般有感官检验、理化检验和实用性检验3种方法。这些检验方法在实际工作中，常常按照商品的不同质量特性进行选择和相互配合使用。

1）感官检验法

感官检验法是在一定的条件下，运用人的感觉器官对商品的感官质量特性作出判断的评价和检验方法。它简便易行，快速灵活，成本低，特别适用于目前还不能用其他检验方法检验的商品某些质量指标和不具备组织其他检验方法的情况。其涉及的商品很多，如食品、药品、纺织品、化妆品、家用电器和化工商品等。但也存在不足，它受检验人员的生理、健康状况、技能、工作经验及客观环境等因素的影响，检验效果带有一定的主观性，难以用确切的数据表示其结果。

2）理化检验法

理化检验法是在一定的环境条件下，利用各种仪器设备和化学试剂来测定和分析商品质量的方法。它主要用于应用商品内在质量的分析，如商品成分、结构、物理性质、化学性质、安全性、生物学性质、微生物检验、机械性能、卫生性以及对环境的污染和破坏性等。它比感官检验客观、准确，技术性强，能用具体数据定量说明商品的检验结果。但对检验设备和条件要求严格，对检验人员的素质要求较高。

3）实用性检验法

实用性检验法是通过模拟实际使用或消费者实际使用等手段来检验商品质量的方法。

案例分析

家乐福食品安全事件的采购漏洞

在外资企业中,家乐福在华的发展速度是比较快的,效益也是最好的,它的商品组合、价格策略、促销方式、陈列布置等都是业内参考的榜样。

家乐福是大型的连锁超市,不仅商品种类齐全丰富,价格也十分公道,购物环境舒适便利,深受老百姓的欢迎。现在老百姓都开始讲究生活质量,大家对大型连锁超市也十分信任,一致认为那里的商品质量有保障,特别是日常生活离不开的新鲜蔬菜、肉类、水果、半成品食品、食品制成品及生活用品。即使距离更远,要花更多钱,老百姓也会舍近求远到大型超市去购物,这主要是出于对大型超市难得的信任。

然而,曾经发生的一些不可思议的现象,却让老百姓大吃一惊,大大损害了人们对大型超市的信任感,造成了不可估量的信任危机。

某年 7 月,北京市质监局公布了果蔬农药残留及有害金属监督抽查结果,在"毒菜毒果"的销售商中家乐福"榜上有名",被责令整改。北京家乐福商业有限公司中关村广场店等 3 个企业和个体经营者因其果蔬中有农药残留而被责令整改。北京市质量技术监督局公布的该年第二季度果蔬农药残留及有害金属监督抽查结果表明,在对蔬菜、水果销售企业的抽查中,北京家乐福商业有限公司中关村广场店销售的芥蓝检测到残留有农药氧化乐果。

家乐福的假酒事件更是在一段时间让家乐福"名声大作"。杭州家乐福的假酒是贵州茅台酒厂打假办的人首先发现的,因为"看到标价比我们的出厂价还要低",他就买了一瓶带回去检验,打开包装一看,这种每瓶 500 毫升、53 度的茅台酒"不仅商标颜色不对,批号也是假的"。

问题

(1)严格管理的企业也会出现不应该有的问题,而问题又出在哪里呢?

(2)分组收集资料,谈谈对解决食品质量安全问题的一些想法。

技 能 训 练

1. 思考题

(1)采购商品质量管理方法有哪几种?

(2)验货人员对待验收商品进行哪几个方面的核对与检查?

(3)采购商品检验的步骤有哪些?

2. 能力训练

假设你是一名食品类企业采购经理,怎样做好食品采购过程中的质量控制?

任务2 采购成本控制

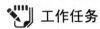

工作任务

X 公司的购销比价管理

X 公司是全国 100 家重点化工企业之一,它目前的主导产品氯化聚乙烯。它最重要的成功经验就是:购销比价管理。

1. 采购成本测算

X 公司对主要原辅材料的价格，根据倒推测算成本的价格、上年实际采购的平均价格及上年最后一个月的平均价格进行分析而定。例如，某种物资某年平均采购价格为 248 元/吨，该年 12 月份平均价格为 238 元，而生产该种产品的成本倒推最高限价不能突破 250 元，经分析为确保该种产品的目标，确定最高采购价为 250 元的目标。

2. 物资采购部门承包管理

X 公司对物资采购部门实行承包制。公司采取年度承包、分月考核、年终统算的方式，规定如果完成年度承包目标，负责人年收入为公司职工收入的 2～5 倍，部门人员的奖金收入为一线生产人员的 2 倍。年度考核的主要指标是主要原辅材料的采购价格和采购质量。公司供应处该年采购成本下降了 9.5%，大大超过了下降 2% 的承包目标，但由于在采购质量上出现过 3 次不合格，而被否决了 40% 奖金。

在备品备件采购、设备招标方面，为企业节约资金、取得明显经济效益的，实行单项奖励，但必须是经审计确认后。对承包修理费用目标，按节约额的 4% 给予提奖。对于对市场价格信息了解及时、向公司建议后带来明显经济效益的人员实行单项奖励。例如，该年信息中心从网上获悉，某地一家公司生产的阀口袋比 X 公司目前使用的每条便宜 0.75 元，按全年计算可节约 75 万元。企业采纳了这条信息后，对发现和提出这条信息的人给予了一定的奖励。对采购环节的验收、检验、入库等，各部门按各自在"购销比价"体系中的职责考核；对非法私自收受回扣、损公肥私、高价采购商品、泄露采购物资控制价格机密的，给予通报批评、调离岗位、罚款、记过、除名等处分。

要求

（1）企业采购成本一般由哪些构成？

（2）你认为影响企业采购成本的主要因素是什么？降低企业采购成本有哪些措施？

相关知识

一、影响采购成本因素分析

1. 采购成本构成

采购成本不仅包括采购物料的价格，而且包括采购活动的成本费用（包括取得物料的费用、采购业务费用等）、因采购而带来的库存持有成本及因采购不及时而带来的缺货成本。

1）物料成本

物料成本是指由于购买材料而发生的货币支出成本。物料成本总额取决于采购数量、单价和运输成本，它的计算公式为

$$物料成本 = 单价 \times 数量 + 运输费 + 相关手续费 + 税金等$$

在物料的成本中，最需要考虑的是物料的价格。可以说，物资采购控制的核心是采购价格的控制，降低采购成本的关键也是控制采购价格。

2）订购成本

订购成本是指向供应商发出采购订单的成本费用。具体来说，订购成本是指企业为了实现一次采购而进行的各种活动的费用，如办公费、差旅费、邮资和电话费等支出。订购成本中有一部分与订购次数无关，如常设采购机构的基本开支等，称为订购的固定成本；另一部分与订购的次数有关，如差旅费、邮资等，称为订购的变动成本。

3）持有成本

持有成本是指为保持商品库存而发生的成本，它可以分为固定成本和变动成本。固定成

本与存货数量的多少无关，如仓储折旧、仓库员工的固定月工资；变动成本与持有数量的多少有关，如物料资金的应计利息、物料的破损和变质损失、物料的保险费用等。这里重点介绍变动成本的构成及其所占比例。

4）缺货成本

缺货成本是指由于物料供应中断而造成的损失，包括停工待料损失、延迟发货损失和丧失销售机会损失（还应包括商誉损失）。如果损失客户，还可能为企业造成间接或长期损失。具体如下：

（1）保险库存及其成本。许多企业都会考虑保持一定数量的保险存货作为缓冲，以防在需求或提前期方面的不确定性。保险存货太多意味着多余的库存，而保险存货不足则意味着断料、缺货等。企业保持保险存货是为了在需求率不规则、需求预测不确定、供应商意外供货中断的情况下，确保供应。缺料成本就是由于供应中断造成的损失，包括原材料供应中断造成的停工损失、产成品库存缺货造成的延迟发货损失和丧失销售机会的损失。

（2）延期交货及其成本。延期交货会导致生产无法正常进行，造成产能、工时损失，影响生产交货期。若为确保生产，必须从其他渠道重新采购，就会产生额外费用。

（3）失销成本。尽管一些客户允许延期交货，但是仍有一些客户会转向其他企业。也就是说，每个企业都有竞争者，当一个企业缺货时，客户就会从其他企业订货，在这种情况下，缺货就会导致失销和直接利润损失。

（4）失去客户的成本。由于缺货失去客户，客户永远转向另一家企业，企业也就失去了未来一系列收入，这种缺货造成的损失很难估计，需要用科学管理的技术以及市场营销研究方法来分析和计算。除了利润损失，还有由于缺货造成的商誉损失。商誉在采购成本控制中常被忽略，但它对未来销售及客户经营活动非常重要。

2. 影响采购成本的主要因素

影响采购成本的因素很多，概括起来可以归纳为企业内部因素、外部因素和意外因素3个方面。

1）内部因素

（1）跨部门协作和沟通。采购业务涉及计划、设计、质保和销售等部门。由于需求预测不准，生产计划变化频繁，紧急采购多，采购成本高；由于设计部门未进行价值工程分析或推进标准化，过多考虑设计完美，导致物料差异大，无法形成采购批量，采购成本高；由于质量部门对质量标准过于苛刻，导致采购成本增加等。

（2）采购批量和采购批次。根据市场供需原理，物料的采购单价与采购数量成反比，即采购的数量越大，采购的价格就越低。企业间联合采购，可合并同类物料的采购数量，通过统一采购使采购价格大幅度降低，使各企业的采购费用相应降低。因此，采购批量和采购批次是影响采购成本的主要因素。

（3）交货期、供货地点与付款期。供应商的交货期、供货地点、付款期等因素直接影响到企业库存的大小及采购成本高低。

（4）价格成本分析和谈判能力。采购价格分析、供应商成本构成分析，是确定采购价格和取得同供应商谈判主动权的基础。企业在实施采购谈判时，必须分析所处市场的现行态势，有针对性地选取有效的谈判议价手法，分析采取不同的议价方式，以达到降低采购价格的目的。

2）外部因素

（1）市场供需状况。影响采购成本最直接的因素就是市场供需情况。在资源紧缺，供不应求时，供应商就会涨价；反之，则降价。

（2）供应商生产技术、质量水平。一般供应商的生产技术先进、产品品质优秀，产品销售价格就高。因此，采购人员应根据需求部门对质量、技术功能及交货期的要求，合理选择供应商，达到良好的性价比。

（3）采购企业与供应商的合作关系。在全球经济一体化的大背景下，供求双方建立长期双赢的合作伙伴关系，通过双方共同努力，降低供应链成本，来实现降低采购成本的目的。

（4）供货商的销售策略。供应商报价与供应商的销售策略直接相关，如供应商为开拓市场获得订单，一般开始价格比较低，在占领市场后会提高价格。

（5）供应商成本。一般在新产品开发和投入阶段，采购数量少，供应商成本高；进入成长期后，随着采购量增加，技术成熟，供应商成本降低，供应商价格就会降低。

3）意外因素

自然灾害、战争等因素也会导致采购价格大幅度上涨。

二、降低采购成本的方法

1. 集中采购法

集中采购法是指将各部门或各个分公司的需求集中起来，由采购部门统一对外谈判、签约的采购方式。由于集中采购采购数量大，谈判议价能力强，采购成本就低。

2. 价值分析法

价值分析法是通过价值分析降低采购成本的途径。主要是将产品设计简化以便于使用替代性材料或制造程序；选择提供较优惠付款条件的供应商；采购二手设备而非全新设备；运用不同的议价技巧；选择费用较低的货运承揽业者，或考虑改变运输模式（如将空运改为水运），同样可以降低成本。

3. 作业成本法

作业成本法是将间接成本依照在某一产品上实际花费的时间正确地进行配置，将间接成本平均分摊的做法。运用到采购管理中，即将采购间接成本按不同的材料、不同的使用部门等进行分配，从而科学地评价每种材料、各个部门实际分摊的间接采购费用。它可以让管理层更清楚地了解间接采购成本分配的状况。

4. 目标成本法

目标成本法是指企业在新产品开发设计过程中，为了实现目标利润而达到的成本目标值，即产品生命周期成本下的最大允许值。它的核心工作是制定目标成本，并且通过各种方法不断改进产品设计与工序设计，以最终使得产品的设计成本小于或等于其目标成本。目标成本法是一种全过程、全方位、全人员的成本管理方法。

5. 成本结构分析法

成本结构分析法对供应商成本结构进行分析可以使企业在谈判过程中取得合理的价格。

控制、降低采购成本的一个基本手段是要求供应商提供尽可能详细的报价单，即供应商提供的产品按固定费用及变动费用逐项展开计算，并核算其准确性。

6. 谈判法

在采购管理中一项至关重要的工作就是对供应商的成本结构及其业绩进行分析，并在此基础上进行谈判。谈判是降低采购成本的重要途径之一，但最新研究表明，通过谈判降低采购成本的幅度是有限的，企业还要配合集中采购法、目标成本法、供应商成本结构分析等方法的运用，综合考虑如何降低采购成本。

三、控制采购成本的途径

1. ABC 分析法

1) ABC 分析法原理

【参考视频】

ABC 分析法的原理是按帕累托曲线所示意的主次关系进行分类管理，广泛应用于工业、商业、物资、人口及社会学等领域，以及物资管理、质量管理、价值分析、成本管理、资金管理、生产管理等许多方面。它的特点是既能集中精力抓住重点问题进行管理，又能兼顾一般问题，从而做到用最少的人力、物力、财力实现最好的经济效益。

ABC 分析法的主要步骤如下：

（1）收集数据，列出相关元素统计表。

（2）统计汇总和整理。

（3）进行分类，编制 ABC 分析表。

（4）绘制 ABC 分析图，如图 7.1 所示。

（5）根据分类，确定分类管理方式，并组织实施。

【拓展资源】

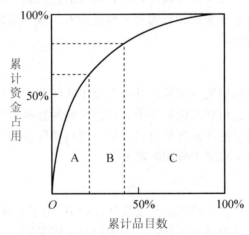

图 7.1 ABC 分析图

在采购决策时，必须考虑不同物料的资金占用量大小。物料的年资金占用量就是将每个品种库存物料的年度需求量与该物料单位成本的乘积。A 类物料是年度资金占用量最高的库存，这些品种只占库存总数的 15%，但资金占用却占到总额的 70%~80%；B 类物料是年度资金占用量中等的库存，这些品种占全部库存的 30%，资金占用占总额的 15%~25%；C 类物料是年度资金占用量最低的库存，这些品种占库存总数的比重为 55%，占资金占用总额的比重为 5%。

【例】 生产超快 4 兆芯片的硅芯片有限公司每年持有 10 种存货品种，其库存品种、年需求量、单位成本、年度占用货币量及每种库存占全部库存品种的 ABC 分类如表 7-1 所示。

表 7-1　ABC 分类表

库存品种代码	存货数目的百分比	年度数量/件	单位成本/元	年度货币占用量/元	年度货币百分比	级　　别	
10 286	20%	1 000	90.00	90 000	38.8%	72%	A
11 526		500	154.00	77 000	33.2%		
12 760	30%	1 550	17.00	26 350	11.4%	23%	B
10 867		350	42.86	15 001	6.5%		
10 500		1 000	12.50	12 500	5.4%		
12 572	50%	600	14.17	8 502	3.7%	5%	C
14 075		2 000	0.60	1 200	0.5%		
1 036		100	8.50	850	0.4%		
1 307		1 200	0.42	504	0.2%		
10 572		250	0.60	150	0.1%		
合计	100%	8 550		232 057	100%		

2）ABC 分类控制法方式

（1）对 A 类存货的供应商建立战略合作伙伴关系。

（2）对 A 类存货的现场控制应更严格，实施动态盘点。

（3）对 A 类存货实施 JIT 采购。

（4）预测 A 类存货应比预测其他类存货更为仔细精心。

（5）对 C 类存货适当加大进货批量，减少进货次数。

（6）对 B 类存货给予一般控制。

2．采购早期参与产品开发

采购部门早期参与产品开发是采购部门对内协调需求，缩短采购周期和降低采购成本的重要任务之一，如图 7.2 所示。采购部门参与产品开发过程可以达到以下目的：

（1）可以尽早了解新产品开发对物料的需求，并相应地作出反应，这样可以大大缩短采购周期。

（2）技术部门可以利用采购经理相关领域的行业知识和对资源可得程度的了解，有利于新产品开发的可行性和经济性。

（3）有利于供应商的优化。采购部门越早得到需求信息，就越有利于开发供应商。

（4）减少原有串行工作中部门间反复的协调。采购部门参与产品开发过程，可以加深对物料需求的理解，包括物料特性、质量、包装及物流运输等要求。

（5）增进技术与采购部门的交流协作。采购部门了解产品开发进度，可以制订合理的采购计划，实现采购与项目设施同步化，有利于降低成本，减少资金占用。

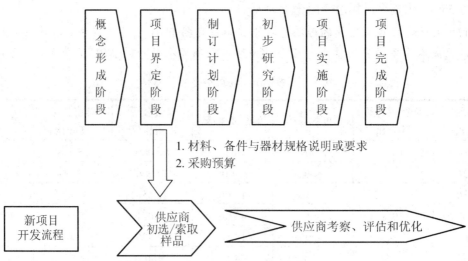

图 7.2　采购早期参与产品开发示意

3．价值分析与价值工程

1）价值分析与价值工程的概念

价值分析（Value Analysis，VA）与价值工程（Value Engineering，VE）是指以分析产品或服务的机能为主，切实达成产品或服务所需求的机能与最低总成本的组合的活动。其目的是为了提升产品或服务的价值，同时达到降低成本，获得社会信赖，提供满足顾客需求的价廉物美的产品或服务。

2）VA/VE 方法要解决和回答与采购成本降低相关的问题

（1）它是否具有贡献价值？

（2）它的成本是否与其用途相符？

（3）基本的与次要的功能是否可以分离出来？

（4）一段时间后功能性需求是否会改变？

（5）需要其所有的特性吗？

（6）是否有更好的可以满足其预期使用目的的物料？

（7）这种物料能否被淘汰？

（8）如果不是使用标准物料，是否可以使用标准物料？

（9）这种物料性能是否超出所需要求？

（10）在存货中是否有相似的物料可以使用？

（11）物料的重量能减轻吗？

（12）是否有新技术或新设计能够改变物料的功能？

（13）公差精密度的要求是否过高？

（14）是否有不必要的加工过程？

（15）是否要求得过于完美？

（16）你能自己更便宜地制造这种物料吗？

（17）即使现在你能生产这种物料，但是你能以更低的价格采购到此物料吗？

（18）运输时这种物料能适当分类吗？
（19）包装费用是否能削减？
（20）你是否能建议供应商削减成本？

4．推进产品标准化

由于不同设计人员凭借过去经验，习惯采用自己熟悉的材料或零部件，导致物料规格、型号特别多，无法形成采购批量，不利于降低采购成本，所以推进产品设计标准化的意义在于：

（1）整合需求，形成批量。
（2）物料通用性强，有利于降低库存。
（3）有利于BOM简化，操作效率提高。
（4）有利于物流操作效率提高。

5．从为库存采购到为订单采购转变

（1）与供应商建立战略合作伙伴关系，签订供应商框架协议大大简化交易手续和成本。
（2）在同步化供应链计划的协调下，制造计划、采购计划和供应计划能够同步进行，缩短响应时间，实现了供应链的同步化运作。
（3）采购物资直接进入制造部门，减少采购部门的无增值的活动，实现供应链精细化运作。
（4）实现面向过程的作业管理模式的转变，从根本上使供货质量和服务水平得到保证。

6．从一般买卖关系到战略合作伙伴关系转变

（1）正确理解双赢的含义和意义。
（2）分析在供应链上的不增值的业务。
（3）提升供应商以客户为中心的经营理念。
（4）逐步实现免检和"零库存"。
（5）推进实施标准工位器具和配送上线服务。

7．促进供应商改变供货方式

不同供货方式，反映了供应商供货服务水平，也直接影响到采购企业的采购与物流成本，应根据物料需求特点和供应商的实际情况，要求供应商持续改进供货方式。目前供应商供货方式及其适用情况如表7-2所示。

表7-2 供应商供货方式及其适用情况表

供货方式	适用情况	对需方利益的影响	对供方利益的影响
定时、定量供货	运距供货	库存风险大	批量大、成本低
适时供货（JIT）	近距供货	库存低、适应性强	运输成本高
寄售库存（VMI）	运距供货	资金占用少、占用仓库空间大	降低运输成本、合作关系紧密
直送工位	体大、笨重、易碎物料	资金占用小、占用仓库空间少、质量风险大	运输成本高、质量要求高

续表

供货方式	适用情况	对需方利益的影响	对供方利益的影响
系统供货	相关性强的物料	采购业务效率高、便于供应商管理	降低运输成本、增加销售收入
采用标准工位器具供货	定型、常用、量大的物料	便于计数、减少重复劳动、提高效率	降低包装成本、提高服务水平
免检供货	质量优秀的供应商	缩短供货周期	产品质量、检测要求高

案例分析

格兰仕企业的采购成本降低策略

不论是松下、通用汽车等老牌企业，还是戴尔、惠普等新兴企业，都建立了强大的采购部门和完善精密的采购制度。采购部门不仅仅是一个购入原材料的部门，同时是企业的利润中心之一。在收入不变的情况下，降低成本就意味着增加利润。

原材料成本占格兰仕总成本的 60%～70%，因此，采购成本是格兰仕最重要的成本，也是每年降低成本的重点部门。格兰仕降低采购成本有如下妙招。

1. 向供应商要利润

采购人员与对方谈判时最有效的一种武器是了解供应方的合理成本水平。为了培养采购人员的这种能力，格兰仕物资供应部把市场上各种同类产品都找来，分析最低多少成本能做出这个产品。对手电筒的分析给了大家最深的印象，最低 2.5 元可以做出市场上卖 10 元左右的手电筒。

无独有偶，与沃尔玛打交道的供货商，大多对沃尔玛又爱又恨。爱的是商品进了沃尔玛一定很好销售，恨的是沃尔玛对供货商的成本极为清楚，他们的利润率被压在一个较低的水平上。

2. 不断开发供应商，营造竞争局面

供货商的开发和管理应该是动态的，较理想的状态是采用鲶鱼效应。格兰仕就是不断开发新的、更有威胁的供应商，让它像鲶鱼激活沙丁鱼一样，在供货商之间营造彼此竞争的氛围。

3. 与供货商共赢

与供货商合作谋取共赢是有远见的企业坚持不懈的工作。如果只顾自己的利益，将被供货商抛弃。格兰仕注重诚信，在付款条件方面坚决遵守 45 天付款期的规定，到期自动付款，不会像业内其他一些企业那样，找出各种借口拖欠，然后等着供应商来"做工作"。因为这些因素，很多供应商都愿意与格兰仕合作。

4. 招标比价技巧

格兰仕规定：所有采购都要通过招标进行，3 000 元以上的采购必须由 3 家以上的企业竞标，5 000 元以上的采购必须有 5 家以上的竞标，招标比价之后，采购人员可以初步定价，但采购员没有最终决定权，还得经过公司内的专家审计。

审计专家建有日常采购成本的数据库，数据库中包括众多厂商的同类产品的市场价、成本构成等数据。审计专家认为采购员的报价合理，签字后采购才有效，即使是总经理也要服从专家的意见。

5. 管好采购人员

采购人员拿回扣等腐败现象，在格兰仕没有生存的空间。格兰仕的经理会在双方合作开始前就直接拜访对方高层，向供应商的高层表明"阳光交易"的决心。由于高层已经沟通了这种理念，供应商就不会再动这种心思。如果对方私下里搞这种活动的话，格兰仕可能会终止与该供应商的合作。

格兰仕对采购人员的素质要求是：让对方充分地感到你的诚意；对非常有把握的事情不要承诺；少说

多听，以静制动；多问多听对方陈述和要求，然后再寻求突破。

格兰仕在员工教育方面也特别强调真诚和诚信，并辅以制度上的严格要求。由于格兰仕是一个有长远发展前途的企业，包括采购业务人员在内的员工在企业里也容易有长远的计划，通常不会希望因为做"拿回扣"之类的短期行为而失去了在企业长期的发展机会。

问题

分析格兰仕公司降低采购成本的策略。

技 能 训 练

1. 思考题

（1）影响采购成本的主要因素有哪些？
（2）降低采购成本的方法有哪些？
（3）控制采购成本有哪些途径？

2. 能力训练

（1）根据项目1所调查的一家中型制造企业，对其某一年的采购成本资料进行分析，计算各部分成本占总成本的比例。

（2）利用上题资料，选择两家业务性质相近的企业进行采购成本比较，并对比较结果进行分析，总结成本较低一家降低采购成本经验。

任务3　采购人员监控

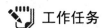

工作任务

"满足需要"连锁鞋业有限公司的苦恼

"满足需要"连锁鞋业有限公司是一家有着3年发展历史的连锁鞋店。该连锁鞋店的创始人王某，有着10年的做鞋经验，靠着自己多年的制鞋经验，他在全国范围内精选质优价廉的好鞋，运到专营店中销售。因为信誉好，王某生意越做越大，不断扩张，现在已经发展成为具有二十几家直营店的连锁鞋店。

生意越做越大，门店数量不断增加，鞋的经营品种也在不断丰富，但利润并没有跟随规模的扩大而递增，最近有一批鞋还因质量问题遭到客户的投诉。采购部却推说是老供应商，也没有进行严格的质量检验。很多老供应商也抱怨与该企业的合作越来越难了。采购部最近开发了几家新供应商，要替换合作多年的老供应商，原因是原有供应商鞋子款式陈旧，消费者不满意。

连锁鞋店采购环节是关键环节，直接决定企业商品的市场竞争力和经营成本。王某深知采购的重要，所以一直亲自把守进货关。近半年来因业务扩大，企业管理事务增多，王某逐渐将采购业务安排给与自己一起创业的李某负责，并任命其为采购部经理，全面负责企业采购工作。

王某查阅了最近一段时间的采购订单，发现采购成本明显增高，采购部解释说，最近鞋料等原材料价格上涨，各大供应商都提高了商品出厂价。尽管王某相信采购部的解释有一定道理，但他也深知采购中有许多秘密，最担心因为"回扣"等商品贿赂影响企业的持续发展。

要求

（1）根据资料，寻找可能的线索，判断该企业是否存在回扣问题。

（2）为该连锁企业设计一套控制制度，防范杜绝采购回扣的发生。

相关知识

一、采购人员控制的必要性

采购人员是采购活动的执行者，也是关系到采购活动能否顺利进行的关键。企业要依靠采购人员顺利地完成采购工作，就要提高采购人员的素质，避免和消除在采购活动中存在的假公济私、贪污腐败、损害企业利益等行为。一些供应商给采购人员以一定回扣，从而获得采购订单，而其供应的产品往往是高价或质量差，给企业带来了经济损失。

有国外学者在其《采购的道德问题》的调查报告中指出，受访者认为设计道德问题的采购行为，依其重要性划分，次序分别为：

（1）接收供应商的礼物，像促销赠品及回扣等（83%）。

（2）提高竞争者的报价给供应商，并允许其重新报价（77%）。

（3）对供应商夸大问题的严重性，以获取较好的价格或特权（68%）。

（4）对某个高层主管所偏好、介绍或建议的供应商给予特别礼遇（65%）。

（5）对某个绩效良好的供应商给予特别礼遇（65%）。

（6）因对某位推销员的特别喜爱而影响供应商的选择（63%）。

（7）接受旅游、餐饮及其他免费的招待（58%）。

（8）向供应商咨询有关竞争者的消息（42%）。

（9）欲对已经进行制造的物料取消订单，并规避注销费（40%）。

（10）对通过其他部门介绍的供应商给予礼遇（35%）。

（11）为了获得更低的价格或其他好处，告诉供应商会用第二个来源（34%）。

（12）劝诱新的供应商来报价，只是为了杀价的目的（23%）。

（13）运用公司买方优势去获得更好的价格或从供应商得到好处（22%）。

由以上的调查报告显示，有一半以上的受访者认为接收礼品、对供应商差别待遇，乃至免费的招待等，都是采购人员违反道德的行为，应极力避免。

二、采购回扣产生的原因

【参考视频】

采购中的回扣问题一直是一个不容易杜绝的现象。回扣有两方面的定义：一是指卖方企业非法支付给买方企业或买方企业员工的贿赂金；二是指买方企业向卖方企业或卖方企业员工支付回扣以期取得卖方企业员工的欺诈性合作，借以提高利润，而这一切是以买方企业的损失为代价的。采购回扣产生的原因主要有以下几种。

1. 非法争取业务

一些企业利用回扣，先于竞争对手获得有关买方企业计划和战略方案信息，以及买方企业估价小组所使用的未公开的投标估价准则;偷看竞争对手的密封投标,向竞争对手提供误导性信息从中破坏,使其不具备资格;笼络买方企业有影响的要员否决其他竞争对手,或者使标的设计要求只有支付了回扣的卖方才能达到,以此来达到自己企业的目的。

2. 非法提高利润率

提高利润率是卖方企业支付回扣的目的所在。卖方企业通过支付回扣给买方企业有关的员工,使其同意不正当的价格变动;买通买方企业的检验和质量控制部门,使低于标准的或不符合规格要求的商品得以使用,并设法避开企业其他职能部门对质量和价格的抱怨。

三、采购回扣资金的支付方式

1. 现金贿赂

现金贿赂即按照卖方企业的意思使用现金进行贿赂,如支付虚构的业务费。卖方企业在支付给对方的支票上,只注明是一笔应支付给受贿人或一家并不存在的公司或串谋者的款项,并同时将其作为销售费用、咨询费用等列支,因而可以在某种程度上掩盖这种支付行为。

2. 非现金贿赂

非现金贿赂可以作为公司一项正常开支予以掩盖,如公司为其工作人员购买或租用汽车时,可以为那些曾经对公司有"帮助"的买方企业员工赠送若干飞机票、旅行账单;其中最易掩盖贿赂的就是卖方企业提供的产品或劳务,如修建住宅、增加员工福利设施等。

四、控制采购回扣的措施

1. 建立有效的控制系统

1)建立关键控制点

为了对采购人员实施有效的控制,应当建立以请购制度、经济合同、结算凭证和入库单据为载体的控制系统,并在该系统中设置以下控制点:审批、签约、登记、承付、验收、审核、记账等,如表7-3所示。其中,承付、验收、审核为关键控制点。

表7-3 采购控制系统流程与措施

控制点	控制目标	控制措施
审批	保证采购业务在授权状况下进行	供应部门提出采购计划,计划负责人批准计划并签章
签约	保证供货在约定的条件下执行	采购人员根据计划签订合同,大额大宗材料采购的重要合同要经内部审计部门审核
登记	保证及时正确地处理托收承付事项	财务部门收到供应商转来的收款凭证后,立即进行登记并及时转送采购部门,以备承付时核实
承付	保证货款支付正确、适当	供应部门检查有关送货凭证、托收凭证及有关合同是否一致
验收	保证物料的品种、数量、质量等符合合同规定的要求	仓储部门按规定验收供应商送来的物料,核实品种、数量,填写入库单;质管部门检查物料质量,并在入库单位上签署意见

续表

控 制 点	控 制 目 标	控 制 措 施
审核	保证货款支付无误	财务部门审核托收凭证、承付意见书及入库单等,无误即可作为结算、记账的依据
记账	保证会计核算资料真实完整	会计人员根据原始凭证、编制记账凭证,及时登记有关账簿

2)职务分离制

采购业务主要包括取得供应商的适宜价格并向供应商发出订单,检验收到的货物,确定是否接受货物,向供应商退回货物,储存或使用货物,会计记录,核准付款等几个部分。在这些业务中,有些需要进行职务分离方可避免内部勾结进行采购作弊。一般来说,以下职务需要进行职务分离:

(1)需求与采购进行分离。即生产和销售部门对材料、物品的需要必须由生产或销售部门提出,采购部门负责采购。

(2)付款审批人和付款支付人不能同时办理寻求供应商和索价业务。

(3)检验与采购进行分离。即货物的采购员不能同时担任货物的验收工作。

(4)记录和采购分离。即货物的采购、储存和使用人员不能担任账务的记录工作。

(5)接受各种劳务的部门或主管应适当地同账务记录人分离。

(6)审核与付款分离。即审核付款人应同付款人职务分离。

(7)记录应付账款的人不能同时从事付款业务。

2. 加强采购人员道德法律教育

采购人员应当具备较高的道德素质,要有敬业精神,热爱企业,要品性正派,不贪图私利;应当有较高的业务素质,对物料的特性、生产过程、采购渠道、运输保管、市场交易行情、交易规则有深入的了解;采购人员应当思维敏捷,表达能力强。

3. 制定采购人员行为规范

对采购人员的控制,行为规范的制定非常重要。同时,要经常就规范加以宣传指导,且一旦有人违反该行为规范,应及时严格执行奖惩措施。

4. 建立价格差异报告制度

采购人员若处心积虑地与供应商串通,必定通过虚抬价格协助供应商获取暴利,然后坐享其成。因此,对于新购价格与原购价格的差异,应提出书面报告,并分析说明涨价理由。此项报告制度,一方面可了解涨价原因,另一方面也有"例外管理"的作用,提醒采购管理人员特别注意,详加审核。如果采购金额较大,且上涨幅度很大时,该采购案应送交稽核部门或会计部门评核,甚至应呈请总经理核准,借以排除一切不合理、不合法的涨价行为,遏阻任何可能损害企业利益的情形发生。

采购管理人员或稽核人员若对价格有所疑惑,最好的方法是,私下对未报价的合格厂商秘密查询。若采购人员或供应商对价格"灌水"太离谱的话,经此询问比对,势必原形毕露。

5. 加强采购人员的稽核

采购人员的稽核目的在于确保采购人员的行为能符合公司确立的规范,并查核有没有为自己或为他人而牺牲公司利益的事，借此培养采购人员应有的道德观念。

采购人员的稽核，多以机密的方式进行，因为事关个人品德的问题。担任稽核的人士，有采购管理人员，其必须负行政责任，要经常督导采购人员的言行操守，为求立场客观，另外还可由公司内部的稽核人员担任，借以避免采购管理人员包庇纵容部属的不当行为。

6．规范企业采购制度

采购中的暗箱操作一直存在，但可以通过制度政策的建立，减少此类现象的出现。

【参考范例】

1）三分一统

三分就是指 3 个权利分开，即市场采购权、价格控制权、质量验收权做到三权分离，各自负责，互不越位。一统是指合同的签订特别是付款一律统一管理。物料管理人员、验收人员和财务人员都不能与供应商见面，实行严格的封闭式管理。财务部依据合同规定的质量标准，对照检验单和数量测量结果，认真核算后付款。这样就可以形成一个以财务管理为核心，最终以降低成本为目的的制约机制。

2）三公开两必须

三公开是指采购物料的品种、数量和质量指标公开，参与供货的供应商价格竞争程序公开，采购完成后的结果公开。两必须是指必须在货比三家后采购，必须按程序、法规要求来签订采购合同。

3）三统一分

三统是指所购物料要统一采购验收，统一审核结算，统一转账付款。一分则指费用要分开控制。只有统一采购，统一管理，才能既保证需要，又避免漏洞；既保证质量，又降低价格；既维护企业信誉，又不至于上当受骗。各部门要对费用的超支负责并能有权享受节约所带来的收益。这样，物料采购部门和销售部门自然形成了一种以减少支出为基础的相互制约的机制。

4）五到位一到底

五到位是指所采购的每一笔商品都必须有五人签字，即采购人、验收人、证明人、批准人、财务审查人都在凭证上签字，才能报销入账。一到底就是负责到底，谁采购谁负责，并且一包到底，包括价格、质量、使用效果等都要记录在案。

5）全过程全方位的监督制度

全过程监督是指采购前、采购中、采购后都要有监督。从采购计划开始，到采购商品使用结束，其中共有九个需要进行监督的环节（计划、审批、询价、招标、签合同、验收、核算、付款和领用）。虽然每一个环节都有监督，但重点在于制订计划、签订合同、质量验收和结账付款 4 个环节。计划监督主要是保证计划的合理性和准确性，使其按正常渠道进行；合同监督主要保证其合法性和公平程度，保证合同的有效性，质量监督保证验收过程不降低标准，不弄虚作假，每一个入库产品都符合买方要求；付款监督确保资金安全，所有付款操作都按程序、按合同履行。如果能够把监督贯穿于采购活动的全过程，就可以建立确保采购管理规范和保护企业利益不受损失的制度。全方位监督是指行政监察、财务审计、制度考核三管齐下，形成一张严密的监督网。

案例分析

配送中心管理不善，采购人员钻空子

采购物资一般都要经过物流才能到达目的地，而物流的过程其实也是非常复杂的，需要有合适的物流管理体制和机制才能有效地降低物流的成本。现在很多的连锁企业都建立了配送中心，可以说配送中心承担了连锁企业的绝大部分物流任务，配送中心在很多方面发挥较好的作用：可以减少交易次数和流通环节；产生规模效益；减少客户库存，提高库存保证程度；与多家厂商建立业务合作关系，能有效而迅速地反馈信息，控制商品质量等。但是配送中心的建立也给采购经理们创造了一个获利空间。由于是由采购经理来决定商品是否进物流中心，所以采购经理们可以以此特权要求供应商提供更多的"返点"。

A零售商是德国最大的零售商，进入中国后辛苦经营多年还没有实现盈利。这其中很大的问题就是出在"采购"环节上。据一位知情者透露，A零售商在上海建立自己的全国配送中心，原本希望配送中心介入到供应商管理，即把不同供应商的货物汇集到一起再配送到各个门店。A零售商以为这样比供应商自己送货，会减少很多物流费用。一位业内人士说，A零售商的配送中心沿用了它在德国的一套成本核算方法，在这套方法之下，供应商的商品在进入A零售商的配送中心之后，无论是运到上海还是运到哈尔滨的卖场，价格都一样。采购部门决定了进物流中心的商品价格之后，会在系统中标注一个"进入"的记号，物流部门就会在下一环节当中扣除一定比例的物流费用。但如果采购部更改记录，将"进入"改成"不进"后，物流费用会自动归零。如果采购部再将"不进"改成"进入"之后，物流部门的系统上就不会有任何的显示了，这种情况下，商品其实已经进了物流中心，但物流部却浑然不知。

由于是由采购经理跟供应商来决定商品是否进物流中心，所以采购经理们为了能够获得更多的"返点"，便跟供应商达成交易，比如进哈尔滨卖场的货品全部进了物流中心，上海卖场则由供应商直接送。长此以往，A零售商物流中心里大量聚集着供应商们发至哈尔滨、沈阳等远距离的商品。采购经理跟供应商谈好商品价格后，同时也向供货商提供进入物流配送中心的选择。由于不是全部商品都是通过这个配送中心运送，给一些人造成可乘之机。A零售商的采购管理体系不仅没有达到降低成本的预期，而且漏洞百出，给采购腐败造成了可乘之机。

自某年下半年起，A零售商中国区突然颁布了"采购新政"，一场人事地震揭开了A零售商苦心经营物流新政的内幕。实质上，是A零售商试图建立起一个更加有效的监管体制，向采购腐败开刀，从而对旧利益体系造成了强烈的冲击，导致采购部门的许多重要人物纷纷"落马"。根据A零售商内部一位人士透露，A零售商物流部一位员工正是因此而被辞退，这位员工造成的损失达50万元。而前一年一整年，A零售商物流部亏损100万元人民币，某年上半年亏损就达200万元人民币。

A零售商中国区颁布的采购新政，主要包括两大部分：一方面是权力下放，打破以前全部商品都由上海总部做主的传统，采取总部采购部门与区域采购部门联合采购，华北、华中、华东和东北四大区域的区域采购部，取代以前总部担负起收集资料、与当地供应商洽谈业务等工作。另一方面是考核更加严格，这场新政针对采购人员制定的"量化业绩、优胜劣汰"的业绩考核体系。好的绩效考核可以达到这样的效果，即采购人员主观上必须为公司的利益着想，客观上必须为公司的利益服务，没有为个人谋利的空间。在考核中，A公司交替运用两套指标体系，即业务指标体系和个人素质指标体系。业务指标体系主要包括采购成本是否降低；在卖方市场的条件下是否维持了原有的成本水平；采购质量是否提高；质量事故造成的损失是否得到有效的控制；供应商的服务是否增值；采购是否有效地支持了其他部门，尤其是生产部门；采购管理水平和技能是否得到提高。当然，这些指标还可以进一步细化，如采购成本可以细化为：购买费用、运输成本、废弃成本、订货成本、期限成本、仓储成本等。把这些指标一一量化，并同上一个半年的相同指标进行对比所得到的综合评价，就是业务绩效。

应该说，这些指标都是硬性的，很难加以伪饰，所以这种评价有时显得很"残酷"，那些只会搞人际关系而没有业绩的采购人员这时就会"原形毕露"，评估的结果当然就不会如其所愿。在评估完成之后，A公司会把员工划分成若干个等级，或给以晋升、奖励，或维持现状，或给以警告或辞退。可以说，这半年一次的绩效考核与员工的切身利益是紧密联系在一起的。对个人素质的评价相对会灵活一些，因为它不仅包括现有的能力评价，还要包括进步的幅度和潜力。主要内容则可能包括谈判技巧、沟通技巧、合作能力、创新能力、决策能力等。这些能力评价都是与业绩的评价联系在一起的，主要是针对业绩中表现不尽如人意的方面，如何进一步在个人能力上提高。为配合这些改进，A公司为员工安排了许多内部的或外部的培训课程。在绩效评估结束之后，安排的是职业规划设计。职业规划设计包含下一个半年的主要业务指标和为完成这些指标所需要的行动计划。当前，国内企业也在进行绩效考核。但是这些考核有些流于形式，其缺陷就是没有量化的指标和能力评价，考核时也不够严肃，同时缺乏培训安排。

问题
（1）分析A零售商物流部的亏损原因。
（2）A零售商采取哪些采购政策来解决亏损问题，还需要在哪些方面进行完善？

技 能 训 练

1. 思考题
（1）采购人员控制有哪些必要性？
（2）采购回扣产生的原因是什么？
（3）如何理解"全过程、全方位"的监督制度？

2. 能力训练

根据项目1所调查的一家中型制造企业采购部门，了解其采购回扣控制制度，并提出合理化建议。

项目 8

采购绩效评估

项目介绍

采购绩效评估是采购工作的最后环节,利用采购指标体系与标准对采购项目进行评估,通过不同人员、采用不同方式评估采购人员绩效来提升采购绩效。

学习目标

知 识 目 标	能 力 目 标
(1)了解采购绩效的目的、影响因素。 (2)掌握采购绩效评估指标与标准	依据采购绩效评估指标体系与标准对采购项目进行评估

任务 1　采购绩效评估指标与标准

【拓展案例】

商品采购部门在完成一系列的采购作业程序之后，是否达到了预期目标，企业对采购的商品是否满意，是需要经过考核评估之后才能下结论的。商品采购绩效评估就是要建立一套科学的评估指标体系，用来全面反映和检查采购部门的工作业绩、工作效率和效益。

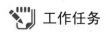 工作任务

如何申诉不公平的绩效考核

小李的公司今年开始实行绩效考核制度，每月按照绩效得分发放奖金。由于人员流失，从上个月开始采购部仅剩下小李和另外一个业务人员共两名员工。

业务人员的绩效得分是由到货量提成乘以每月按时到货率制定而成，另外一位员工负责 5 家大型供应商，小李负责余下的 13 家中小型供应商。

由于公司采购资金的限制和供应商性质不同，另一位员工负责供应商的采购量较有保证，仅总量就是小李的 1 倍以上，而小李的采购量就很受限制。

但这个月部门经理居然将两人的到货率都定在 90%，这种情况就相当于两个人都跑 100m，另一位员工在 50m 处起跑，小李从 0m 处起跑，这是一场从开始就注定不公平的比赛。

要求

面对这样不公平的绩效考核标准，小李决定向部门经理和老总反映，但又不知如何才能将自己的不公平得到他们的重视和认同？

相关知识

对商品采购绩效的评估可以分为对整个采购部门的评估和对采购人员个人的评估。对采购部门绩效的评估可以由企业高层管理者来进行，也可以由外部客户来进行；而对采购人员的评估常由采购部门的负责人来操作。

一、采购绩效评估的目的

通过商品采购绩效评估不仅可以清楚采购部门及个人的工作表现，从而找到现状与预设目标的差距，也可奖勤罚懒，提升工作效率以促进目标的早日实现。实际上，若能对采购工作做好绩效评估，通常可以达到下列目的。

1. 确保采购目标的实现

各个企业采购目标各有不同，例如，政府采购除注重降低采购成本外，还偏重于"防弊"，采购作业以"如期、如质、如量"为目标；而民营企业的采购单位则注重兴利，采购工作除了维持正常的产销活动外，非常注重产销成本的降低。因此，各个企业需要针对采购单位所追求的主要目标加以评估，并督促目标的实现。

2. 提供改进绩效的依据

企业实行的绩效评估制度，可以提供客观的标准来衡量采购目标是否达成，也可以确定

采购部门目前的工作绩效如何。正确的绩效评估，有助于指出采购作业的缺陷所在，从而据以拟订改善措施，起到以评促改的作用。

3. 作为个人或部门奖惩的参考

良好的绩效评估方法，能将采购部门的绩效独立于其他部门而显示出来，并反映采购人员的个人表现，成为各种人事考核的参考依据。依据客观的绩效评估，达成公正的奖惩，可以激励采购人员不断前进，发挥团队合作精神，使整个部门发挥整体效能。

4. 协助甄选人员与训练

根据绩效评估结果，可以针对现有采购人员的工作能力缺陷，拟改进计划，例如，安排参加专业性的教育训练。如果在评估中发现整个部门缺乏某种特殊人才，可以另行由公司内部甄选或向外招募，如成本分析员或专业营销人员等。

5. 促进部门关系

采购部门的绩效，受其他部门配合程度的影响非常大。因此，采购部门的职责是否明确，表单、流程是否简单、合理，付款条件及交货方式是否符合公司管理规章制度，各部门的目标是否一致等，都可以通过绩效评估予以判定，并可以改善部门之间的合作关系，提高企业整体运作效率。

二、影响采购绩效评估的因素

影响采购绩效评估的一个重要因素是企业高管如何看待采购业务的重要性以及它在企业中所处地位。企业高管对采购业务的不同期望会对所采用的评估方法和技术产生重要影响。

对工业企业的一项调查结果表明，不同企业在采购绩效的评价方面是不同的。导致这种状况的直接原因是各公司在管理风格、组织程度、委托采购上分配的职责不同，而不是由企业的具体特征（如工业类型、生产经营类型等）造成的。关于采购绩效评估的因素主要有以下4种。

1. 业务活动

评价采购业务的绩效主要取决于与现行采购业务有关的一些参数，如订货量、订货间隔期、积压数量、安全库存量、保险库存量、采购供应率、现行市价等。

2. 商业活动

采购业务是一种商业活动，管理人员主要关注采购所能实现的潜在节约额。采购部门的主要目的是降低价格以减少成本的支出。采购时要关注供应商的竞争性报价，以便保持一个满意的价位。采用的主要参数是采购中的总体节约量（通常用每一产品组和每一客户表示）、市价的高低、差异报告、通货膨胀等。

3. 物流因素

企业采购管理人员也清楚追求低价格有一定的风险，它可能导致次优化决策，太关注价格会引诱客户因小失大。降低产品的价格可能会使供应商产品的质量可能会降低，并会降低物流服务水平。因此提升供应商供货质量和物流服务水平，应成为采购管理人员采购绩效评估的重要因素。

4. 战略性活动

采购业务对于决定公司的核心业务及提高公司的竞争力将产生积极的作用，因为采购业务积极地参与到了产品是自制还是购买决策的研究中。管理人员评价采购绩效主要考虑以下几个方面：基本供应量的变化数量（通常是减少量）、新的潜在供应商（订有合同的）的数量及依据已实现的节约额等。

三、采购绩效评估指标

采购人员在其工作职责上，应该达到"适时、适量、适质、适价及适地"等目标，因此，其绩效评估应以"五适"为中心，并以数量化的指标作为衡量绩效的尺度。根据采购专家的经验，具体可以把采购部门及人员的考核指标划分为以下五大类。

1. 质量绩效指标

采购的质量绩效验收记录及生产记录的判断，可用进料验收合格率与生产使用合格率表示。前者是指供应商交货时，为企业所接受的采购项目数量或百分比；后者是交货后，在生产过程中发现质量不合格的项目数量或百分比。

$$进料验收合格率 = \frac{合格（或拒收）数量}{检验数量} \times 100\%$$

$$生产使用合格率 = \frac{可用（或拒收）数量}{使用数量} \times 100\%$$

若进料质量管制采用抽样检验的方式，则生产质量管制发现质量不良的比率，将比进料质量管制采用全数检验方式的比率高。拒收或拒用率越高，显示采购质量绩效越差，因为未能找到理想的供应商。

2. 数量绩效指标

当采购人员为争取数量折扣，以达到降低价格的目的时，却可能导致存货过多，甚至发生呆料、废料的情况。

1）储存费用指标

储存费用是指存货利息及保管费用之和。企业应当经常将现有存货利息及保管费用与正常存货水准利息及保管费用之间差额进行考核。

2）呆料、废料处理损失指标

呆料、废料处理损失是指处理呆料、废料的收入与其取得成本的差额。存货积压的利息及保管的费用越大，呆料、废料处理的损失越高，显示采购人员的数量绩效越差。不过此项数量绩效，有时受到公司营业状况、物料管理绩效、生产技术变更或投机采购的影响，并不一定完全归咎于采购人员。

3. 时间绩效指标

这项指标是用以衡量采购人员处理订单的效率，以及对于供应商交货时间的控制。延迟交货固然可能形成缺货现象，但是提早交货，也可能导致买方发生不必要的存货储存费用或提前付款的利息费用。

1）紧急采购费用指标

紧急运输方式（如空运）的费用是指因紧急情况采用紧急运输方式的费用。将紧急采购费用与正常运输方式的差额进行考核。

2）停工断料损失指标

除了前述指标所显示的直接费用或损失外，还有许多间接损失。例如，经常停工断料，造成顾客订单流失，员工离职，以及恢复正常作业的机器必须做的各项调整（包括温度、压力等）；紧急采购会使购入的价格偏高，质量欠佳，连带也会产生赶工时间必须支付额外的加班费用。这些费用与损失，通常都没有加以估算在此项指标内。

4. 价格绩效指标

价格绩效是企业最重视及最常见的衡量标准。通过价格指标，可以衡量采购人员议价能力以及供需双方势力的消长情形。采购价差的指标，通常有下列几种。

1）实际价格与标准成本的差额

实际价格与标准成本的差额反映企业在采购商品过程中实际采购成本与采购标准成本的超出或节约额。

2）实际价格与过去移动平均价格的差额

实际价格与过去移动平均价格的差额反映企业在采购过程中实际采购成本与过去采购成本的超出或节约额。

3）使用时的价格与采购时的价格的差额

使用时的价格与采购时的价格之间的差额反映企业采购材料物资时间是否考虑市场价格的走势，如果企业预测未来市场的价格走势是上涨的，企业应该在前期多储存材料物资；如果企业预测未来市场的价格走势是下跌的，则企业不宜多储存材料物资。

4）当期与基期的比较

将当期采购价格与基期采购价格之比率和当期物价指数与基期物价指数之比率相互比较，该指标是动态指标，主要反映企业材料物资价格的变化趋势。

俗话说："买的不如卖的精"，不过只要实行物资采购比价管理，就可以取得明显的经济效益。

5. 采购效率指标

1）年采购金额

年采购金额是企业一个年度商品或物资的采购总金额。包括生产性原材料与零部件采购总额、非生产采购总额（包括设备、备件、生产辅料、软件、服务等）、原材料采购总额占总成本的比例等。

2）年采购金额占销售收入的百分比

年采购金额占销售收入的百分比是指企业在一个年度里商品或物资采购总额占年销售收入的比例，它反映企业采购资金的合理性。

3）订购单的件数

订购单的件数是指企业在一定时期内采购商品的数量，主要是按 ABC 管理法，对 A 类商品的数量进行反映。

4）采购人员的人数

采购人员的人数是指反映企业专门从事采购业务的人数，它是反映企业劳动效率指标的重要因素。

5）采购部门的费用

采购部门的费用是一定时期采购部门的经费支出，它反映采购部门的经济效益指标。

6）新供应商开发个数

新供应商开发个数是指企业在一定期间内采购部门与新的供应商的合作数量，它反映企业采购部门工作效率。

7）采购计划完成率

采购计划完成率是指一定期间内企业商品实际采购额与计划采购额的比率，它反映企业采购部门采购计划的完成情况。

8）错误采购次数

错误采购次数是指一定时期内企业采购部门因工作失职等原因造成错误采购的数量，它反映企业采购部门工作质量的好坏。

9）订单处理的时间

订单处理的时间是指企业在处理采购订单的过程中所需要的平均时间，它反映企业采购部门的工作效率。

四、采购绩效评估的标准

有了绩效评估的指标之后，须考虑依据何种标准，作为与目前实际绩效比较的基础。一般常见的标准如下。

1. 以往绩效

选择企业以往的绩效作为评估目前绩效的基础，是相当正确、有效的做法，但要在企业采购部门无论组织、职责或人员等均应没有重大变动的情况下，才适合使用此项标准。

2. 预算或标准绩效

如果过去的绩效难以取得或采购业务变化较大，则可以将预算或标准绩效作为衡量基础。标准绩效的设定，有下列3条原则：

（1）固定的标准。标准一旦建立，则不再更改。

（2）理想的标准。是指在完美的工作条件下应有的绩效。

（3）可达成的标准。在现实情况下应该可以做到的水平，通常依据当前的绩效加预计量设定。

3. 行业平均绩效

若其他企业在采购组织、职责及人员等方面，均与本企业相似，则可与其绩效比较，以辨别彼此在采购工作成效上的优劣；若个别企业的绩效资料不可得，则可以以整个行业绩效的平均水准来比较。

4. 目标绩效

预算和标准绩效是代表在现况下，应该可以达到的工作绩效；而目标绩效则是在现实情况下,要经过一番特别的努力,否则无法完成的较高境界。目标绩效代表企业管理当局对工作人员追求最佳绩效"期望值"。

案例分析

某公司采购目标的绩效考核标准范例

从下个月开始,某公司将制订一个采购目标计划。为了让公司在制定目标的工作上更轻松,将提供若干项目给以参考。在下个月结束后,请提出公司未来12个月的采购目标;如果有计划去进行检查,公司将安排与每一位员工见面来讨论计划执行的情况。在第二季、第三季及第四季之初,希望员工给出一页摘要,说明到目前为止目标的进度;而今年结束时,将和员工一起检查一年来的成果。员工的成果将是用来评估员工一年来工作绩效的标准。

(1)降低采购商品的成本_____%或_____元。
(2)在合格供应商名单上,要增加_____家新的供应商。
(3)删除_____种单一供应的情况。
(4)每年存货周转率提高至_____倍。
(5)改善供应商的品质绩效_____%。
(6)改善供应商的交货绩效_____%。
(7)降低供应商的成本达_____元。
(8)降低平均请购作业时间到_____天。
(9)增加品质认证供应商到_____家。
(10)降低前置时间不足的请购案件_____%。
(11)降低每一位供应商访问的平均时间到_____分钟。
(12)对_____种商品做深入的市场调查研究。
(13)访问_____家供应商的工厂。
(14)降低不正当采购的数目到_____%。
(15)出席_____场科技方面的商品展览。

问题
(1)企业制定采购目标的绩效考核标准,一般应包含哪几个方面?为什么?
(2)企业制定采购目标的绩效考核标准体系,对采购绩效评估有什么意义?

技 能 训 练

1. 思考题
(1)影响采购绩效评估的因素有哪些?
(2)采购绩效评估指标有哪些?
(3)采购绩效评估的标准有哪些,各适用于何种情况?

2. 能力训练
选择一家中型企业,对其采购部门进行采购绩效评价,整理出具体的采购绩效评估指标体系。

任务2　采购绩效评估实施

工作任务

某礼品公司的采购绩效管理

某礼品公司是一家专门生产贺卡和其他礼仪产品的公司。其下属机构一直是各自独立运作，缺乏统一采购的功能。在公司总经理的领导下，公司制定了采购管理的远景目标和改变了采购能力的规划，并深化采购管理绩效改革，开发并实施采购绩效评估。

新的采购机制注意平衡全球战略和本地实施，提高配合优秀供应商和执行战略采购合同的质量，确定聘雇的绩效类型、制定关键绩效指标（Key Performance Indicator，KPI）等，以及通过招聘、培训和提供恰当的工具等方式改善采购人员的工作绩效，提高了采购部的整体绩效水平。3年后，该公司节省了3 200万元的采购费用。

要求
（1）该礼品公司节省了大量采购费用的原因有哪些？
（2）具体实施采购绩效评估时有哪些途径？

相关知识

对商品采购绩效的评估可以分为对整个采购部门的评估和对采购人员个人的评估。对采购部门绩效的评估可以由企业高层管理者来进行，也可以由外部客户来进行；而对采购人员的评估常由采购部门的负责人来操作。

一、采购绩效评估的参与人员

1. 采购部门主管

采购主管对所管辖的采购人员最为熟悉，而且所有工作任务的指派，以及工作绩效的优劣，都在其直接监督之下。因此，由采购主管负责评估，可以注意到采购人员的表现，兼顾监督与训练的效果。但是应用主管进行评估会包含很多个人情感因素，有时因为"人情"，而使评估结果出现偏颇。

2. 财会部门

当采购金额占公司总支出的比例较高时，采购成本的节约对公司利润的贡献非常大。尤其在经济不景气时，采购成本节约对资金周转的影响也十分明显。财会部门不但掌握公司产销成本数据，对资金的获得与付出也进行全盘管制，因此，财会部门也可以对采购部门的工作绩效进行评估。

3. 工程部门或生产管理部门

当采购项目的品质与数量对企业的最终产品质量与生产影响重大时，也可以由工程或生产管理人员评估采购部门绩效。

4. 物流部门

物流部门涉及仓储验收、退货换货及配送等业务，采购部门能否及时通知到货信息、处理退货换货业务、供应商能否及时准确交货等与采购绩效之间密切相关。因此，相关内容应由物流部门参与评估。

5. 供应商

有些企业通过正式或非正式渠道，向供应商探询其对本企业采购部门或人员的意见，以间接了解采购作业绩效和采购人员素质。

6. 外界专家或管理顾问

为避免公司各部门之间的本位主义或门户之见，可以特别聘请外部采购专家或管理顾问，针对企业全盘的采购制度、组织、人员及工作绩效，做客观的分析与建议。

二、采购绩效评估的方式

1. 定期评估

定期评估主要适合与公司年度人事考核同步进行的对采购人员工作情况的评估。一般而言，以工作人员的工作表现作为考核内容，包括工作态度、合作精神、学习能力、忠诚度、积极性等，但对采购人员的激励及工作绩效的提升，并无太大作用。若能以目标管理的方式，即从各种工作绩效指标当中，选择当年度重要性比较高的项目作为目标，年终按实际达成程度加以考核，则必能提升个人或部门的采购绩效。在采购人员自我评价的基础上，采购部门在月末或年末定期对各项采购任务的完成情况进行统计汇总，完成整个部门的阶段性绩效评估。由于使用这种方法会使人们刻意追求考核目标的提高而忽视其他方面，因此对目标选择全面性的要求比较高。

2. 不定期评估

不定期的评估是跟踪特定的采购项目，由项目执行人员自己根据具体情况的变化而随时进行的评估。一项采购任务完成以后，采购人员本身就要对该项采购任务的完成情况有一个总结和评估。同时，不定期的绩效评估以特定项目方式进行。例如，公司要求某项产品的采购成本降低10%，即当评估实际的成果高于或低于10%时，就给予采购人员合适的奖惩。因此，此种评估方式对采购人员的士气有相当大的提升作用。这种评估方式，特别适用于新产品开发计划，资本支出预算、成本降低专项方案等。

三、采购绩效评估的方法

采购绩效评估方法直接影响评估计划的成效和评估结果的正确与否。常用的评估方法有以下几种。

1. 排序法

在直接排序法中，主要按绩效表现从好到坏的顺序依次给员工排序，这种绩效表现既可以是整体绩效，也可以是某项特定工作的绩效。

2. 两两比较法

两两比较法指在某一绩效标准的基础上把每一个员工与其他员工相比较来判断谁"更

好",记录每一个员工和其他任何员工比较时被认为"更好"的次数,根据次数的高低给员工排序。

3. 等级考核法

这是绩效考核中常用的一种方法。根据采购工作分析,将被考核者的岗位工作内容划分为相互独立的几个模块,在每个模块中用明确的语言描述完成该模块工作需要达到的工作标准。同时将标准分为"优""良""中等""合格""不合格"5 个等级的选项,考核人根据被考核者的实际工作表现,对每个模块的完成情况进行评估,总成绩便为被考核者的绩效考核成绩。

四、提升采购绩效的途径

随着大部分产品进入微利时代,国内企业将与国外企业在同样的游戏规则下展开竞争,优胜劣汰将不可避免。在这种大背景下,采购部门所承担的责任越来越重,迫使采购人员想办法提高绩效。同时,具有丰富经营知识和经营经验的专家,深入到经营现场与采购人员密切配合,运用科学方法,根据一定指标体系,对商品采购绩效作出定量评价或确有论证的定性分析,以便企业对商品采购活动进行改进。具体提升采购绩效的途径如下。

1. 营造良好的工作氛围

如果采购组织内部存在剧烈的矛盾,采购人员与供应商之间互相不信任,缺乏合作诚意,采购人员首先感觉是"如履薄冰,处处小心行事",本来全部精力应投在工作上,但实际上确实分散了注意力。因此,任何采购组织,包括供应商,融洽、和谐、流畅的工作气氛是搞好各项工作的基础。采购人员要经常把自己的业绩与同行高水平相比,特别是有过跨国采购经验的高级职员,他们的经验值得借鉴学习。

采购组织的管理职能部门,应定期将采购人员的业绩进行评估,并进行排名,再配以相应的奖励制度,使采购业务不断改善。

2. 强化内部管理

管理的根本是管人,一个企业最宝贵的资产是它的雇员,而不是价值上亿元的先进设备或雄伟气派的厂房,再先进的设备若没有合格的人员去操作不过是一堆废铜烂铁,我们时常看到这样的一句话:"科技以人为本",这句话的根本在于在企业实际运作中如何操作,而不是喊喊口号这么简单。与其他部门相比较,采购部门对人员的依赖性更大,采购工作的大部分内容是人与人的交往。

从管理角度去提升商品采购绩效主要有以下几个方面:

(1) 在企业内建立合格的采购队伍(团队),提供必要的资源。

(2) 选聘合格人员担任采购人员,给予必要的培训。

(3) 给采购部门及采购人员设立有挑战性,但又可行的工作目标。

(4) 对表现突出的采购人员给予物质及精神上的奖励。

3. 广泛应用科学技术

传统通信技术,如电话、传真、信函等虽已被使用了几十年甚至上百年,但在今天仍发挥着重要作用。科学技术的发展为这些古老的通信手段增添了新的生命

【参考视频】

力、新技术，如电子邮件、电子数据交换、电子商务采购等则令采购作业方式紧随时代步伐。

1）电话

电话是除了面对面交谈之外的最直接、最迅捷的沟通方式，电话在使用一百多年后的今天起码有两个新增项目功能令它再创辉煌：

（1）语音信箱，受话者在事后可从语音信箱中提取出对方的留言而不致错过或延误需处理的事情，并且可以省去电话直接沟通中的寒暄或客套话，即使是在手机日益普及的今天仍有它的生命力；

（2）基于互联网或专线的可视电话的出现更是将古老的电话提升为前沿科技，它可将大洋彼岸变成天涯咫尺，几乎与面对面沟通无异。

2）信函

特快专递的出现给日常的采购工作带来了不少的方便，如向供应商索要的少量样品、需交付给供应商的盖有受控中心章的工程图纸或技术文件都可通过特快专递获得或交付到对方的手里。

3）建立企业内部网及使用互联网

互联网为采购人员展示了一个巨大的虚实结合的市场，合理利用它会有效提升采购绩效。电子商务采购虽然还有很多方面亟待完善，在短期还不能取代传统采购方式的地位，但是它必将成为一种主要的采购方式。

4）推行 MRP 系统

推行 MRP 系统（物料需求计划）对提升整个企业的管理水平有至关重要的作用，谁也不相信一个连 MRP 系统都没有的企业是一个现代化的企业。MRP 系统中的数据不仅全面而且实时性强，许多采购人员所需的数据，如采购历史数据（以前采购量、历史价格、以前向哪家供应商采购等）、每种物料的合格供应商数、供应商的基本情况（地址、联系方式等）、采购前置时间、采购申请单、收货状态、库存量、查询供应商货款的支付状况等均可从 MRP 系统中查询到，这些数据对采购人员（特别是新进企业的采购人员十分重要，没有这些数据就无法作出适宜有效的采购决策，甚至无法开展工作。MRP 系统的推行与采购有很大关系的另一方面是供应商的货款支付，在没有MRP 系统的企业的采购人员要花很多时间在"该不该付款及按不按时付款"上及财务人员的沟通上，有了 MRP 系统就大不一样，什么时候付款、可不可以付款这些问题 MRP 系统会自动提示财务人员，采购人员也可从系统中查到某供应商的某笔款项有没有支付，也可免去月底对账工作，从而把采购人员从付款这项本属于财务部门的工作解放出来。MRP 系统的使用对规范采购作业、提升采购绩效有不可替代的作用。

5）使用条形码及与供应商进行电子数据交换

我们不难发现，越来越多的产品包装上使用了条形码，这一串排列整齐的小线条包含了物料名称、物料编号、价格、制造商等信息，工作人员只需用读码器扫描一下便可得到这些信息并自动输入到计算机中，对于采购来说，条形码在收货时特别有用，不仅迅速快捷而且避免了手工输入容易出错的缺点。

与供应商之间建立电子数据交换（Electronic Data Interchange，EDI），可极大地缩小采供双方的时空距离，从而更容易将企业内部的优秀管理延伸到供应商，把供应商作为企业的一个部门来管理。

4. 加强与供应商的合作

供应商的表现与采供双方之间是一种什么关系又有很大的联系。一般来说，与企业建立了长期合作伙伴关系的供应商能有较好的表现，如果该种降价计划是合理的话，供应商就能较好地配合企业的降价计划。

与供应商联手实现降低商品采购成本的途径如下。

1) 与供应商共同制订可行的成本降低计划

如果供应商的利润已达到一个非常合理的水平，要求供应商降低售价的前提是供应商自己的成本能降低。企业欲达到降价目的就必须与供应商共同制订一个成本降低计划，并且与供应商一起去寻找可行的途径，如与供应商一道开发更便宜的原材料、互相交流对方的生产设备及工艺、同意供应商采用便宜的包装材料等。

2) 与供应商签订长期的采购协议

长期的采购协议会大大激发供应商的合作欲望，任何一个企业都知道一个长期的客户是何等的重要，除非这个企业准备关门大吉。如果采购方不能给予供应商具体的需求预测而又要求供应商购买原材料进行储备或要求供应商生产较大数量的库存等着出货时，一旦采购方的这些产品停产，采购方应与供应商共同承担这些库存原材料或零部件带来的损失。

3) 供应商参与到产品设计中去

由于供应商对企业要购买的物料可能有数年甚至几十年的经验，如果供应商能更早地参与到产品设计中去就有可能提出一些合理的建议，如简化产品结构、使用更便宜的原材料等。

5. 通过开发优秀的供应商来降低采购总成本

为了降低采购总成本，许多采购人员把很多精力放到了开发优秀新供应商上，许多大企业的采购部成立了供应商开发小组，甚至有的企业把它作为一个独立的部门来运作。一般要求新供应商的地理位置在采购方所在地附近，这样有助于解决开发过程中的问题。如果一个企业因历史原因致使大部分或主要供应商在海外，那么它的供应商开发工作其实就是本地化，本地化不仅可大大缩短交货期，而且采购单价一般可降低 20%~40%。对大部分物料而言，国内廉价的制造成本已使得海外制造企业在价格上无法和国内企业进行竞争。

案例分析

某公司采购人员绩效考核实施方案

1. 目的

为贯彻企业绩效考核管理制度，全面评价采购人员的工作绩效，保证企业经营目标的实现，同时也为员工的薪资调整、教育培训、晋升等提供准确、客观的依据，特制定采购人员绩效考核实施方案。

2. 遵循原则

1) 明确化、公开化原则

考评标准、考评程序和考评责任都应当有明确的规定，而且在考评中应当遵守这些规定。同时，考评标准、程序和对考评责任者的规定在企业内部应当对全体员工公开。

2) 客观考评的原则

明确规定的考评标准，针对客观考评资料进行评价，避免掺入主观性和感情色彩。做到"用事实说话"，考评一定要建立在客观事实的基础上。其次要做到把被考评者与既定标准作比较，而不是在人与人之间进行比较。

3）差别的原则

考核的等级之间应当有鲜明的差别界限，针对不同的考评评语在工资、晋升、使用等方面应体现明显差别，使考评带有刺激性，激励员工的上进心。

4）反馈原则

考评结果（评语）一定要反馈给被考评者本人。在反馈考评结果的同时，应当向被考评者就评语进行说明解释，肯定成绩和进步，说明不足之处，提供今后努力方向的参考意见等。

3. 适用范围

适用于本企业采购部人员，以下人员除外：

（1）考核期开始后进入本企业的员工。

（2）因私、因病、因伤而连续缺勤30日以上者。

（3）因公伤而连续缺勤75日以上者。

（4）虽然在考核期任职，但考核实施日已经退职者。

4. 绩效考核小组成员

人力资源部负责组织绩效考核的全面工作，其主要成员包括人力资源部经理、采购部经理、采购部主管、人力资源部绩效考核专员、人力资源部一般工作人员。

5. 采购绩效考核实施

1）采购人员绩效考核指标

采购人员绩效考核以适时、适质、适量、适价、适地的方式进行，并用量化指标作为考核的尺度。主要利用采购时间、采购品质、采购数量、采购价格、采购效率五个方面的指标对采购人员进行绩效考核。量化指标如表8-1所示。

表8-1 采购人员绩效考核指标

绩效考核方面	权 重	考核指标/指标说明
时间绩效	15%	停工断料，影响工时
		紧急采购（如空运）的费用差额
品质绩效	15%	进料品质合格率
		物料使用的不良率或退货率
数量绩效	30%	呆物料金额
		呆物料损失金额
		库存金额
		库存周转率
价格绩效	30%	实际价格与标准成本的差额
		实际价格与过去平均价格的差额
		比较使用时价格和采购时价格的差额
		将当期采购价格与基期采购价格的比率同当期物价指数与基期物价指数的比率进行比较
效率绩效	10%	采购金额
		采购收益率
		采购部门费用
		新开发供应商数量
		采购完成率
		错误采购次数
		订单处理时间

2）绩效考核周期

采购部经理对于短期内工作产出较清晰的记录和印象以及对工作的产出及时进行评价和反馈，有利于及时地改进工作，以月度为周期进行考核；对于一般企业来说，绩效考核指标以季度或年度进行考核。

3）绩效考核方法及说明

采购人员绩效考核采用量化指标与日常工作表现考核相结合来进行，量化指标占考核的70%，日常工作表现考核占30%，两次考核的总和即为采购人员的绩效。采购人员绩效考核计算方式为

采购人员绩效考核分数 = 量化指标综合考核得分 × 70% + 日常工作表现 × 30%

4）绩效考核实施

绩效考核小组工作人员根据员工的实际工作情况展开评估，员工本人将自己考核期间的工作报告在考核期间交于人力资源部，人力资源部汇总并统计结果，在绩效反馈阶段将考核结果告知被考核者本人。

5）考核结果应用

考核结果分为5个层次，划分标准如表8-2所示，其结果为人力资源部奖金发放、薪资调整、员工培训、岗位调整、人事变动等提供客观的依据。

表8-2 绩效考核结果等级划分标准

杰 出	优 秀	中 等	需 提 高	差
A	B	C	D	E
85分以上	76~85分	66~75分	50~65分	50分以下

根据员工绩效考核的结果，可以发现员工与标准要求的差距，从而制订有针对性的员工发展计划和培训计划，提高培训的有效性，使员工的素质得到提高，最终为企业管理水平的提高打下坚实的基础。

6）绩效考核实施工具

对采购人员的绩效考核，主要的考核实施工具有采购人员绩效考核表、等级标准说明表，如表8-3和表8-4所示。

表8-3 采购人员绩效考核表

项 目		权重	等 级 说 明					自我评分	综合得分
			杰出	优秀	中等	需提高	差		
定量指标	时间绩效	15%							
	品质绩效	15%							
	数量绩效	30%							
	价格绩效	30%							
	效率绩效	10%							
			定量指标权重为70%						
定性指标	责任感	30%							
	合作度	30%							
	主动性	20%							
	纪律性	20%							
			定性指标权重为30%						
			综合得分：						
			考核补充：						
考核人：			被考核人：			考核日期：		年 月 日	

表 8-4 等级标准说明表

项目	考核指标	指标等级划分说明				
		杰出	优秀	中等	有待提高	急需提高
时间绩效	是否导致停工	从不	没有	无记录	3次以下	3次以上
品质绩效	进料品质合格率	100%	90%	85%	65%	60%以下
	物料使用不良率	0	5%以下	5%~10%	10%~15%	15%以上
数量绩效	呆料物料金额	万元以下	~万元	~万元	~万元	万元以上
	库存周转率	%以上	%~%	%~%	%~%	%以下
价格绩效	采购成本降低率	%以上	%~%	%~%	%~%	%以下
	采购价格降低额	万元以下	~万元	~万元	~万元	万元以上
效率绩效	采购完成率	%以上	%~%	%~%	%~%	%以下
	订单处理时间	天以内	~天	~天	~天	天以上
指标等级得分说明						
	杰出	优秀	中等	有待提高	急需提高	
	10分	8分	5分	2分	0分	
相关说明						
编制人员		审核人员		审核日期		
编制日期		批准人员		批准日期		

问题

（1）该案例中对采购人员的绩效主要从哪几个方面进行评估，你认为哪些方面可以进一步完善？

（2）该案例中对采购人员的绩效评估有何特色？

技 能 训 练

1．思考题

（1）采购绩效评估的人员有哪些，各有什么不同？

（2）改进采购绩效评估途径有哪些？

2．能力训练

根据项目 1 所调查的一家中型制造企业，再深入了解该企业在采购绩效评估中做法、经验，找出存在问题并提出解决存在问题的合理化建议。

项目 9

采购业务综合实训

 **项目介绍**

采购业务综合实训是通过在校模拟实习,使学生了解采购、销售、运输和仓储等环节的基本业务,掌握商品采购业务全过程的基本程序和具体方法,包括采购业务核算、开具发票及支票、签订合同及采购业务执行等具体实训内容。

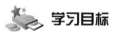 **学习目标**

知 识 目 标	能 力 目 标
(1)掌握采购业务综合实训方法。 (2)熟悉采购业务流程	能够分角色完成生产资料采购业务及生活资料采购业务综合实训

实训准备　采购业务综合实训要点简介

一、公司的设立

把班级的学生划分为 8 个小组,每个小组为一个公司,每个公司五六人,公司的编号依次为 001、002、003、004、005、006、007 和 008,假定这些公司是开展经贸业务的经济实体,在法律上具有法人地位。

二、公司内部的岗位设置及其职责

公司内部设置总经理(兼综合业务员)1 名,采购经理(兼采购员)一两名,销售经理(兼销售员)1 或 2 名,物流经理(兼仓储管理员)1 名。每个岗位每天依次轮换人员。

1. 总经理(兼综合业务员)

(1)负责安排公司业务人员的工作,做好公司内部业务的协调工作,根据实训期限的长短,安排岗位轮换,填制实训岗位分工表。

(2)参与业务决策,帮助采购员或销售员迅速而准确地进行采购渠道和销售价格决策。

(3)以法人代表身份负责签订购销合同。

(4)负责发布公司的可供资源信息。审核销售员提供的可供资源的销售价格信息。

(5)负责购销业务的综合考核工作,每天实训结束前,填制《购销业务综合汇总表》,对业务人员的实绩做出评价。

(6)负责本公司业务人员考勤。

(7)负责当天实训用品的领取、发放和归还工作。

(8)负责购销业务凭证、发票、合同、账卡、报表等归档工作,并移交给实训指导教师。

2. 采购经理(兼采购员)

(1)开展市场调查,收集可供资源的信息。

(2)预测销售成本,确定进货渠道。

(3)负责办理采购业务手续。

(4)负责办理提货和进货手续。

(5)负责办理进货退回手续。

(6)负责填写采购日报表。

3. 销售经理(兼销售员)

(1)负责确定可供资源的销售价格,做好价格发布工作。

(2)热情接待顾客,办理销售业务手续。

(3)负责办理销货退回业务手续。

(4)负责填制销售日报表。

4. 物流经理(兼仓储管理员)

(1)热情接待顾客,负责办理商品入库、出库和发运业务手续。

（2）根据入、出库凭证，做好实物明细账卡的记账工作。
（3）负责储运业务凭证的归档工作，并移交给总经理（兼综合业务员）。

三、交易方式

每个公司在每次交易前将获得两类信息：可供资源信息和用户订购信息。可供资源信息是指公司已经购入并形成库存，在交易日由销售经理计算销售成本和目标利润后，完成销售的商品信息；用户订购信息是指公司已收到的来自于客户的订单信息，应在交易日由采购经理完成采购成本核算与采购过程，并按照客户订单显示的订购价格和交货时间等信息完成销售。

交易是在单数公司与双数公司之间进行。单数公司拥有双数公司所需要的资源，双数公司根据所给定的用户求购信息向单数公司采购商品。同样，双数公司也拥有单数公司所需要的资源，单数公司根据所给定的用户求购信息向双数公司采购商品。

例如，001公司根据给定的可供资源信息，核算出每种可供资源的销售单价；002公司，根据用户订购信息，预测从各单数公司购进商品的成本，要同用户订购商品的价格进行比较，经过谈判，最后选择能够满足用户需求、盈利率高的公司作为采购渠道，并办理采购手续。

四、交易条件

（1）假定交易中凡涉及的所有资金，都是向银行贷款，数量不限，月利息率为4.5‰。凡不足一个月者，按一个月计。
（2）交易时间定为5月15日（与实际日期无关）。
（3）交货地点为供货单位所在地。
（4）运输方式为公路运输，运输费用约定由买方自付，因此采购方计算运费，销售方不再计算运费，而按客户需求订单采购的商品则需要计算运费。
（5）商品在采购与销售过程中所涉及的价格均为含税价（所有商品的增值税税率均设定为17%）。

五、经贸业务程序及其相关公式

1．销售业务决策程序

销售业务决策程序如图9.1所示。
1）销售业务决策
销售业务决策是依据给定的可供资源，进行销售价格决策。
2）销售单价核算
销售单价核算的基本公式为

$$销售单价 = 采购单价 + 单位仓储费 + 单位管理费 + 单位利息 + 单位目标利润 + \cdots \tag{9.1}$$

其中各项费用具体计算如下：
（1）采购单价为给定的可供资源的购进单价。
（2）商品仓储费用的计算公式为

$$非计重商品的单位仓储费 = 采购单价 \times 1\% \times 月数 \tag{9.2}$$

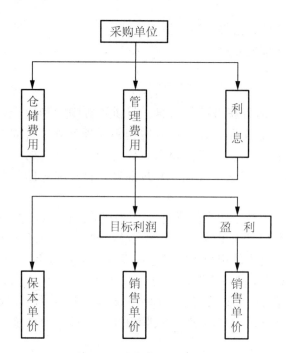

图 9.1 销售业务决策程序

$$\text{非计重商品仓储费用} = \text{采购单价} \times 1\% \times \text{月数} \times \text{数量} \quad (9.3)$$
$$\text{计重商品的单位仓储费} = 10 \times \text{月数} \quad (9.4)$$
$$\text{计重商品仓储费用} = 10 \times \text{月数} \times \text{吨数} \quad (9.5)$$

计重商品包括金属材料与粮油食品；非计重商品包括机械产品与百货。

（3）商品的管理费用的计算公式为

$$\text{单位商品的管理费} = \text{采购单价} \times 1\% \quad (9.6)$$
$$\text{商品的管理费用} = \text{采购单价} \times 1\% \times \text{数量} \quad (9.7)$$

（4）利息计算公式为

$$\text{单位利息} = (\text{采购单价} + \text{单位仓储费} + \text{单位管理费}) \times (4.5\text{‰} \times \text{月数}) \quad (9.8)$$

其中，月利息率为 4.5‰。

（5）单位商品的目标利润计算规定如下：

① 规定在实训日上午按目标利润为 20% 来确定销售单价。
② 规定在实训日下午按一定的盈利为条件来确定销售单价。

其计算公式为

$$\text{单位目标利润} = (\text{采购单价} + \text{单位仓储费} + \text{单位管理费} + \text{单位利息}) \times \text{利润率} \quad (9.9)$$
$$\text{销售单价} = (\text{采购单价} + \text{单位仓储费} + \text{单位管理费} + \text{单位利息}) \times (1 + \text{利润率}) \quad (9.10)$$

其中，利润率 = 0 时，计算的销售单价为保本销售单价。

【例 9-1】001 公司于 2010 年 4 月 1 日购进首钢厂的 $45^{\#} \Phi 32$ 圆钢 160 吨，采购单价为 4 500 元/吨，假设交易时间为 5 月 15 日，试计算该产品的保本销售单价及目标利润率为 20% 时的销售单价。

解：从 4 月 1 日产品购进至交易日 5 月 15 日，不足 2 个月，计算单位仓储费用、管理费

用及利息时所涉及的时间均按两个月计算，圆钢属金属材料，故单位仓储费用按计重商品费率计算，则有

保本销售单价 = 采购单价 + 单位仓储费 + 单位管理费 + 单位利息
$$= 4\,500 + 10 \times 2 + 4\,500 \times 1\% \times 2 + (4\,500 + 10 \times 2 + 4\,500 \times 1\% \times 2) \times (4.5‰ \times 2)$$
$$= 4\,651.49\,(元)$$

目标利润率为20%时的销售单价为

销售单价 = （采购单价 + 单位仓储费 + 单位管理费 + 单位利息）×（1 + 利润率）
$$= 4\,651.49 \times (1 + 20\%)$$
$$= 5\,581.79\,(元)$$

【例9-2】 002公司于2010年2月20日购进JK型起重卷扬机2台，采购单价为13 800元/台，若在5月15日卖出，则保本销售单价及目标利润率为20%的销售单价各为多少？

解：从2月20日产品购进至交易日5月15日，不足3个月，计算单位仓储费、管理费及利息时所涉及的时间均按3个月计算，JK型起重卷扬机属机械产品，故单位仓储费按非计重商品费率计算，则有

保本销售单价 = 采购单价 + 单位仓储费 + 单位管理费 + 单位利息
$$= (13\,800 + 13\,800 \times 1\% \times 3 + 13\,800 \times 1\% \times 3) \times (1 + 4.5‰ \times 3)$$
$$= 14\,825.48\,(元)$$

目标利润率为20%时的销售单价为

销售单价 = （采购单价 + 单位仓储费 + 单位管理费 + 单位利息）×（1 + 利润率）
$$= 14\,825.48 \times (1 + 20\%)$$
$$= 17\,790.57\,(元)$$

3）利润额与销售利润率核算

相关的计算公式为

$$销售收入 = 销售单价 \times 数量 \quad (9.11)$$

$$利润额 = 销售收入 - 采购成本 - 仓储费 - 管理费 - 利息 - 销售税金及附加 \quad (9.12)$$

注意：
$$销售税金及附加 = 购销差价 \times 17\% \times 11.3\%$$
$$= (销售收入 - 采购成本) \times 17\% \times 11.3\% \quad (9.13)$$

其中，设定增值税率为17%，配套附加税率为11.3%

$$销售利润率 = 利润额 / 销售收入 \quad (9.14)$$

【例9-3】 002公司于2010年2月20日购进JK型起重卷扬机2台，采购单价为13 800元/台，若在5月15日以16 500元/台的价格全部卖出，则002公司此项业务所实现的利润额及销售利润率各为多少？

解：利润额 = 销售收入 - 采购成本 - 仓储费 - 管理费 - 利息 - 销售税金及附加
$$= 16\,500 \times 2 - 13\,800 \times 2 - 13\,800 \times 1\% \times 3 \times 2 - 13\,800 \times 1\% \times 3 \times 2 -$$
$$(13\,800 \times 2 + 13\,800 \times 1\% \times 3 \times 2 + 13\,800 \times 1\% \times 3 \times 2) \times$$
$$(4.5‰ \times 3) - (16\,500 \times 2 - 13\,800 \times 2) \times 17\% \times 11.3\%$$
$$= 3\,245.31\,(元)$$

销售利润率 = 利润额/销售收入
= 3 245.31÷（16 500 × 2）
= 9.83%

2．采购业务决策程序

采购业务决策程序如图 9.2 所示。

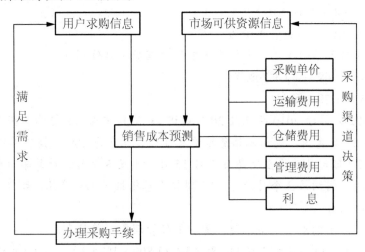

图 9.2　采购业务决策程序

公司采购商品是为了销售给已经下单求购的用户。因此，可依据相关用户订购的商品价格（销售单价）计算该产品的采购成本范围，进而来选择合适的供应商。

1）核算保本采购单价的方法

用户求购单价 = 保本采购单价 + 单位运输费 + 单位仓储费 + 单位管理费 + 单位利息
(9.15)

其中各项费用具体计算如下：

（1）商品运输费用计算公式为

非计重商品单位运输费 = 保本采购单价 × 1‰ × 千米数　(9.16)

非计重商品运输费 = 保本采购价 × 1‰ × 千米数 × 数量　(9.17)

计重商品单位运输费 = 1.5 × 千米数　(9.18)

计重商品运输费 = 1.5 × 千米数 × 吨数　(9.19)

式中，公里数即为购销两公司间的运输距离。

（2）单位商品的仓储费用、管理费用及利息的计算方法与销售过程的计算方法相同，所以公式（9.14）可整理为

用户求购单价 =（保本采购单价 + 单位运输费 + 单位仓储费 + 单位管理费）×
（1 + 4.5‰ × 月数）　(9.20)

由于用户求购单价为已知条件，所以可得

保本采购单价 = $\frac{用户求购单价}{(1 + 4.5‰ × 月数)}$ − 单位运输费 − 单位仓储费 − 单位管理费　(9.21)

注意：若有多家公司同时订购同一商品，且求购价格不一致，则采用加权平均法求得用户求购单价。

2）以一定盈利为条件的采购单价计算

设定最理想的目标利润率作为盈利条件，则

$$用户求购单价 = 采购单价 + 单位运输费 + 单位仓储费 + 单位管理费 + 单位利息 + 单位目标利润 \quad (9.22)$$

即

$$用户求购价单价 = (采购单价 + 单位运输费 + 单位仓储费 + 单位管理费) \times (1 + 4.5‰ \times 月数) \times (1 + 目标利润率)$$

整理后得到计算公式为

$$采购单价 = \frac{用户求购单价}{(1 + 4.5‰ \times 月数) \times (1 + 目标利润率)} - 单位运输费 - 单位仓储费 - 单位管理费 \quad (9.23)$$

【例 9-4】 003 公司接到 4 家客户订购 Φ6.5×5 000 线材的订单，客户订单统计表详情如表 9-1 所示。

表 9-1 客户订单统计表

求购单位	单位	求购数量	求购单价/元	交货时间	交货方式
爱思电器厂	吨	37.5	4 750.00	一个月	自提
上海制衣公司	吨	42.5	4 730.00	一个月	自提
上海体育器材厂	吨	47.5	4 700.00	一个月	自提
南大化工厂	吨	47.5	4 800.00	一个月	自提

003 公司的采购员经过市场调研发现，006 公司有 200 吨 Φ6.5×5 000 线材待售，已知 003 公司距离 006 公司 102 千米，试计算该线材的保本采购价格及目标利润率为 20% 的采购价格。

解：003 公司对外销售 Φ6.5×5 000 线材的价格（用户求购单价）为

$$\frac{4\,750 \times 37.5 + 4\,730 \times 42.5 + 4\,700 \times 47.5 + 4\,800 \times 47.5}{37.5 + 42.5 + 47.5 + 47.5} = 4\,745.14 \,(元)$$

$$保本采购单价 = \frac{用户求购单价}{(1 + 4.5‰ \times 月数)} - 单位运输费 - 单位仓储费 - 单位管理费$$

$$= \frac{4\,745.14}{(1 + 4.5‰)} - 1.5 \times 102 - 10 - 采购保本单价 \times 1\%$$

整理后求得

$$保本采购单价 = 4\,515.73 \,(元)$$

依公式（9.22）目标利润率为 20% 的采购单价为

$$采购单价 = \frac{用户求购单价}{(1 + 4.5‰ \times 月数) \times (1 + 目标利润率)} - 单位运输费 - 单位仓储费 - 单位管理费$$

$$= \frac{4\,745.14}{(1 + 4.5‰) \times (1 + 20\%)} - 1.5 \times 102 - 10 - 采购保本单价 \times 1\%$$

整理后求得

$$采购单价 = 3\,736.21 \,(元)$$

3）采购价格与保本采购单价

采购方的采购价格不能高于保本采购单价，若采购价格高于保本采购单价，则买家要亏损；若能以最理想的目标利润率条件下计算出来的采购单价来进行采购，是最理想的；若采购价格介于二者之间，是可以接受的。在【例 9-4】中，003 公司若从 006 公司采购 $\varPhi 6.5 \times 5\,000$ 线材，价格不能高于 4 515.73 元，否则就要亏损；若一定要保持 20%的利润率，则采购价格不能高于 3 736.21 元。

4）相对运距

交易单位之间的相对运距如图 9.3 和图 9.4 所示。

0 0 1	0 0 1						
0 0 2	9 0	0 0 2					
0 0 3	8 0	7 6	0 0 3				
0 0 4	9 5	8 3	8 6	0 0 4			
0 0 5	7 5	1 0 5	7 5	8 5	0 0 5		
0 0 6	7 2	7 0	1 0 2	7 5	8 2	0 0 6	
0 0 7	9 5	8 5	7 8	9 3	8 5	8 6	0 0 7
0 0 8	1 0 5	8 5	9 0	9 5	7 8	7 5	8 0	0 0 8

图 9.3 工业品（或生产资料）运距（单位：吨/千米）

0 0 1	0 0 1						
0 0 2	1 0 0	0 0 2					
0 0 3	9 0	9 0	0 0 3				
0 0 4	1 1 0	8 0	1 0 0	0 0 4			
0 0 5	8 0	8 5	1 1 0	8 0	0 0 5		
0 0 6	9 0	9 0	8 0	1 0 0	8 2	0 0 6	
0 0 7	1 0 0	1 0 0	7 8	8 3	8 5	8 6	0 0 7
0 0 8	1 1 0	8 5	9 0	9 5	1 0 0	8 5	8 0	0 0 8

图 9.4 消费品运距（单位：吨/千米）

5）模拟交易公司基本信息

模拟交易公司基本信息如表 9-2 所示。

表 9-2 模拟交易公司基本信息

公司编号	地址、邮编	电话	税务登记号	开户银行及账号
001	劳动路 8 号 324002	86324507	734651907512566	工行劳动路营业所 2104500572
002	中山路 11 号 324005	86210688	980254880076431	建行中山路营业所 2104500796
003	天津路 80 号 324007	86382180	436749261234127	工行天津路营业所 2104400788
004	延安路 69 号 310004	88851610	796356304728105	农行延安路营业所 2140245365
005	教工路 18 号 310012	88087675	821658403618990	工行高新开发区营业所 2141025676
006	陈太路 30 号 310018	88818068	674289271002918	农行陈太路营业所 2140450056
007	天目山路 16 号 310005	86518818	199483258403721	工行天目山路营业所 2140518180
008	莫干山路 102 号 324015	88852719	339636271459453	交行莫干山路营业所 2104600579

任务 1　生产资料采购业务综合实训

一、任务要求

1. 综合业务管理

总经理负责安排公司内部成员的工作岗位，填写实训岗位分工表，如表 9-3 所示，参与业务决策，帮助采购经理和销售经理完成采购渠道和销售价格的决策，负责购销业务的综合考核工作，根据采购日报表与销售日报表填写购销业务汇总表，如表 9-4 所示。交易结束后，将所有业务凭证、发票、合同、账卡、报表等归档，并移交给实训指导教师。

表 9-3 实训岗位分工表

日期_____公司名称_____

姓名 \ 岗位	总　经　理	采购经理	销售经理	物流经理

制　表　人_____
班　　级_____
实际日期_____

表 9-4　购销业务汇总表

公司名称_____

品名规格	单位	购进			运杂费	仓储费	管理费	利息	税金	销售			销售利润	销售利润率	备注
		数量	单价/元	金额/元						数量	单价/元	金额/元			
														%	
														%	
														%	
														%	
														%	
														%	
														%	
合计														%	
备注															

制表人_____　班级_____　实际日期_____

2．采购业务

各公司采购经理根据用户求购价格计算采购保本价格，然后去对应公司查看购买产品的挂牌价，与供应商进行谈判，选择适合的供应商，确定合适的成交价格，在获得授权的情况下，代表公司法人与之签订购销合同，购销合同如表 9-5 所示。合同签订之后，采购员代表公司财务会计向销货方开具转账支票，如图 9.5 所示，将符合用户价格要求的产品订购进来，并收取对方开具的增值税发票，如图 9.6 所示。当日交易结束后，完成采购日报表，如表 9-6 所示。

表 9-5　产品购销合同

供方_____　　　　　　　合同编号_____
需方_____　　　　　　　签订地点_____
签订时间_____年___月___日

一、产品名称、牌号、型号、厂家、数量、金额及交货时间

产品名称	牌号	规格型号	生产厂家	计量单位	数量	单价	总金额	交货时间

合计人民币金额（大写）

二、质量标准、供方对质量负责的范围及期限
三、交货地点、方式
四、运输方式及运杂费负担
五、验收标准、方法及提出异议期限

续表

六、结算方式及期限		
七、违约责任		
八、解决合同纠纷的方式		
九、其他约定事项		
供　方 单位名称（章） 单位地址 法人代表 委托代理人 电话 开户银行及账号 邮编	需　方 单位名称（章） 单位地址 法人代表 委托代理人 电话 开户银行及账号 邮编	签（公）证意见 经办人 签（公）证机关（章） 年　月　日

制表人_____ 班级_____ 实际日期_____

【参考单据】

图 9.5　转账支票样本

【参考单据】

图 9.6　增值税发票样本

注意：增值税发票一式三联，第一联为发票联，购货方记账用；第二联为抵扣联，购货方作抵扣税款凭证；第三联为记账联，销售方记账用。

表 9-6　采购日报表

公司名称_____

品名规格	单位	购　进					销　售					运杂费	仓储费	管理费	利息	税金	销售利润
		日期	供货单位	数量	单价/元	金额/元	交货日期	用户单位	数量	单价/元	金额/元						
合计																	

制表人_____　班级_____　实际日期_____

3. 销售业务

销售经理就已有商品计算保本销售单价及一定盈利条件为目标的销售单价，经总经理审核后，填写报价单，如表 9-7 所示，并与有商品需求的对应公司采购员进行谈判。谈判成功后，与需方采购员共同签订购销合同，准确开具增值税发票，并收取对方公司采购员填写正确的现金转账支票。当日交易结束后，完成销售日报表，如表 9-8 所示。

表 9-7　报价单

供货单位_____

商品名称	规格型号	产地	单位	可供数量	价格/元

制表人_____　班级_____　实际日期_____

表9-8　销售日报表

公司名称_____

品名规格	单位	购进					销售					运杂费	仓储费	管理费	利息	税金	销售利润
		日期	供货单位	数量	单价/元	金额/元	交货日期	用户单位	数量	单价/元	金额/元						
合计																	

制表人_____　班级_____　实际日期_____

4．物流业务

物流经理负责办理商品的入库、出库和发运业务手续，如表9-9和表9-10所示，并根据进出库凭证，做好实物明细账卡的记账工作，如表9-11所示。当天交易结束后，负责储运业务凭证的归档工作，并移交给总经理。

表9-9　产品入库单

采购合同号：　　　　　　　　　件数：　　　　　　　　　入库时间：

编号	产品名称	型号	批次	数量			进货单价	金额	结算方式	
				应收数量	实收数量	差额			转账支票	现款

仓库主管：　　　　　　仓管员：　　　　　　复核：　　　　　　制单：

表 9-10 产品出库单

出库通知单编号：
提货人：　　　　　　　　　　　　　　　　　　年　月　日

编　号	产品名称	型　号	批　次	单　位	数　量	单　价	金　额	备　注

仓库主管：　　　　　　仓管员：　　　　　　复核：　　　　　　制单：

表 9-11 实物明细账卡

品　名		规格型号		产品验收情况	
计量单位		进货单位		交货单位	
应收数		单位体积		标志或嗓头	
实收数		单位重量		包装情况	

年		收发凭证号	摘要	收入	发出	结存	备注
月	日						

记账人_____　班级_____　实际日期_____

二、任务背景资料

1. 各公司可供生产资料信息

1）001 公司单位可供资源信息

001 公司单位可供资源信息如表 9-12 所示。

表 9-12 001 公司单位可供资源信息

购进日期	品名、规格	生　产　厂	单　位	数　量	购进单价/元
	（1）金属材料				
4/1	圆钢 45# Φ32	首钢厂	吨	160	2 316.00
4/10	冷轧薄板 1×1 000×2 000	武汉钢厂	吨	170	5 257.00
4/14	镀锌板 0.5×1 000×2 000	武汉钢厂	吨	180	5 982.00
4/20	线材 Φ6.5×5 000	上钢二厂	吨	170	2 350.00

续表

购进日期	品名、规格	生产厂	单位	数量	购进单价/元
4/2	紫铜板 1×100×200（T2Y）	洛阳铜加工厂	吨	50	15 384.00
4/5	青铜棒 ϕ16×5 000（9.4%）	洛阳铜加工厂	吨	40	19 658.00
4/10	六角铜棒 S=30m/m	上海铜棒厂	吨	50	11 452.00
4/20	铝合金 102#	贵州铝合金厂	吨	60	6 664.00
	（2）机械产品				
2/20	IT 卷扬机	青峰机械厂	台	60	2 547.00
2/21	潜水泵 QX4-10-0.37	通风机械厂	台	100	299.00
3/22	管道泵 6SSG30-15	虹桥水泵厂	台	80	769.00
3/23	旋涡泵 1W2.5-12	上海环球水泵厂	台	80	786.00
4/24	ϕ9.7 直柄钻头	哈尔滨量刀具厂	只	10 000	4.20
4/25	ϕ30D4 套式铰刀	上海工具厂	只	8 000	23.00
2/21	KZ200 三爪卡盘	上海机床附件厂	只	200	239.00
2/22	ϕ63×8 硬质三面铣刀	上海工具厂	只	4 000	29.90

2）002 公司单位可供资源信息

002 公司单位可供资源信息如表 9-13 所示。

表 9-13　002 公司单位可供资源信息

购进日期	品名、规格	生产厂	单位	数量	购进单价/元
	（1）金属材料				
4/1	圆钢 45# ϕ45	首钢厂	吨	160	2 393.00
4/10	螺纹钢 20MnSi ϕ14×5 000	无钢二厂	吨	170	2 435.00
4/14	无缝钢管 ϕ10×1×5 000	洪都钢厂	吨	180	3 418.00
4/20	线材 ϕ8×5 000	上钢二厂	吨	170	2 350.00
4/2	青铜带 0.3×200	上海铜带厂	吨	40	26 495.00
4/5	铝板 1×1 000×2 000	上海铝板厂	吨	50	9 401.00
4/10	镍 0#Ni	重庆冶炼厂	吨	40	51 538.00
4/20	硅 MBC 一级 Si	株洲冶炼厂	吨	70	5 042.00
	（2）机械产品				
2/20	CDIT×9M 电动葫芦	上海军机厂	台	80	3 401.00
2/21	SB60-3 试压泵	浦江车辆厂	台	100	554.00
3/24	2X-4A 真空泵	曹阳真空泵厂	台	80	769.00
3/25	$1^{1/2}$GE-5 给水泵	松江机械厂	台	60	1 452.00
4/24	ϕ13.2 直柄钻头	北京量刀具厂	只	10 000	7.60
4/25	0-125×0.02 游标卡尺	上海量刀具厂	只	6 000	42.70
2/25	ϕ10-2#G 硬质合金锥柄铰刀	上海工具厂	只	4 000	14.50
2/26	ϕ20 锥柄键铣刀	上海工具厂	只	6 000	15.20

3）003 公司单位可供资源信息

003 公司单位可供资源信息如表 9-14 所示。

表 9-14　003 公司单位可供资源信息

购进日期	品名、规格	生 产 厂	单 位	数 量	购进单价/元
（1）金属材料					
4/1	圆钢 45# ϕ32	首钢厂	吨	160	2 333.00
4/10	冷轧薄板 1×1 000×2 000	武汉钢厂	吨	150	5 213.00
4/14	镀锌板 0.5×1 000×2 000	武汉钢厂	吨	180	6 068.00
4/20	线材 ϕ6.5×5 000	上钢二厂	吨	190	2 435.00
4/2	紫铜板 1×100×200（T2Y）	洛阳铜加工厂	吨	40	15 641.00
4/5	青铜棒 ϕ16×5 000（9.4%）	洛阳铜加工厂	吨	30	19 487.00
4/10	六角铜棒 S=30m/m	上海铜棒厂	吨	60	11 623.00
4/20	铝合金 102#	贵州铝合金厂	吨	70	6 487.00
（2）机械产品					
2/20	IT 卷扬机	青峰机械厂	台	60	2 521.00
2/21	潜水泵 QX4-10-0.37	通风机械厂	台	100	316.00
3/22	管道泵 6SSG30-15	虹桥水泵厂	台	80	794.00
3/23	旋涡泵 1W2.5-12	上海环球水泵厂	台	80	769.00
4/24	ϕ9.7 直柄钻头	哈尔滨量刀具厂	只	10 000	4.00
4/25	ϕ30D4 套式铰刀	上海工具厂	只	8 000	23.45
2/21	KZ200 三爪卡盘	上海机床附件厂	只	200	243.00
2/22	ϕ63×8 硬质三面铣刀	上海工具厂	只	4 000	25.00

4）004 公司单位可供资源信息

004 公司单位可供资源信息如表 9-15 所示。

表 9-15　004 公司单位可供资源信息

购进日期	品名、规格	生 产 厂	单 位	数 量	购进单价/元
（1）金属材料					
4/1	圆钢 45# ϕ45	首钢厂	吨	140	2 393.00
4/10	螺纹钢 20MnSiϕ14×5 000	无钢二厂	吨	180	2 478.00
4/14	无缝钢管 ϕ10×1×5 000	洪都钢厂	吨	190	3 418.00
4/20	线材 ϕ8×5 000	上钢二厂	吨	170	2 307.00
4/2	青铜带 0.3×200	上海铜带厂	吨	40	26 923.00
4/5	铝板 1×1 000×2 000	上海铝板厂	吨	50	9 316.00
4/10	镍 0#Ni	重庆冶炼厂	吨	30	51 367.00
4/20	硅 MBC 一级 Si	株洲冶炼厂	吨	70	5 000.00
（2）机械产品					
2/20	CDIT×9M 电动葫芦	上海军机厂	台	80	3 376.00
2/21	SB60-3 试压泵	浦江车辆厂	台	100	572.00

续表

购进日期	品名、规格	生产厂	单位	数量	购进单价/元
3/24	2X-4A 真空泵	曹阳直空泵厂	台	80	794.00
3/25	$1^{1/2}$GE-5 给水泵	松江机械厂	台	60	1 478.00
4/24	ϕ13.2 直柄钻头	北京刀具厂	只	10 000	8.10
4/25	0-125×0.02 游标卡尺	上海量刀具厂	只	6 000	47.80
2/25	ϕ10-2$^\#$G 硬质合金锥柄铰刀	上海工具厂	只	4 000	16.20
2/26	ϕ20 锥柄键铣刀	上海工具厂	只	6 000	15.80

5）005 公司单位可供资源信息

005 公司单位可供资源信息如表 9-16 所示。

表 9-16 005 公司单位可供资源信息

购进日期	品名、规格	生产厂	单位	数量	购进单价/元
	（1）金属材料				
4/1	圆钢 45$^\#$ ϕ32	首钢厂	吨	160	2 393.00
4/10	冷轧薄板 1×1 000×2 000	武汉钢厂	吨	150	5 256.00
4/14	镀锌板 0.5×1 000×2 000	武汉钢厂	吨	180	5 982.00
4/20	线材 ϕ6.5×5 000	上钢二厂	吨	190	2 418.00
4/2	紫铜板 1×100×200（T2Y）	洛阳铜加工厂	吨	40	15 384.00
4/5	青铜棒 ϕ16×5 000（9.4%）	洛阳铜加工厂	吨	30	19 487.00
4/10	六角铜棒 S=30m/m	上海铜棒厂	吨	60	11 367.00
4/20	铝合金 102$^\#$	贵州铝合金厂	吨	70	6 581.00
	（2）机械产品				
2/20	IT 卷扬机	青峰机械厂	台	60	2 547.00
2/21	潜水泵 QX4-10-0.37	通风机械厂	台	100	307.00
3/22	管道泵 6SSG30-15	虹桥水泵厂	台	80	786.00
3/23	旋涡泵 1W2.5-12	上海环球水泵厂	台	80	794.00
4/24	ϕ9.7 直柄钻头	哈尔滨量刀具厂	只	10 000	3.58
4/25	ϕ30D4 套式铰刀	上海工具厂	只	8 000	23.80
2/21	KZ200 三爪卡盘	上海机床附件厂	只	200	247.00
2/22	ϕ63×8 硬质三面铣刀	上海工具厂	只	4 000	29.80

6）006 公司单位可供资源信息

006 公司单位可供资源信息如表 9-17 所示。

表 9-17 006 公司单位可供资源信息

购进日期	品名、规格	生产厂	单位	数量	购进单价/元
	（1）金属材料				
4/1	圆钢 45$^\#$ ϕ45	首钢厂	吨	180	2 478.00
4/10	螺纹钢 20MnSiϕ14×5 000	无钢二厂	吨	200	2 521.00

续表

购进日期	品名、规格	生产厂	单位	数量	购进单价/元
4/14	无缝钢管 $\phi10 \times 1 \times 5\,000$	洪都钢厂	吨	160	3 461.00
4/20	线材 $\phi8 \times 5\,000$	上钢二厂	吨	140	2 393.00
4/2	青铜带 0.3×200	上海铜带厂	吨	40	26 666.00
4/5	铝板 $1 \times 1\,000 \times 2\,000$	上海铝板厂	吨	50	9 059.00
4/10	镍 $0^{\#}$Ni	重庆冶炼厂	吨	40	51 452.00
4/20	硅 MBC 一级 Si	株洲冶炼厂	吨	70	5 017.00
	（2）机械产品				
2/20	CDIT×9M 电动葫芦	上海军机厂	台	80	3 393.00
2/21	SB60-3 试压泵	浦江车辆厂	台	100	564.00
3/24	2X-4A 真空泵	曹阳真空泵厂	台	80	786.00
3/25	$1^{1/2}$GE-5 给水泵	松江机械厂	台	60	1 470.00
4/24	$\phi13.2$ 直柄钻头	北京量刀具厂	只	10 000	7.26
4/25	$0-125 \times 0.02$ 游标卡尺	上海量刀具厂	只	6 000	47.80
2/25	$\phi10-2^{\#}$G 硬质合金锥柄铰刀	上海工具厂	只	4 000	15.30
2/26	$\phi20$ 锥柄键铣刀	上海工具厂	只	6 000	16.20

7）007 公司单位可供资源信息

007 公司单位可供资源信息如表 9-18 所示。

表 9-18　007 公司单位可供资源信息

购进日期	品名、规格	生产厂	单位	数量	购进单价/元
	（1）金属材料				
4/1	圆钢 $45^{\#}\phi32$	首钢厂	吨	160	2 350.00
4/10	冷轧薄板 $1 \times 1\,000 \times 2\,000$	武汉钢厂	吨	170	5 299.00
4/14	镀锌板 $0.5 \times 1\,000 \times 2\,000$	武汉钢厂	吨	200	6 025.00
4/20	线材 $\phi6.5 \times 5\,000$	上钢二厂	吨	150	2 393.00
4/2	紫铜板 $1 \times 100 \times 200$（T2Y）	洛阳铜加工厂	吨	40	15 555.00
4/5	青铜棒 $\phi16 \times 5\,000$（9.4%）	洛阳铜加工厂	吨	50	19 726.00
4/10	六角铜棒 S=30m/m	上海铜棒厂	吨	30	11 452.00
4/20	铝合金 $102^{\#}$	贵州铝合金厂	吨	70	6 495.00
	（2）机械产品				
2/20	IT 卷扬机	青峰机械厂	台	60	2 521.00
2/21	潜水泵 QX4-10-0.37	通风机械厂	台	100	307.00
3/22	管道泵 6SSG30-15	虹桥水泵厂	台	80	769.00
3/23	旋涡泵 1W2.5-12	上海环球水泵厂	台	80	786.00
4/24	$\phi9.7$ 直柄钻头	哈尔滨量刀具厂	只	10 000	3.80
4/25	$\phi30D4$ 套式铰刀	上海工具厂	只	8 000	24.60
2/21	KZ200 三爪卡盘	上海机床附件厂	只	200	241.00
2/22	$\phi63 \times 8$ 硬质三面铣刀	上海工具厂	只	4 000	31.60

8）008公司单位可供资源信息

008公司单位可供资源信息如表9-19所示。

表9-19 008公司单位可供资源信息

购进日期	品名、规格	生产厂	单位	数量	购进单价/元
	（1）金属材料				
4/1	圆钢 45# Φ45	首钢厂	吨	160	2 478.00
4/10	螺纹钢 20MnSiΦ14×5 000	上钢二厂	吨	170	2 538.00
4/14	无缝钢管 Φ10×1×5 000	洪都钢厂	吨	170	3 504.00
4/20	线材 Φ8×5 000	上钢二厂	吨	180	2 435.00
4/2	青铜带 0.3×200	上海铜带厂	吨	40	27 350.00
4/5	铝板 1×1 000×2 000	上海铝板厂	吨	50	9 145.00
4/10	镍 0#Ni	重庆冶炼厂	吨	40	51 196.00
4/20	硅 MBC 一级 Si	株洲冶炼厂	吨	70	5 034.00
	（2）机械产品				
2/20	CDIT×9M 电动葫芦	上海军机厂	台	80	3 393.00
2/21	SB60-3 试压泵	浦江车辆厂	台	100	572.00
3/24	2X-4A 真空泵	曹阳真空泵厂	台	80	769.00
3/25	1$^{1/2}$GE-5 给水泵	松江机械厂	台	60	1 452.00
4/24	Φ13.2 直柄钻头	北京量刀具厂	只	10 000	7.68
4/25	0-125×0.02 游标卡尺	上海量刀具厂	只	6 000	46.10
2/25	Φ10-2#G 硬质合金锥柄铰刀	上海工具厂	只	4 000	14.90
2/26	Φ20 锥柄键铣刀	上海工具厂	只	6 000	15.80

2．各公司用户求购生产资料信息

1）001公司用户求购信息

（1）金属材料求购信息如表9-20所示。

表9-20 001公司用户金属材料求购信息

求购单位	品种、规格	单位	求购数量	求购单价/元	交货时间	交货方式
河南轮胎厂	圆钢 45#Φ45	吨	40	3 270.00	一个月	自提
上海新民炼胶厂	圆钢 45#Φ45	吨	40	3 770.00	一个月	自提
南京电炉厂	圆钢 45#Φ45	吨	40	3 790.00	一个月	自提
上海真空泵厂	圆钢 45#Φ45	吨	40	3 800.00	一个月	自提
上海继电器厂	螺纹钢 20MnSiΦ14×5 000	吨	50	3 780.00	一个月	自提
苏州低压器厂	螺纹钢 20MnSiΦ14×5 000	吨	42.5	3 800.00	一个月	自提
洛阳铜加工厂	螺纹钢 20MnSiΦ14×5 000	吨	45	3 892.00	一个月	自提
常熟第二电机厂	螺纹钢 20MnSiΦ14×5 000	吨	42.5	3 850.00	一个月	自提
上海铁合金厂	无缝钢管 Φ10×1×5 000	吨	45	5 200.00	一个月	自提
哈尔滨量具厂	无缝钢管 Φ10×1×5 000	吨	47.5	5 230.00	一个月	自提

续表

求购单位	品种、规格	单位	求购数量	求购单价/元	交货时间	交货方式
青岛燃料厂	无缝钢管 $\phi 10 \times 1 \times 5\,000$	吨	40	5 232.00	一个月	自提
上海精细化工厂	无缝钢管 $\phi 10 \times 1 \times 5\,000$	吨	42.5	5 240.00	一个月	自提
通用机械厂	线材 $\phi 8 \times 5\,000$	吨	45	3 580.00	一个月	自提
张江化工厂	线材 $\phi 8 \times 5\,000$	吨	42.5	3 667.00	一个月	自提
上海溶剂厂	线材 $\phi 8 \times 5\,000$	吨	35	3 695.00	一个月	自提
上海线缆三厂	线材 $\phi 8 \times 5\,000$	吨	42.5	3 720.00	一个月	自提
天津量具厂	青铜带 0.3×200	吨	10	3 900.00	一个月	自提
哈尔滨量具厂	青铜带 0.3×200	吨	10	3 940.00	一个月	自提
大符橡胶厂	青铜带 0.3×200	吨	10	3 970.00	一个月	自提
长沙电炉丝厂	青铜带 0.3×200	吨	10	4 020.00	一个月	自提
株洲冶炼厂	铝板 $1 \times 1\,000 \times 2\,000$	吨	12.5	13 400.00	一个月	自提
江苏焊条厂	铝板 $1 \times 1\,000 \times 2\,000$	吨	12.5	13 660.00	一个月	自提
天津化工厂	铝板 $1 \times 1\,000 \times 2\,000$	吨	12.5	13 900.00	一个月	自提
柳州锌品厂	铝板 $1 \times 1\,000 \times 2\,000$	吨	12.5	14 000.00	一个月	自提
上海材料所	镍 $0^{\#}Ni$	吨	10	75 600.00	一个月	自提
无锡铝线厂	镍 $0^{\#}Ni$	吨	12.5	76 010.00	一个月	自提
新沪钢厂	镍 $0^{\#}Ni$	吨	7.5	76 060.00	一个月	自提
上海工具厂	镍 $0^{\#}Ni$	吨	10	76 310.00	一个月	自提
河南轮胎厂	硅 MBC 一级 Si	吨	17.5	7 500.00	一个月	自提
上海新民炼胶厂	硅 MBC 一级 Si	吨	17.5	7 560.00	一个月	自提
南京电炉厂	硅 MBC 一级 Si	吨	20	7 590.00	一个月	自提
上海真空泵厂	硅 MBC 一级 Si	吨	15	7 650.00	一个月	自提

（2）机械产品求购信息如表 9-21 所示。

表 9-21　001 公司用户机械产品求购信息

求购单位	品种、规格	单位	求购数量	求购单价/元	交货时间	交货方式
轻工机械厂	CDIT×9M 电动葫芦	台	20	5 000.00	一个月	自提
第一砂轮厂	CDIT×9M 电动葫芦	台	20	5 300.00	一个月	自提
山海制服厂	CDIT×9M 电动葫芦	台	20	5 650.00	一个月	自提
上海高化厂	CDIT×9M 电动葫芦	台	20	5 670.00	一个月	自提
天津和金材料厂	SB60-3 试压泵	台	25	900.00	一个月	自提
苏州电工合金厂	SB60-3 试压泵	台	25	930.00	一个月	自提
温州染料厂	SB60-3 试压泵	台	25	960.00	一个月	自提
上海联合化工厂	SB60-3 试压泵	台	25	963.00	一个月	自提
上海砂轮厂	2X-4A 真空泵	台	20	1 200.00	一个月	自提
石化总厂	2X-4A 真空泵	台	20	1 265.00	一个月	自提
天津合金厂	2X-4A 真空泵	台	20	1 310.00	一个月	自提
苏州电缆厂	2X-4A 真空泵	台	20	1 330.00	一个月	自提

续表

求购单位	品种、规格	单位	求购数量	求购单价/元	交货时间	交货方式
上海永红电器厂	$1^{1/2}$GE-5 给水泵	台	15	2 300.00	一个月	自提
苏州电器厂	$1^{1/2}$GE-5 给水泵	台	15	2 380.00	一个月	自提
云南冶炼厂	$1^{1/2}$GE-5 给水泵	台	15	2 400.00	一个月	自提
上海起重机械厂	$1^{1/2}$GE-5 给水泵	台	15	2 467.00	一个月	自提
上海线缆三厂	ϕ13.2 直柄钻头	只	2 500	11.40	一个月	自提
长沙金属制品厂	ϕ13.2 直柄钻头	只	2 500	12.30	一个月	自提
上钢五厂	ϕ13.2 直柄钻头	只	2 500	13.00	一个月	自提
上海工具厂	ϕ13.2 直柄钻头	只	2 500	13.40	一个月	自提
成都量刃具厂	0-125×0.02 游标卡尺	只	1 500	72.00	一个月	自提
北京炼油厂	0-125×0.02 游标卡尺	只	1 500	74.00	一个月	自提
上海铝线厂	0-125×0.02 游标卡尺	只	1 500	76.00	一个月	自提
苏州电缆厂	0-125×0.02 游标卡尺	只	1 500	79.00	一个月	自提
北京量刃具厂	ϕ10-2#G 锥柄铰刀	只	1 000	24.00	一个月	自提
上海开林造漆厂	ϕ10-2#G 锥柄铰刀	只	1 000	24.70	一个月	自提
河南轮胎厂	ϕ10-2#G 锥柄铰刀	只	1 000	25.60	一个月	自提
徐州光明化工厂	ϕ10-2#G 锥柄铰刀	只	1 000	27.00	一个月	自提
天原化工厂	ϕ20 锥柄键铣刀	只	1 500	26.00	一个月	自提
南京铝线厂	ϕ20 锥柄键铣刀	只	1 500	26.20	一个月	自提
新沪钢铁厂	ϕ20 锥柄键铣刀	只	1 500	26.40	一个月	自提
哈尔滨量具厂	ϕ20 锥柄键铣刀	只	1 500	26.50	一个月	自提

2）002 公司用户求购信息

（1）金属材料求购信息如表 9-22 所示。

表 9-22　002 公司用户金属材料求购信息

求购单位	品种、规格	单位	求购数量	求购单价/元	交货时间	交货方式
南京工具厂	45#ϕ32 圆钢	吨	40	3 500.00	一个月	自提
杭州刀具厂	45#ϕ32 圆钢	吨	40	3 590.00	一个月	自提
上海机床附件厂	45#ϕ32 圆钢	吨	40	3 663.00	一个月	自提
上海环球玩具厂	45#ϕ32 圆钢	吨	40	3 678.00	一个月	自提
上海煤气表具厂	1×1 000×2 000 冷轧薄板	吨	50	7 800.00	一个月	自提
上海化工厂	1×1 000×2 000 冷轧薄板	吨	50	7 904.00	一个月	自提
南京冰箱厂	1×1 000×2 000 冷轧薄板	吨	30	7 914.00	一个月	自提
上海远东冰箱厂	1×1 000×2 000 冷轧薄板	吨	30	7 945.00	一个月	自提
华东开关厂	0.5×1 000×2 000 镀锌板	吨	45	8 950.00	一个月	自提
东风电器厂	0.5×1 000×2 000 镀锌板	吨	45	9 017.00	一个月	自提
上海砂轮厂	0.5×1 000×2 000 镀锌板	吨	50	9 046.00	一个月	自提
华东师大	0.5×1 000×2 000 镀锌板	吨	45	9 074.00	一个月	自提
永红电机厂	ϕ6.5×5 000 线材	吨	37.5	3 600.00	一个月	自提

续表

求购单位	品种、规格	单位	求购数量	求购单价/元	交货时间	交货方式
闸北中心医院	Φ6.5×5 000 线材	吨	47.5	3 680.00	一个月	自提
长虹实业公司	Φ6.5×5 000 线材	吨	42.5	3 705.00	一个月	自提
徐汇实业公司	Φ6.5×5 000 线材	吨	47.5	3 707.00	一个月	自提
上海家具厂	1×100×200 紫铜板（T2Y）	吨	10	22 800.00	一个月	自提
农工商集团公司	1×100×200 紫铜板（T2Y）	吨	12.5	22 930.00	一个月	自提
上海钞表厂	1×100×200 紫铜板（T2Y）	吨	12.5	23 070.00	一个月	自提
上海永久自行车厂	1×100×200 紫铜板（T2Y）	吨	10	23 100.00	一个月	自提
精益电器厂	Φ16×5 000（9.4%）青铜棒	吨	7.5	28 800.00	一个月	自提
上海电机厂	Φ16×5 000（9.4%）青铜棒	吨	10	28 900.00	一个月	自提
金陵电器厂	Φ16×5 000（9.4%）青铜棒	吨	12.5	29 240.00	一个月	自提
东风电器厂	Φ16×5 000（9.4%）青铜棒	吨	10	29 260.00	一个月	自提
南市玩具厂	S=30m/m 六角铜棒	吨	12.5	16 900.00	一个月	自提
永新工具厂	S=30m/m 六角铜棒	吨	7.5	17 020.00	一个月	自提
上海吸尘器厂	S=30m/m 六角铜棒	吨	12.5	17 140.00	一个月	自提
远东冰箱厂	S=30m/m 六角铜棒	吨	12.5	17 260.00	一个月	自提
水仙电器公司	102# 铝合金	吨	15	9 660.00	一个月	自提
申水综合公司	102# 铝合金	吨	17.5	9 688.00	一个月	自提
飞乐电器厂	102# 铝合金	吨	20	9 820.00	一个月	自提
上海手表厂	102# 铝合金	吨	17.5	10 000.00	一个月	自提

（2）机械产品求购信息如表 9-23 所示。

表 9-23　002 公司用户机械产品求购信息

求购单位	品种、规格	单位	求购数量	求购单价/元	交货时间	交货时间
佳全电器厂	IT 卷扬机	台	15	4 200.00	一个月	自提
精益电器厂	IT 卷扬机	台	15	4 320.00	一个月	自提
光辉电器厂	IT 卷扬机	台	15	4 350.00	一个月	自提
东亚电器厂	IT 卷扬机	台	15	4 420.00	一个月	自提
红雷电机厂	QX4-10-0.37 区潜水泵	台	25	485.00	一个月	自提
昌盛五金厂	QX4-10-0.37 区潜水泵	台	25	495.00	一个月	自提
洛溪锁厂	QX4-10-0.37 区潜水泵	台	25	500.00	一个月	自提
金星锁厂	QX4-10-0.37 区潜水泵	台	25	510.00	一个月	自提
湖光工具厂	6SSG30-15 管道泵	台	20	1 200.00	一个月	自提
航天空调器厂	6SSG30-15 管道泵	台	20	1 240.00	一个月	自提
万宝电器厂	6SSG30-15 管道泵	台	20	1 260.00	一个月	自提
上海电炉厂	6SSG30-15 管道泵	台	20	1 300.00	一个月	自提
上海电饭锅厂	IW2.5-12 漩涡泵	台	20	1 200.00	一个月	自提
上海化工厂	IW2.5-12 漩涡泵	台	20	1 240.00	一个月	自提
上海造漆厂	IW2.5-12 漩涡泵	台	20	1 260.00	一个月	自提

续表

求购单位	品种、规格	单位	求购数量	求购单价/元	交货时间	交货时间
上海电料厂	IW2.5-12 漩涡泵	台	20	1 320.00	一个月	自提
申江电子厂	ϕ9.7 直柄钻头	台	2 500	5.00	一个月	自提
华东电子厂	ϕ9.7 直柄钻头	台	2 500	6.00	一个月	自提
上海仪表厂	ϕ9.7 直柄钻头	台	2 500	6.30	一个月	自提
上海电子管厂	ϕ9.7 直柄钻头	台	2 500	7.15	一个月	自提
东亚机械厂	ϕ30D4 套式铰刀	台	2 000	37.00	一个月	自提
新星电工厂	ϕ30D4 套式铰刀	台	2 000	38.00	一个月	自提
海大电工厂	ϕ30D4 套式铰刀	台	2 000	39.00	一个月	自提
羊羊金属制品厂	ϕ30D4 套式铰刀	台	2 000	39.20	一个月	自提
东海金属制品厂	KZ200 三爪卡盘	台	50	380.00	一个月	自提
深大电器厂	KZ200 三爪卡盘	台	50	385.00	一个月	自提
湖东机器厂	KZ200 三爪卡盘	台	50	400.00	一个月	自提
三林铁制品厂	KZ200 三爪卡盘	台	50	407.00	一个月	自提
长沙电器厂	ϕ63×8 硬质三面	台	1 000	39.00	一个月	自提
高桥化工厂	ϕ63×8 硬质三面	台	1 000	45.00	一个月	自提
吴淞煤气厂	ϕ63×8 硬质三面	台	1 000	50.00	一个月	自提
上海冷冻机厂	ϕ63×8 硬质三面	台	1 000	51.00	一个月	自提

3) 003 公司用户求购信息

(1) 金属材料求购信息如表 9-24 所示。

表 9-24　003 公司用户金属材料求购信息

求购单位	品种、规格	单位	求购数量	求购单价/元	交货时间	交货时间
上海材料所	圆钢 45# ϕ45	吨	40	3 600.00	一个月	自提
无锡铝线厂	圆钢 45# ϕ45	吨	40	3 690.00	一个月	自提
新沪钢厂	圆钢 45# ϕ45	吨	40	3 780.00	一个月	自提
上海工具厂	圆钢 45# ϕ45	吨	40	3 800.00	一个月	自提
河南轮胎厂	螺纹钢 20MnSiϕ14×5 000	吨	42.5	3 650.00	一个月	自提
上海新民炼胶厂	螺纹钢 20MnSiϕ14×5 000	吨	42.5	3 800.00	一个月	自提
南京电炉厂	螺纹钢 20MnSiϕ14×5 000	吨	45	3 850.00	一个月	自提
上海真空泵厂	螺纹钢 20MnSiϕ14×5 000	吨	50	3 890.00	一个月	自提
上海继电器厂	无缝钢管 ϕ10×1×5 000	吨	42.5	5 100.00	一个月	自提
苏州低压器厂	无缝钢管 ϕ10×1×5 000	吨	45	5 240.00	一个月	自提
洛阳铜加工厂	无缝钢管 ϕ10×1×5 000	吨	47.5	5 290.00	一个月	自提
常熟第二电机厂	无缝钢管 ϕ10×1×5 000	吨	40	5 350.00	一个月	自提
上海铁合金厂	线材 ϕ8×5 000	吨	45	3 500.00	一个月	自提
哈尔滨量具厂	线材 ϕ8×5 000	吨	42.5	3 575.00	一个月	自提
青岛燃料厂	线材 ϕ8×5 000	吨	42.5	3 650.00	一个月	自提
上海精细化工厂	线材 ϕ8×5 000	吨	35	3 728.00	一个月	自提

续表

求购单位	品种、规格	单位	求购数量	求购单价/元	交货时间	交货时间
轻工机械厂	青铜带 0.3×200	吨	10	39 200.00	一个月	自提
第一砂轮厂	青铜带 0.3×200	吨	10	39 520.00	一个月	自提
上皂厂	青铜带 0.3×200	吨	10	39 620.00	一个月	自提
上海高化厂	青铜带 0.3×200	吨	10	40 520.00	一个月	自提
天津铝合金材料厂	铝板 1×1 000×2 000	吨	12.5	13 520.00	一个月	自提
苏州电工合金厂	铝板 1×1 000×2 000	吨	12.5	13 660.00	一个月	自提
温州染料厂	铝板 1×1 000×2 000	吨	12.5	13 860.00	一个月	自提
上海联合化工厂	铝板 1×1 000×2 000	吨	12.5	13 990.00	一个月	自提
上海砂轮厂	镍 0#Ni	吨	10	75 720.00	一个月	自提
石化总厂	镍 0#Ni	吨	12.5	75 920.00	一个月	自提
天津合金厂	镍 0#Ni	吨	7.5	76 100.00	一个月	自提
苏州电缆厂	镍 0#Ni	吨	10	76 180.00	一个月	自提
上海永红继电器厂	硅 MBC 一级 Si	吨	15	7 460.00	一个月	自提
苏州电器厂	硅 MBC 一级 Si	吨	20	7 548.00	一个月	自提
云南冶炼厂	硅 MBC 一级 Si	吨	17.5	7 558.00	一个月	自提
上海起重机械厂	硅 MBC 一级 Si	吨	17.5	7 580.00	一个月	自提

（2）机械产品求购信息表 9-25 所示。

表 9-25　003 公司用户机械产品求购信息

求购单位	品种、规格	单位	求购数量	求购单价/元	交货时间	交货时间
申江电子厂	CDIT×9M 电动葫芦	台	20	5 300.00	一个月	自提
第二砂轮厂	CDIT×9M 电动葫芦	台	20	5 400.00	一个月	自提
上海仪表厂	CDIT×9M 电动葫芦	台	20	5 450.00	一个月	自提
上海高化厂	CDIT×9M 电动葫芦	台	20	5 500.00	一个月	自提
东亚机械厂	SB60-3 试压泵	台	25	900.00	一个月	自提
新兴电工厂	SB60-3 试压泵	台	25	915.00	一个月	自提
海大电工厂	SB60-3 试压泵	台	25	925.00	一个月	自提
李洋金属制品厂	SB60-3 试压泵	台	25	963.00	一个月	自提
东海金属制品厂	2X-4A 真空泵	台	20	1 200.00	一个月	自提
神达电器厂	2X-4A 真空泵	台	20	1 230.00	一个月	自提
湖东机器厂	2X-4A 真空泵	台	20	1 250.00	一个月	自提
三林铁制品厂	2X-4A 真空泵	台	20	1 260.00	一个月	自提
川沙电器厂	$1^{1/2}$GE-5 给水泵	台	15	2 300.00	一个月	自提
高桥化工厂	$1^{1/2}$GE-5 给水泵	台	15	2 340.00	一个月	自提
吴淞煤气厂	$1^{1/2}$GE-5 给水泵	台	15	2 348.00	一个月	自提
上海冷冻机厂	$1^{1/2}$GE-5 给水泵	台	15	2 350.00	一个月	自提
佳全电器厂	Φ13.2 直柄钻头	只	2 500	11.00	一个月	自提
精益电器厂	Φ13.2 直柄钻头	只	2 500	12.10	一个月	自提

续表

求购单位	品种、规格	单位	求购数量	求购单价/元	交货时间	交货时间
光辉电料厂	Φ13.2 直柄钻头	只	2 500	12.20	一个月	自提
东亚电器厂	Φ13.2 直柄钻头	只	2 500	12.40	一个月	自提
红雷电机厂	0－125×0.02 游标卡尺	只	1 500	65.00	一个月	自提
昌盛五金厂	0－125×0.02 游标卡尺	只	1 500	66.00	一个月	自提
洛溪锁厂	0－125×0.02 游标卡尺	只	1 500	73.50	一个月	自提
金星锁厂	0－125×0.02 游标卡尺	只	1 500	76.00	一个月	自提
湖光工具厂	Φ10－2#G 锥柄铰刀	只	1 000	23.00	一个月	自提
航天空调厂	Φ10－2#G 锥柄铰刀	只	1 000	24.00	一个月	自提
万宝电器厂	Φ10－2#G 锥柄铰刀	只	1 000	24.60	一个月	自提
上海日用电炉厂	Φ10－2#G 锥柄铰刀	只	1 000	25.00	一个月	自提
上海电饭锅厂	Φ20 锥柄键铣刀	只	1 500	24.00	一个月	自提
上海沪南化工厂	Φ20 锥柄键铣刀	只	1 500	25.20	一个月	自提
上海造漆厂	Φ20 锥柄键铣刀	只	1 500	25.50	一个月	自提
上海电料厂	Φ20 锥柄键铣刀	只	1 500	26.00	一个月	自提

4）004 公司用户求购信息

（1）金属材料求购信息如表 9-26 所示。

表 9-26　004 公司用户金属材料求购信息

求购单位	品种、规格	单位	求购数量	求购单价/元	交货时间	交货时间
电子部 50 所	45#Φ32 圆钢	吨	40	3 550.00	一个月	自提
101 厂	45#Φ32 圆钢	吨	40	3 610.00	一个月	自提
电子研究所	45#Φ32 圆钢	吨	40	3 632.00	一个月	自提
精益电器厂	45#Φ32 圆钢	吨	40	3 670.00	一个月	自提
青云纸品厂	1×1 000×2 000 冷轧薄板	吨	50	7 800.00	一个月	自提
凯福食品厂	1×1 000×2 000 冷轧薄板	吨	50	7 872.00	一个月	自提
上海计量工具厂	1×1 000×2 000 冷轧薄板	吨	30	7 895.00	一个月	自提
上海轴承厂	1×1 000×2 000 冷轧薄板	吨	30	7 765.00	一个月	自提
上海电器公司	0.5×1 000×2 000 镀锌板	吨	45	8 960.00	一个月	自提
新建实业公司	0.5×1 000×2 000 镀锌板	吨	45	9 037.00	一个月	自提
大兴实业公司	0.5×1 000×2 000 镀锌板	吨	50	9 044.00	一个月	自提
三得利实业公司	0.5×1 000×2 000 镀锌板	吨	45	9 048.00	一个月	自提
交大电脑公司	Φ6.5×5 000 线材	吨	37.5	3 650.00	一个月	自提
珊瑚造纸厂	Φ6.5×5 000 线材	吨	47.5	3 670.00	一个月	自提
广益经营公司	Φ6.5×5 000 线材	吨	42.5	3 695.00	一个月	自提
上海虹口制衣厂	Φ6.5×5 000 线材	吨	47.5	3 705.00	一个月	自提
桃浦化工厂	1×100×200 紫铜板（T2Y）	吨	10	22 800.00	一个月	自提
上海制药工厂	1×100×200 紫铜板（T2Y）	吨	12.5	22 900.00	一个月	自提
上海生物研究所	1×100×200 紫铜板（T2Y）	吨	12.5	23 090.00	一个月	自提

续表

求购单位	品种、规格	单位	求购数量	求购单价/元	交货时间	交货时间
上海动物园	1×100×200 紫铜板（T2Y）	吨	10	23 200.00	一个月	自提
华生电器厂	Φ16×5 000（9.4%）青铜棒	吨	12.5	28 800.00	一个月	自提
宝山制锅厂	Φ16×5 000（9.4%）青铜棒	吨	7.5	28 890.00	一个月	自提
亚南制药厂	Φ16×5 000（9.4%）青铜棒	吨	10	29 220.00	一个月	自提
天山化工厂	Φ16×5 000（9.4%）青铜棒	吨	10	29 250.00	一个月	自提
上海试剂厂	S=30m/m 六角铜棒	吨	7.5	16 800.00	一个月	自提
上海钟表公司	S=30m/m 六角铜棒	吨	12.5	17 040.00	一个月	自提
上海建工工程公司	S=30m/m 六角铜棒	吨	12.5	17 100.00	一个月	自提
上海房产经营公司	S=30m/m 六角铜棒	吨	12.5	17 270.00	一个月	自提
上海水泥厂	102#铝合金	吨	15	9 600.00	一个月	自提
上海造船厂	102#铝合金	吨	17.5	9 700.00	一个月	自提
建新汽修厂	102#铝合金	吨	20	9 820.00	一个月	自提
上海卷烟厂	102#铝合金	吨	17.5	9 999.00	一个月	自提

（2）机械产品求购信息如表 9-27 所示。

表 9-27　004 公司用户机械产品求购信息

求购单位	品种、规格	单位	求购数量	求购单价/元	交货时间	交货时间
昆明化工厂	IT 卷扬机	台	15	4 000.00	一个月	自提
第四砂轮厂	IT 卷扬机	台	15	4 050.00	一个月	自提
安徽省维尼纶厂	IT 卷扬机	台	15	4 080.00	一个月	自提
上海线缆厂	IT 卷扬机	台	15	4 180.00	一个月	自提
温州开关厂	QX4-10-0.37 区潜水泵	台	25	480.00	一个月	自提
武汉机床附件厂	QX4-10-0.37 区潜水泵	台	25	500.00	一个月	自提
汉口传动机械厂	QX4-10-0.37 区潜水泵	台	25	503.00	一个月	自提
青岛碱厂	QX4-10-0.37 区潜水泵	台	25	505.00	一个月	自提
上海电工合金厂	6SSG30-15 管道泵	台	20	1 200.00	一个月	自提
上钢五厂	6SSG30-15 管道泵	台	20	1 250.00	一个月	自提
天津钢厂	6SSG30-15 管道泵	台	20	1 270.00	一个月	自提
云南冶炼厂	6SSG30-15 管道泵	台	20	1 280.00	一个月	自提
南昌异型砂轮厂	IW2.5-12 漩涡泵	台	20	1 200.00	一个月	自提
昆山化工厂	IW2.5-12 漩涡泵	台	20	1 250.00	一个月	自提
天津钢材厂	IW2.5-12 漩涡泵	台	20	1 270.00	一个月	自提
上海铝线厂	IW2.5-12 漩涡泵	台	20	1 300.00	一个月	自提
申江电子厂	Φ9.7 直柄钻头	台	2 500	5.00	一个月	自提
华东电脑厂	Φ9.7 直柄钻头	台	2 500	6.05	一个月	自提
上海自动化仪表厂	Φ9.7 直柄钻头	台	2 500	6.25	一个月	自提
上海电子管工厂	Φ9.7 直柄钻头	台	2 500	7.00	一个月	自提
东亚机械厂	Φ30D4 套式铰刀	台	2 000	36.90	一个月	自提

续表

求购单位	品种、规格	单位	求购数量	求购单价/元	交货时间	交货时间
新兴电工厂	Φ30D4 套式铰刀	台	2 000	38.10	一个月	自提
海大电工厂	Φ30D4 套式铰刀	台	2 000	39.20	一个月	自提
杨兴金属制品厂	Φ30D4 套式铰刀	台	2 000	39.00	一个月	自提
东海金属制品厂	KZ200 三爪卡盘	台	50	380.00	一个月	自提
申达电器厂	KZ200 三爪卡盘	台	50	389.00	一个月	自提
沪动机器厂	KZ200 三爪卡盘	台	50	390.00	一个月	自提
三林铁制品厂	KZ200 三爪卡盘	台	50	401.00	一个月	自提
川林铁制品厂	Φ63×8 硬质三面	台	1 000	40.00	一个月	自提
高桥化工厂	Φ63×8 硬质三面	台	1 000	45.00	一个月	自提
吴淞煤气厂	Φ63×8 硬质三面	台	1 000	47.00	一个月	自提
上海冷冻机厂	Φ63×8 硬质三面	台	1 000	50.00	一个月	自提

5）005 公司用户求购信息

（1）金属材料求购信息如表 9-28 所示。

表 9-28　005 公司用户金属材料求购信息

求购单位	品种、规格	单位	求购数量	求购单价/元	交货时间	交货时间
盐仓助剂厂	圆钢 45#Φ45	吨	40	3 600.00	一个月	自提
华通开关厂	圆钢 45#Φ45	吨	40	3 680.00	一个月	自提
无锡电器厂	圆钢 45#Φ45	吨	40	3 760.00	一个月	自提
株洲冶炼厂	圆钢 45#Φ45	吨	40	3 800.00	一个月	自提
梅山砂轮厂	螺纹钢 20MnSiΦ14×5 000	吨	42.5	3 700.00	一个月	自提
上海有色厂	螺纹钢 20MnSiΦ14×5 000	吨	42.5	3 788.00	一个月	自提
三墩农化厂	螺纹钢 20MnSiΦ14×5 000	吨	45	3 850.00	一个月	自提
齐鲁化工厂	螺纹钢 20MnSiΦ14×5 000	吨	50	3 860.00	一个月	自提
上海成套设备厂	无缝钢管 Φ10×1×5 000	吨	40	5 100.00	一个月	自提
南京绝缘材料厂	无缝钢管 Φ10×1×5 000	吨	47.5	5 194.00	一个月	自提
上海铜带厂	无缝钢管 Φ10×1×5 000	吨	45	5 230.00	一个月	自提
南京钢丝厂	无缝钢管 Φ10×1×5 000	吨	42.5	5 250.00	一个月	自提
上钢十厂	线材 Φ8×5 000	吨	45	3 500.00	一个月	自提
哈尔滨刀具厂	线材 Φ8×5 000	吨	42.5	3 600.00	一个月	自提
上海家具涂料厂	线材 Φ8×5 000	吨	42.5	3 660.00	一个月	自提
萧山染化厂	线材 Φ8×5 000	吨	35	3 700.00	一个月	自提
石化总厂	青铜带 0.3×200	吨	10	39 230.00	一个月	自提
天津合金厂	青铜带 0.3×200	吨	10	39 400.00	一个月	自提
苏州电缆厂	青铜带 0.3×200	吨	10	39 520.00	一个月	自提
上海永红电器厂	青铜带 0.3×200	吨	10	40 500.00	一个月	自提
苏州电器厂	铝板 1×1 000×2 000	吨	12.5	13 520.00	一个月	自提
云南冶炼厂	铝板 1×1 000×2 000	吨	12.5	13 640.00	一个月	自提

续表

求购单位	品种、规格	单位	求购数量	求购单价/元	交货时间	交货时间
上海起重机械厂	铝板 1×1 000×2 000	吨	12.5	13 870.00	一个月	自提
上海材料所	铝板 1×1 000×2 000	吨	12.5	14 010.00	一个月	自提
无锡铝线厂	镍 0#Ni	吨	10	75 700.00	一个月	自提
新沪钢厂	镍 0#Ni	吨	12.5	75 950.00	一个月	自提
上海工具厂	镍 0#Ni	吨	7.5	76 110.00	一个月	自提
上海东海化工厂	镍 0#Ni	吨	10	76 210.00	一个月	自提
上海一棒厂	硅 MBC 一级 Si	吨	17.5	7 490.00	一个月	自提
杭州动力机厂	硅 MBC 一级 Si	吨	20	7 550.00	一个月	自提
上海附件一厂	硅 MBC 一级 Si	吨	17.5	7 560.00	一个月	自提
盐仓助剂厂	硅 MBC 一级 Si	吨	15	7 580.00	一个月	自提

（2）机械产品求购信息如表 9-29 所示。

表 9-29 005 公司用户机械产品求购信息

求购单位	品种、规格	单位	求购数量	求购单价/元	交货时间	交货时间
株洲冶炼厂	CDIT×9M 电动葫芦	台	20	5 400.00	一个月	自提
江苏焊条厂	CDIT×9M 电动葫芦	台	20	5 425.00	一个月	自提
天津化工厂	CDIT×9M 电动葫芦	台	20	5 450.00	一个月	自提
柳州锌品厂	CDIT×9M 电动葫芦	台	20	5 480.00	一个月	自提
上海材料所	SB60-3 试压泵	台	25	880.00	一个月	自提
无锡铝线厂	SB60-3 试压泵	台	25	905.00	一个月	自提
新沪钢厂	SB60-3 试压泵	台	25	910.00	一个月	自提
上海工具厂	SB60-3 试压泵	台	25	920.00	一个月	自提
河南轮胎厂	2X-4A 真空泵	台	20	1 200.00	一个月	自提
上海新民炼胶厂	2X-4A 真空泵	台	20	1 235.00	一个月	自提
南京电炉丝厂	2X-4A 真空泵	台	20	1 250.00	一个月	自提
上海真空泵厂	2X-4A 真空泵	台	20	1 270.00	一个月	自提
上海继电器厂	$1^{1/2}$GE-5 给水泵	台	15	2 250.00	一个月	自提
苏州低压电器厂	$1^{1/2}$GE-5 给水泵	台	15	2 330.00	一个月	自提
洛阳铜加工厂	$1^{1/2}$GE-5 给水泵	台	15	2 350.00	一个月	自提
常熟第二电机厂	$1^{1/2}$GE-5 给水泵	台	15	2 360.00	一个月	自提
上海材料所	ϕ13.2 直柄钻头	只	2 500	11.00	一个月	自提
无锡铝线厂	ϕ13.2 直柄钻头	只	2 500	12.10	一个月	自提
新沪钢厂	ϕ13.2 直柄钻头	只	2 500	12.80	一个月	自提
上海工具厂	ϕ13.2 直柄钻头	只	2 500	12.50	一个月	自提
河南轮胎厂	0-125×0.02 游标卡尺	只	1 500	67.53	一个月	自提
上海新民炼胶厂	0-125×0.02 游标卡尺	只	1 500	70.00	一个月	自提
南京电炉丝厂	0-125×0.02 游标卡尺	只	1 500	74.00	一个月	自提
上海真空泵厂	0-125×0.02 游标卡尺	只	1 500	75.50	一个月	自提

续表

求购单位	品种、规格	单位	求购数量	求购单价/元	交货时间	交货时间
上海继电器厂	ϕ10-2#G 锥柄铰刀	只	1 000	23.00	一个月	自提
苏州低压器厂	ϕ10-2#G 锥柄铰刀	只	1 000	24.00	一个月	自提
洛阳铜加工厂	ϕ10-2#G 锥柄铰刀	只	1 000	23.80	一个月	自提
常熟第二电机厂	ϕ10-2#G 锥柄铰刀	只	1 000	25.00	一个月	自提
上海铁合金厂	ϕ20 锥柄键铣刀	只	1 500	24.00	一个月	自提
哈尔滨量具厂	ϕ20 锥柄键铣刀	只	1 500	25.20	一个月	自提
青岛燃料厂	ϕ20 锥柄键铣刀	只	1 500	25.50	一个月	自提
上海精细化工厂	ϕ20 锥柄键铣刀	只	1 500	26.00	一个月	自提

6）006 公司用户求购信息

（1）金属材料求购信息如表 9-30 所示。

表 9-30　006 公司用户金属材料求购信息

求购单位	品种、规格	单位	求购数量	求购单价/元	交货时间	交货时间
东宝建筑公司	45#ϕ32 圆钢	吨	40	3 540.00	一个月	自提
徐汇房产公司	45#ϕ32 圆钢	吨	40	3 580.00	一个月	自提
宝通实业公司	45#ϕ32 圆钢	吨	40	3 615.00	一个月	自提
前进电器厂	45#ϕ32 圆钢	吨	40	3 680.00	一个月	自提
农工商实业公司	1×1 000×2 000 冷轧薄板	吨	50	7 680.00	一个月	自提
水兴冷冻机厂	1×1 000×2 000 冷轧薄板	吨	50	7 832.00	一个月	自提
南洋热水器厂	1×1 000×2 000 冷轧薄板	吨	30	7 887.00	一个月	自提
上海办公用具品厂	1×1 000×2 000 冷轧薄板	吨	30	7 970.00	一个月	自提
亚洲玩具厂	0.5×1 000×2 000 镀锌板	吨	45	8 950.00	一个月	自提
东亚玩具厂	0.5×1 000×2 000 镀锌板	吨	45	8 972.00	一个月	自提
水新电器厂	0.5×1 000×2 000 镀锌板	吨	45	9 040.00	一个月	自提
水新造船厂	0.5×1 000×2 000 镀锌板	吨	50	9 062.00	一个月	自提
爱思电器厂	ϕ6.5×5 000 线材	吨	37.5	3 580.00	一个月	自提
上海制衣公司	ϕ6.5×5 000 线材	吨	42.5	3 667.00	一个月	自提
上海体育器材厂	ϕ6.5×5 000 线材	吨	47.5	3 695.00	一个月	自提
南大化工厂	ϕ6.5×5 000 线材	吨	47.5	3 720.00	一个月	自提
上无二厂	1×100×200 紫铜板（T2Y）	吨	10	22 800.00	一个月	自提
徐汇钢窗厂	1×100×200 紫铜板（T2Y）	吨	12.5	22 840.00	一个月	自提
用兴家具厂	1×100×200 紫铜板（T2Y）	吨	12.5	23 090.00	一个月	自提
上海钟厂	1×100×200 紫铜板（T2Y）	吨	10	23 200.00	一个月	自提
上海台钟厂	ϕ16×5 000（9.4%）青铜棒	吨	10	28 400.00	一个月	自提
前进微电器厂	ϕ16×5 000（9.4%）青铜棒	吨	7.5	29 100.00	一个月	自提
上海刀具厂	ϕ16×5 000（9.4%）青铜棒	吨	7.5	29 100.00	一个月	自提
万象集团公司	ϕ16×5 000（9.4%）青铜棒	吨	10	29 250.00	一个月	自提
上海金属制品厂	S=30m/m 六角铜棒	吨	12.5	16 800.00	一个月	自提

续表

求购单位	品种、规格	单位	求购数量	求购单价/元	交货时间	交货时间
上海环球环具厂	S=30m/m 六角铜棒	吨	7.5	17 030.00	一个月	自提
上海童车厂	S=30m/m 六角铜棒	吨	12.5	17 050.00	一个月	自提
上海衡器厂	S=30m/m 六角铜棒	吨	12.5	17 280.00	一个月	自提
中储公司	102#铝合金	吨	15	9 600.00	一个月	自提
黄浦刀具厂	102#铝合金	吨	17.5	9 700.00	一个月	自提
杨子木材厂	102#铝合金	吨	20	9 820.00	一个月	自提
东风工具厂	102#铝合金	吨	17.5	9 850.00	一个月	自提

（2）机械产品求购信息如表 9-31 所示。

表 9-31　006 公司用户机械产品求购信息

求购单位	品种、规格	单位	求购数量	求购单价/元	交货时间	交货时间
宁波橡胶厂	IT 卷扬机	台	15	4 000.00	一个月	自提
大连低压器厂	IT 卷扬机	台	15	4 100.00	一个月	自提
株州冶炼厂	IT 卷扬机	台	15	4 350.00	一个月	自提
惠洲机械附件厂	IT 卷扬机	台	15	4 400.00	一个月	自提
苏州电缆厂	QX4-10-0.37 潜水泵	台	25	470.00	一个月	自提
上海制皂厂	QX4-10-0.37 潜水泵	台	25	490.00	一个月	自提
嘉兴硼酸厂	QX4-10-0.37 潜水泵	台	25	490.00	一个月	自提
四川前进铝线厂	QX4-10-0.37 潜水泵	台	25	500.00	一个月	自提
上海漆包线厂	6SSG30-15 管道泵	台	20	1 220.00	一个月	自提
上钢十厂	6SSG30-15 管道泵	台	20	1 235.00	一个月	自提
上海铝线厂	6SSG30-15 管道泵	台	20	1 250.00	一个月	自提
郑州电工铜线厂	6SSG30-15 管道泵	台	20	1 270.00	一个月	自提
新沪钢铁厂	1W2.5-12 漩涡泵	台	20	1 220.00	一个月	自提
上海工具厂	1W2.5-12 漩涡泵	台	20	1 240.00	一个月	自提
北京炼油厂	1W2.5-12 漩涡泵	台	20	1 260.00	一个月	自提
宁波开关厂	1W2.5-12 漩涡泵	台	20	1 270.00	一个月	自提
申江电子厂	ϕ9.7 直柄钻头	只	2 500	5.38	一个月	自提
华东电脑厂	ϕ9.7 直柄钻头	只	2 500	6.10	一个月	自提
上海自动化仪表厂	ϕ9.7 直柄钻头	只	2 500	6.30	一个月	自提
上海电子管三厂	ϕ9.7 直柄钻头	只	2 500	6.70	一个月	自提
东亚机械厂	ϕ30D4 套式铰刀	只	2 000	36.00	一个月	自提
新型电工厂	ϕ30D4 套式铰刀	只	2 000	37.00	一个月	自提
海大电工厂	ϕ30D4 套式铰刀	只	2 000	38.00	一个月	自提
杨行金属制品厂	ϕ30D4 套式铰刀	只	2 000	39.00	一个月	自提
东海金属制品厂	KZ200 三爪卡盘	只	50	380.00	一个月	自提
申达电器厂	KZ200 三爪卡盘	只	50	393.00	一个月	自提

续表

求购单位	品种、规格	单位	求购数量	求购单价/元	交货时间	交货时间
沪东机器厂	KZ200 三爪卡盘	只	50	394.00	一个月	自提
三林铁制品厂	KZ200 三爪卡盘	只	50	398.00	一个月	自提
川沙电器厂	$\varPhi63\times8$ 硬质三面铣刀	只	1 000	40.00	一个月	自提
高桥化工厂	$\varPhi63\times8$ 硬质三面铣刀	只	1 000	42.00	一个月	自提
吴淞煤气厂	$\varPhi63\times8$ 硬质三面铣刀	只	1 000	46.00	一个月	自提
上海冷冻厂	$\varPhi63\times8$ 硬质三面铣刀	只	1 000	48.00	一个月	自提

7）007 公司用户求购信息

（1）金属材料求购信息如表 9-32 所示。

表 9-32　007 公司用户金属材料求购信息

求购单位	品种、规格	单位	求购数量	求购单价/元	交货时间	交货时间
中国弹簧厂	圆钢 45#$\varPhi45$	吨	40	3 640.00	一个月	自提
先锋电机厂	圆钢 45#$\varPhi45$	吨	40	3 670.00	一个月	自提
前进微型电器厂	圆钢 45#$\varPhi45$	吨	40	3 780.00	一个月	自提
上海永红电器厂	圆钢 45#$\varPhi45$	吨	40	3 800.00	一个月	自提
闸北发电厂	螺纹钢 20MnSi$\varPhi14\times5\ 000$	吨	42.5	3 700.00	一个月	自提
上海发电机厂	螺纹钢 20MnSi$\varPhi14\times5\ 000$	吨	42.5	3 800.00	一个月	自提
上海造纸厂	螺纹钢 20MnSi$\varPhi14\times5\ 000$	吨	45	3 865.00	一个月	自提
上海动力机厂	螺纹钢 20MnSi$\varPhi14\times5\ 000$	吨	50	3 875.00	一个月	自提
上海冶炼厂	无缝钢管 $\varPhi10\times1\times5\ 000$	吨	40	5 160.00	一个月	自提
东方航空公司	无缝钢管 $\varPhi10\times1\times5\ 000$	吨	45	5 180.00	一个月	自提
青浦机械厂	无缝钢管 $\varPhi10\times1\times5\ 000$	吨	47.5	5 245.00	一个月	自提
松江包装机厂	无缝钢管 $\varPhi10\times1\times5\ 000$	吨	42.5	5 255.00	一个月	自提
苏州冰箱厂	线材 $\varPhi8\times5\ 000$	吨	45	3 540.00	一个月	自提
南京机械厂	线材 $\varPhi8\times5\ 000$	吨	42.5	3 575.00	一个月	自提
宝山建筑公司	线材 $\varPhi8\times5\ 000$	吨	42.5	3 675.00	一个月	自提
建设工业公司	线材 $\varPhi8\times5\ 000$	吨	35	3 700.00	一个月	自提
亚洲工具厂	青铜带 0.3×200	吨	10	39 210.00	一个月	自提
东风汽修厂	青铜带 0.3×200	吨	10	39 535.00	一个月	自提
大众汽修厂	青铜带 0.3×200	吨	10	39 645.00	一个月	自提
北京汽车厂	青铜带 0.3×200	吨	10	40 520.00	一个月	自提
扬子木材厂	铝板 1×1 000×2 000	吨	12.5	13 530.00	一个月	自提
南京木材厂	铝板 1×1 000×2 000	吨	12.5	13 645.00	一个月	自提
江湾木材厂	铝板 1×1 000×2 000	吨	12.5	13 860.00	一个月	自提
上海南亚家具厂	铝板 1×1 000×2 000	吨	12.5	13 990.00	一个月	自提
上海热处理厂	镍 0#Ni	吨	10	75 720.00	一个月	自提
上海钟表厂	镍 0#Ni	吨	12.5	75 940.00	一个月	自提
上海水暖工具厂	镍 0#Ni	吨	7.5	76 110.00	一个月	自提

续表

求购单位	品种、规格	单位	求购数量	求购单价/元	交货时间	交货时间
上海701研究所	镍 0#Ni	吨	10	76 180.00	一个月	自提
上海微型电机厂	硅 MBC 一级 Si	吨	15	7 500.00	一个月	自提
上海乐凯电机厂	硅 MBC 一级 Si	吨	20	7 520.00	一个月	自提
上海电声总厂	硅 MBC 一级 Si	吨	17.5	7 550.00	一个月	自提
上海仪表12厂	硅 MBC 一级 Si	吨	17.5	7 580.00	一个月	自提

（2）机械产品求购信息如表9-33所示。

表9-33 007公司用户机械产品求购信息

求购单位	品种、规格	单位	求购数量	求购单价/元	交货时间	交货时间
轻工机械厂	CDIT×9M 电动葫芦	台	20	5 400.00	一个月	自提
第一砂轮厂	CDIT×9M 电动葫芦	台	20	5 430.00	一个月	自提
山海制服厂	CDIT×9M 电动葫芦	台	20	5 400.00	一个月	自提
上海高化厂	CDIT×9M 电动葫芦	台	20	5 480.00	一个月	自提
天津和金材料厂	SB60-3 试压泵	台	25	870.00	一个月	自提
苏州电工合金厂	SB60-3 试压泵	台	25	910.00	一个月	自提
温州染料厂	SB60-3 试压泵	台	25	920.00	一个月	自提
上海联合化工厂	SB60-3 试压泵	台	25	922.00	一个月	自提
上海砂轮厂	2X-4A 真空泵	台	20	1 200.00	一个月	自提
石化总厂	2X-4A 真空泵	台	20	1 230.00	一个月	自提
天津合金厂	2X-4A 真空泵	台	20	1 265.00	一个月	自提
苏州电缆厂	2X-4A 真空泵	台	20	1 272.00	一个月	自提
上海永红电器厂	$1^{1/2}$GE-5 给水泵	台	15	2 300.00	一个月	自提
苏州电器厂	$1^{1/2}$GE-5 给水泵	台	15	2 325.00	一个月	自提
云南冶炼厂	$1^{1/2}$GE-5 给水泵	台	15	2 360.00	一个月	自提
上海起重机械厂	$1^{1/2}$GE-5 给水泵	台	15	2 370.00	一个月	自提
上海线缆三厂	ϕ13.2 直柄钻头	只	2 500	10.00	一个月	自提
长沙金属制品厂	ϕ13.2 直柄钻头	只	2 500	12.00	一个月	自提
上钢五厂	ϕ13.2 直柄钻头	只	2 500	12.50	一个月	自提
上海工具厂	ϕ13.2 直柄钻头	只	2 500	13.00	一个月	自提
成都量刃具厂	0-125×0.02 游标卡尺	只	1 500	66.5	一个月	自提
北京炼油厂	0-125×0.02 游标卡尺	只	1 500	73.00	一个月	自提
上海铝线厂	0-125×0.02 游标卡尺	只	1 500	75.00	一个月	自提
苏州电缆厂	0-125×0.02 游标卡尺	只	1 500	76.50	一个月	自提
北京量刃具厂	ϕ10-2#G 锥柄铰刀	只	1 000	22.50	一个月	自提
上海开林造漆厂	ϕ10-2#G 锥柄铰刀	只	1 000	24.50	一个月	自提
河南轮胎厂	ϕ10-2#G 锥柄铰刀	只	1 000	25.00	一个月	自提
徐州光明化工厂	ϕ10-2#G 锥柄铰刀	只	1 000	26.00	一个月	自提
天原化工厂	ϕ20 锥柄键铣刀	只	1 500	24.00	一个月	自提

续表

求购单位	品种、规格	单位	求购数量	求购单价/元	交货时间	交货时间
南京铝线厂	ϕ20 锥柄键铣刀	只	1 500	25.00	一个月	自提
新沪钢铁厂	ϕ20 锥柄键铣刀	只	1 500	25.50	一个月	自提
哈尔滨量具厂	ϕ20 锥柄键铣刀	只	1 500	26.00	一个月	自提

8）008 公司用户求购信息

（1）金属材料求购信息如表 9-34 所示。

表 9-34　008 公司用户金属材料求购信息

求购单位	品种、规格	单位	求购数量	求购单价/元	交货时间	交货时间
先锋电机厂	45#ϕ32 圆钢	吨	40	3 500.00	一个月	自提
长江电器厂	45#ϕ32 圆钢	吨	40	3 602.00	一个月	自提
闸北金属制品厂	45#ϕ32 圆钢	吨	40	3 607.00	一个月	自提
东风综合公司	45#ϕ32 圆钢	吨	40	3 654.00	一个月	自提
前进汽车修理厂	1×1 000×2 000 冷轧薄板	吨	50	7 700.00	一个月	自提
凯乐电器厂	1×1 000×2 000 冷轧薄板	吨	60	7 802.00	一个月	自提
上海机床配件厂	1×1 000×2 000 冷轧薄板	吨	20	7 872.00	一个月	自提
永久自行车公司	1×1 000×2 000 冷轧薄板	吨	30	7 960.00	一个月	自提
金俊经营公司	0.5×1 000×2 000 镀锌板	吨	45	8 900.00	一个月	自提
东大金属制品厂	0.5×1 000×2 000 镀锌板	吨	45	9 014.00	一个月	自提
交大经营公司	0.5×1 000×2 000 镀锌板	吨	45	9 032.00	一个月	自提
宝山生资公司	0.5×1 000×2 000 镀锌板	吨	50	9 077.00	一个月	自提
闵行工业公司	ϕ6.5×5 000 线材	吨	37.5	3 600.00	一个月	自提
宝山钢管厂	ϕ6.5×5 000 线材	吨	42.5	3 658.00	一个月	自提
南大食品加工厂	ϕ6.5×5 000 线材	吨	47.5	3 680.00	一个月	自提
萧山储运公司	ϕ6.5×5 000 线材	吨	47.5	3 735.00	一个月	自提
星火机器厂	1×100×200 紫铜板（T2Y）	吨	10	22 500.00	一个月	自提
春光电器厂	1×100×200 紫铜板（T2Y）	吨	12.5	22 890.00	一个月	自提
西海五金工具厂	1×100×200 紫铜板（T2Y）	吨	12.5	2 3000.00	一个月	自提
通力机电商店	1×100×200 紫铜板（T2Y）	吨	10	23 200.00	一个月	自提
联华五金厂	ϕ16×5 000（9.4%）青铜棒	吨	12.5	28 800.00	一个月	自提
小向玩具厂	ϕ16×5 000（9.4%）青铜棒	吨	10	28 980.00	一个月	自提
西南电工厂	ϕ16×5 000（9.4%）青铜棒	吨	7.5	29 150.00	一个月	自提
新康电器厂	ϕ16×5 000（9.4%）青铜棒	吨	10	29 230.00	一个月	自提
广东电饭锅厂	S＝30m/m 六角铜棒	吨	7.5	16 900.00	一个月	自提
长宁电器厂	S＝30m/m 六角铜棒	吨	12.5	17 030.00	一个月	自提
开发电器厂	S＝30m/m 六角铜棒	吨	12.5	17 080.00	一个月	自提
天翼电器厂	S＝30m/m 六角铜棒	吨	12.5	17 080.00	一个月	自提
华东电动机厂	102#铝合金	吨	15	17 300.00	一个月	自提
亚明灯泡厂	102#铝合金	吨	20	9 709.00	一个月	自提

续表

求购单位	品种、规格	单位	求购数量	求购单价/元	交货时间	交货时间
上海灯具厂	102#铝合金	吨	17.5	9 800.00	一个月	自提
上海汽灯厂	102#铝合金	吨	17.5	10 000.00	一个月	自提

（2）机械产品求购信息如表 9-35 所示。

表 9-35　008 公司用户机械产品求购信息

求购单位	品种、规格	单位	求购数量	求购单价/元	交货时间	交货时间
佳全电器厂	IT 卷扬机	台	15	4 000.00	一个月	自提
精益电器厂	IT 卷扬机	台	15	4 060.00	一个月	自提
光辉电料厂	IT 卷扬机	台	15	4 100.00	一个月	自提
东亚电器厂	IT 卷扬机	台	15	4 400.00	一个月	自提
红雷机电厂	QX4－10－0.37 潜水泵	台	25	485.00	一个月	自提
昌盛五金厂	QX4－10－0.37 潜水泵	台	25	492.00	一个月	自提
洛溪锁厂	QX4－10－0.37 潜水泵	台	25	495.00	一个月	自提
金星锁厂	QX4－10－0.37 潜水泵	台	25	510.00	一个月	自提
湖光工具厂	6SSG30－15 管道泵	台	20	1 220.00	一个月	自提
航天空调厂	6SSG30－15 管道泵	台	20	1 240.00	一个月	自提
万宝电器厂	6SSG30－15 管道泵	台	20	1 260.00	一个月	自提
上海日用电炉厂	6SSG30－15 管道泵	台	20	1 280.00	一个月	自提
上海电饭锅厂	1W2.5－12 漩涡泵	台	20	1 230.00	一个月	自提
上海沪南化工厂	1W2.5－12 漩涡泵	台	20	1 255.00	一个月	自提
上海造漆厂	1W2.5－12 漩涡泵	台	20	1 260.00	一个月	自提
上海电料厂	1W2.5－12 漩涡泵	台	20	1 290.00	一个月	自提
101 厂	ϕ9.7 直柄钻头	只	2 500	5.40	一个月	自提
昌华电机厂	ϕ9.7 直柄钻头	只	2 500	6.12	一个月	自提
胡洋电器厂	ϕ9.7 直柄钻头	只	2 500	6.40	一个月	自提
求讯电机厂	ϕ9.7 直柄钻头	只	2 500	6.90	一个月	自提
远东电子仪表厂	ϕ30D4 套式铰刀	只	2 000	37.80	一个月	自提
凯东电讯厂	ϕ30D4 套式铰刀	只	2 000	37.86	一个月	自提
上海电声总厂	ϕ30D4 套式铰刀	只	2 000	37.89	一个月	自提
上海录音器材厂	ϕ30D4 套式铰刀	只	2 000	38.90	一个月	自提
曲阳电子仪器厂	KZ200 三爪卡盘	只	50	385.00	一个月	自提
中原五金厂	KZ200 三爪卡盘	只	50	394.00	一个月	自提
长城电器厂	KZ200 三爪卡盘	只	50	395.50	一个月	自提
长征电器厂	KZ200 三爪卡盘	只	50	395.80	一个月	自提
浦东表具厂	ϕ63×8 硬质三面铣刀	只	1 000	41.00	一个月	自提
东亚灯具厂	ϕ63×8 硬质三面铣刀	只	1 000	46.00	一个月	自提
宝山钢管厂	ϕ63×8 硬质三面铣刀	只	1 000	49.00	一个月	自提
东昌五金工具厂	ϕ63×8 硬质三面铣刀	只	1 000	50.00	一个月	自提

三、生产资料采购业务综合实训时间安排

生产资料采购业务综合实训环节建议分两次进行,金属材料采购业务综合实训与机械产品采购业务综合实训各做一次,每次实训时间为 4 课时,为保证实训效果,建议 4 节课连排。

任务 2　消费资料采购业务综合实训

一、任务要求

同任务 1。

二、任务背景资料

1. 各公司可供消费资料信息

1) 001 单位可供资源信息

001 单位可供资源信息如表 9-36 所示。

表 9-36　001 单位可供资源信息

购进日期	品名、规格	产　地	单位	数量	购进单价/元
	(1) 粮油食品类				
3/2	大米　50 千克/袋	江苏太仓	袋	4 000	168.00
3/5	不淘洗米　10 千克/袋	上海崇明	袋	8 000	44.00
3/7	面粉　25 千克/袋	上海面粉一厂	袋	4 000	88.00
3/9	精制面粉　25 千克/袋	上海面粉一厂	袋	4 000	102.50
3/10	糯米	江苏无锡	千克	10 000	5.10
3/12	糯米粉　1 千克×18 袋	江苏无锡	袋	1 000	133.20
3/20	绿豆	上海南汇	千克	500	10.80
3/25	黄豆	黑龙江	千克	600	5.20
	(2) 百货类				
2/4	亚光肥皂	齐齐哈尔	箱	400	70.40
2/5	百花肥皂	天津	箱	500	68.60
2/6	芳姿香皂　4 块/盒	天津	盒	800	16.20
2/8	美人蕉香皂　4 块/盒	齐齐哈尔	盒	1 000	17.80
2/12	加厚花面盆　36 厘米	齐齐哈尔	个	200	10.30
2/20	加厚花面盆　32 厘米	齐齐哈尔	个	200	8.90

2) 002 单位可供资源信息

002 单位可供资源信息如表 9-37 所示。

表 9-37　002 单位可供资源信息

购进日期	品名、规格	产　　地	单位	数量	购进单价/元
	（1）茶叶类				
3/3	黄盒茉莉　227 克×100 盒/箱	安徽	箱	200	12.70
3/4	黄听茉莉　227 克×40 听/箱	安徽	箱	200	708.00
3/5	龙井茶　125 克/听	杭州	听	1 600	14.50
3/10	绿茶　100 克×160 听/箱	苏州	听	1 280	6.00
3/12	一枝春乌龙茶　125 克×150 盒/箱	福建	盒	1 200	4.30
3/15	明前绿　7 千克×2 听/箱	杭州	箱	160	735.00
3/22	散茉莉　6 千克/听	苏州	听	320	220.00
	（2）针棉织品类				
2/4	全毛提花毛毯　1×2.5 千克	哈尔滨	条	80	162.00
2/5	全毛提花毛毯　1×2.5 千克	银川	条	100	158.00
2/7	272A 外毛中\粗毛线一等品　1×30 千克	天津	千克	400	48.00
2/9	273 纯毛毛线一等品　1×30 千克	呼和浩特	千克	800	52.40
2/12	白毛巾毯　1×52 克/1×20 条	天津	条	160	14.80
2/20	提格床单　133×200 厘米/1×20 条	上海	条	320	12.40

3）003 单位可供资源信息

003 单位可供资源信息如表 9-38 所示。

表 9-38　003 单位可供资源信息

购进日期	品名、规格	产　　地	单位	数量	购进单价/元
	（1）粮油食品类				
3/2	大米　50 千克/袋	江苏太仓	袋	4 000	166.00
3/5	不淘洗米　10 千克/袋	上海崇明	袋	8 000	45.00
3/7	面粉　25 千克/袋	上海面粉一厂	袋	4 000	89.00
3/9	精制面粉　25 千克/袋	上海面粉一厂	袋	4 000	102.00
3/10	糯米	江苏无锡	千克	10 000	5.20
3/12	糯米粉　1 千克×18 袋	江苏无锡	袋	1 000	133.20
3/20	绿豆	上海南汇	千克	500	10.85
3/25	黄豆	黑龙江	千克	600	5.10
	（2）百货类				
2/4	亚光肥皂	齐齐哈尔	箱	400	70.00
2/5	百花肥皂	天津	箱	500	69.00
2/6	芳姿香皂　4 块/盒	天津	盒	800	16.80
2/8	美人蕉香皂　4 块/盒	齐齐哈尔	盒	1 000	18.00
2/12	加厚花面盆　36 厘米	齐齐哈尔	个	200	10.00
2/20	加厚花面盆　32 厘米	齐齐哈尔	个	200	9.00

4）004 单位可供资源信息

004 单位可供资源信息如表 9-39 所示。

表 9-39　004 单位可供资源信息

购进日期	品名、规格	产地	单位	数量	购进单价/元
	（1）茶叶类				
3/3	黄盒茉莉　227 克×100 盒/箱	安徽	箱	200	13.00
3/4	黄听茉莉　227 克×40 听/箱	安徽	箱	200	700.00
3/5	龙井茶　125 克/听	杭州	听	1 600	14.60
3/10	绿茶　100 克×160 听/箱	苏州	听	1 280	5.80
3/12	一枝春乌龙茶　125 克×150 盒/箱	福建	盒	1 200	4.40
3/15	明前绿　7 千克×2 听/箱	杭州	箱	160	738.00
3/22	散茉莉　6 千克/听	苏州	听	320	221.00
	（2）针棉织品类				
2/4	全毛提花毛毯　1×2.5 千克	哈尔滨	条	80	160.00
2/5	全毛提花毛毯　1×2.5 千克	银川	条	100	160.00
2/7	272A 外毛中\粗毛线一等品　1×30 千克	天津	千克	400	49.00
2/9	273 纯毛毛线一等品　1×30 千克	呼和浩特	千克	800	52.00
2/12	白毛巾毯　1×52 克/1×20 条	天津	条	160	14.70
2/20	提格床单　133×200 厘米/1×20 条	上海	条	320	13.00

5）005 单位可供资源信息

005 单位可供资源信息如表 9-40 所示。

表 9-40　005 单位可供资源信息

购进日期	品名、规格	产地	单位	数量	购进单价/元
	（1）粮油食品类				
3/2	大米　50 千克/袋	江苏太仓	袋	4 000	167.00
3/5	不淘洗米　10 千克/袋	上海崇明	袋	8 000	43.00
3/7	面粉　25 千克/袋	上海面粉一厂	袋	4 000	87.00
3/9	精制面粉　25 千克/袋	上海面粉一厂	袋	4 000	103.50
3/10	糯米	江苏无锡	千克	10 000	5.00
3/12	糯米粉　1 千克×18 袋	江苏无锡	袋	1 000	133.10
3/20	绿豆	上海南汇	千克	500	10.80
3/25	黄豆	黑龙江	千克	600	5.22
	（2）百货类				
2/4	亚光肥皂	齐齐哈尔	箱	400	71.00
2/5	百花肥皂	天津	箱	500	68.00
2/6	芳姿香皂　4 块/盒	天津	盒	800	16.50

续表

购进日期	品名、规格	产地	单位	数量	购进单价/元
2/8	美人蕉香皂 4块/盒	齐齐哈尔	盒	1 000	17.50
2/12	加厚花面盆 36厘米	齐齐哈尔	个	200	10.50
2/20	加厚花面盆 32厘米	齐齐哈尔	个	200	8.80

6）006单位可供资源信息

006单位可供资源信息如表9-41所示。

表9-41 006单位可供资源信息

购进日期	品名、规格	产地	单位	数量	购进单价/元
	（1）茶叶类				
3/3	黄盒茉莉 227克×100盒/箱	安徽	箱	200	12.50
3/4	黄听茉莉 227克×40听/箱	安徽	箱	200	710.00
3/5	龙井茶 125克/听	杭州	听	1 600	14.40
3/10	绿茶 100克×160听/箱	苏州	听	1 280	6.10
3/12	一枝春乌龙茶 125克×150盒/箱	福建	盒	1 200	4.25
3/15	明前绿 7千克×2听/箱	杭州	箱	160	740.00
3/22	散茉莉 6千克/听	苏州	听	320	219.00
	（2）针棉织品类				
2/4	全毛提花毛毯 1×2.5千克	哈尔滨	条	80	163.00
2/5	全毛提花毛毯 1×2.5千克	银川	条	100	158.00
2/7	272A 外毛中\粗毛线一等品 1×30千克	天津	千克	400	48.50
2/9	273 纯毛毛线一等品 1×30丁克	呼和浩特	千克	800	52.20
2/12	白毛巾毯 1×52克/1×20条	天津	条	160	14.90
2/20	提格床单 133×200厘米/1×20条	上海	条	320	12.60

7）007单位可供资源信息

007单位可供资源信息如表9-42所示。

表9-42 007单位可供资源信息

购进日期	品名、规格	产地	单位	数量	购进单价/元
	（1）粮油食品类				
3/2	大米 50千克/袋	江苏太仓	袋	4 000	169.00
3/5	不淘洗米 10千克/袋	上海崇明	袋	8 000	42.00
3/7	面粉 25千克/袋	上海面粉一厂	袋	4 000	86.00
3/9	精制面粉 25千克/袋	上海面粉一厂	袋	4 000	101.50
3/10	糯米	江苏无锡	千克	10 000	5.20
3/12	糯米粉 1千克×18袋	江苏无锡	袋	1 000	133.00
3/20	绿豆	上海南汇	千克	500	10.70
3/25	黄豆	黑龙江	千克	600	5.18

续表

购进日期	品名、规格	产地	单位	数量	购进单价/元
	（2）百货类				
2/4	亚光肥皂	齐齐哈尔	箱	400	70.60
2/5	百花肥皂	天津	箱	500	70.00
2/6	芳姿香皂 4块/盒	天津	盒	800	16.00
2/8	美人蕉香皂 4块/盒	齐齐哈尔	盒	1 000	17.00
2/12	加厚花面盆 36厘米	齐齐哈尔	个	200	11.00
2/20	加厚花面盆 32厘米	齐齐哈尔	个	200	8.50

8）008单位可供资源信息

008单位可供资源信息如表9-43所示。

表9-43 008单位可供资源信息

购进日期	品名、规格	产地	单位	数量	购进单价/元
	（1）茶叶类				
3/3	黄盒茉莉 227克×100盒/箱	安徽	箱	200	12.00
3/4	黄听茉莉 227克×40听/箱	安徽	箱	200	705.00
3/5	龙井茶 125克/听	杭州	听	1 600	14.20
3/10	绿茶 100克×160听/箱	苏州	听	1 280	5.90
3/12	一枝春乌龙茶 125克×150盒/箱	福建	盒	1 200	4.20
3/15	明前绿 7千克×2听/箱	杭州	箱	160	730.00
3/22	散茉莉 6千克/听	苏州	听	320	220.50
	（2）针棉织品类				
2/4	全毛提花毛毯 1×2.5千克	哈尔滨	条	80	161.00
2/5	全毛提花毛毯 1×2.5千克	银川	条	100	157.50
2/7	272A外毛中/粗毛线一等品 1×30千克	天津	千克	400	47.00
2/9	273纯毛毛线一等品 1×30千克	呼和浩特	千克	800	52.50
2/12	白毛巾毯 1×52克/1×20条	天津	条	160	14.85
2/20	提格床单 133×200厘米/1×20条	上海	条	320	12.50

2．各公司用户求购消费资料信息

1）001单位用户订购信息

（1）茶叶类订购信息如表9-44所示。

表9-44 001单位用户茶叶类订购信息

求购单位	品种、规格	单位	求购数量	求购单价/元	交货时间	交货时间
为众土特产商店	黄盒茉莉 227克×100盒/箱	箱	50	19.00	1个月	自提
看得来土特产商店	黄盒茉莉 227克×100盒/箱	箱	50	21.00	1个月	自提
南洋茶叶商店	黄盒茉莉 227克×100盒/箱	箱	50	22.00	1个月	自提

续表

求购单位	品种、规格	单位	求购数量	求购单价/元	交货时间	交货时间
建庄茶叶商店	黄盒茉莉 227 克×100 盒/箱	箱	50	22.00	1 个月	自提
佳味茶叶商店	黄盒茉莉 227 克×40 听/箱	箱	60	1 146.00	1 个月	自提
国光土特产商店	黄盒茉莉 227 克×40 听/箱	箱	60	1 172.00	1 个月	自提
陈行食品总汇	黄盒茉莉 227 克×40 听/箱	箱	40	1 200.00	1 个月	自提
运北食品商店	黄盒茉莉 227 克×40 听/箱	箱	40	1 280.00	1 个月	自提
竹园食品商店	龙井茶 125 克/听	听	400	23.00	1 个月	自提
亚达土特产商店	龙井茶 125 克/听	听	400	23.60	1 个月	自提
双喜茶叶烟酒商店	龙井茶 125 克/听	听	400	24.80	1 个月	自提
陈行商品供销站	龙井茶 125 克/听	听	320	25.50	1 个月	自提
五星食品商店	绿茶 100 克×160 听/箱	听	320	9.80	1 个月	自提
中华茶烟商店	绿茶 100 克×160 听/箱	听	320	10.00	1 个月	自提
大盈食品商店	绿茶 100 克×160 听/箱	听	320	10.00	1 个月	自提
激流食品商店	绿茶 100 克×160 听/箱	听	300	11.00	1 个月	自提
碧江茶烟商店	一枝春乌龙茶 125 克×150 盒/箱	盒	300	6.80	1 个月	自提
群众茶庄	一枝春乌龙茶 125 克×150 盒/箱	盒	300	7.00	1 个月	自提
福建茶庄	一枝春乌龙茶 125 克×150 盒/箱	盒	300	7.30	1 个月	自提
群力食品商店	一枝春乌龙茶 125 克×150 盒/箱	盒	40	7.80	1 个月	自提
紫华茶庄	明前绿 7 千克×20 听/箱	箱	40	1 180.00	1 个月	自提
景华茶庄	明前绿 7 千克×20 听/箱	箱	40	1 200.00	1 个月	自提
新民食品商店	明前绿 7 千克×20 听/箱	和	40	1 240.00	1 个月	自提
新生茶叶商店	明前绿 7 千克×20 听/箱	箱	40	1 300.00	1 个月	自提
春水茶庄	散茉莉 6 千克/听	听	80	349.00	1 个月	自提
思南茶庄	散茉莉 6 千克/听	听	80	365.00	1 个月	自提
泰山茶叶烟酒商店	散茉莉 6 千克/听	听	80	371.00	1 个月	自提
桂风茶庄	散茉莉 6 千克/听	听	80	374.00	1 个月	自提

（2）针棉织品类订购信息如表 9-45 所示。

表 9-45　001 单位用户针棉织品类订购信息

求购单位	品种、规格	单位	求购数量	求购单价/元	交货时间	交货时间
华阳百货商店	全毛提花毛毯 1×2.5 千克	条	20	268.00	2 个月	自提
大名百货商店	全毛提花毛毯 1×2.5 千克	条	20	274.00	2 个月	自提
宝宫百货商店	全毛提花毛毯 1×2.5 千克	条	20	280.00	2 个月	自提
惠南百货商店	全毛提花毛毯 1×2.5 千克	条	20	287.00	2 个月	自提
申申百货商店	全毛提花毛毯 1×2.5 千克	条	20	260.00	2 个月	自提
开开百货商店	全毛提花毛毯 1×2.5 千克	条	20	268.00	2 个月	自提
中央百货商店	全毛提花毛毯 1×2.5 千克	条	20	276.00	2 个月	自提
乾溪百货商店	全毛提花毛毯 1×2.5 千克	条	20	278.00	2 个月	自提
东航百货商店	272A 外毛中粗毛线 1×30 千克	千克	110	79.00	2 个月	自提

续表

求购单位	品种、规格	单位	求购数量	求购单价/元	交货时间	交货时间
吴兴百货商店	272A 外毛中粗毛线 1×30 千克	千克	90	82.00	2 个月	自提
金扬百货商店	272A 外毛中粗毛线 1×30 千克	千克	300	84.00	2 个月	自提
申亚商城	272A 外毛中粗毛线 1×30 千克	千克	90	85.00	2 个月	自提
扬光百货商店	273 纯毛毛线 1×30 千克	千克	300	86.00	2 个月	自提
竹园百货商店	273 纯毛毛线 1×30 千克	千克	200	89.00	2 个月	自提
靖宇百货商店	273 纯毛毛线 1×30 千克	千克	200	89.60	2 个月	自提
江浦百货商店	273 纯毛毛线 1×30 千克	千克	100	90.00	2 个月	自提
永丰百货商店	白毛巾毯 1×52 克/1×20 条	条	80	24.00	2 个月	自提
永久百货商店	白毛巾毯 1×52 克/1×20 条	条	20	25.30	2 个月	自提
通河百货商店	白毛巾毯 1×52 克/1×20 条	条	20	25.80	2 个月	自提
武宁百货商店	白毛巾毯 1×52 克/1×20 条	条	20	26.20	2 个月	自提
定阳百货商店	提格床单 133×200 厘米/1×20 条	条	80	20.00	2 个月	自提
虹灵百货商店	提格床单 133×200 厘米/1×20 条	条	100	21.00	2 个月	自提
柏树百货商店	提格床单 133×200 厘米/1×20 条	条	80	22.00	2 个月	自提
国年百货商店	提格床单 133×200 厘米/1×20 条	条	60	24.00	2 个月	自提

2) 002 单位用户订购信息

（1）粮油食品类订购信息如表 9-46 所示。

表 9-46　002 单位用户粮油食品类订购信息

求购单位	品种、规格	单位	求购数量	求购单价/元	交货时间	交货时间
山阳粮管所经营部	大米 50 千克/袋	袋	1 000	246.00	2 个月	自提
川杨粮油综合经营部	大米 50 千克/袋	袋	1 000	250.00	2 个月	自提
上海市粮油商品综合交易市场	大米 50 千克/袋	袋	1 000	255.00	2 个月	自提
上海第一粮食采购供应站	大米 50 千克/袋	袋	1 000	258.00	2 个月	自提
长宁区粮油食品公司	不淘洗米 10 千克/袋	袋	2 000	60.00	2 个月	自提
仓桥粮油公司	不淘洗米 10 千克/袋	袋	2 000	63.20	2 个月	自提
文庙粮油经营部	不淘洗米 10 千克/袋	袋	2 000	66.00	2 个月	自提
长白粮油食品公司	不淘洗米 10 千克/袋	袋	2 000	67.00	2 个月	自提
三九食品公司	面粉 25 千克/袋	袋	1 000	127.00	2 个月	自提
上海儿童食品厂	面粉 25 千克/袋	袋	1 000	129.00	2 个月	自提
山林食品有限公司	面粉 25 千克/袋	袋	1 000	134.00	2 个月	自提
亿成食品工业有限公司	面粉 25 千克/袋	袋	1 000	136.00	2 个月	自提
东亚食品有限公司	精制面粉 25 千克/袋	袋	1 000	145.00	2 个月	自提
申发食品厂	精制面粉 25 千克/袋	袋	1 000	151.00	2 个月	自提
达能饼干食品有限公司	精制面粉 25 千克/袋	袋	1 000	155.00	2 个月	自提
乔家栅食品厂	精制面粉 25 千克/袋	袋	1 000	157.00	2 个月	自提
泰龙食品有限公司	糯米	千克	2 500	7.35	2 个月	自提
格力高日清食品有限公司	糯米	千克	2 500	7.70	2 个月	自提

续表

求购单位	品种、规格	单位	求购数量	求购单价/元	交货时间	交货时间
真帝食品有限公司	糯米	千克	2 500	7.70	2个月	自提
埃斯伯食品有限司	糯米	千克	2 500	11.00	2个月	自提
神东食品有限公司	糯米粉1千克×18袋	袋	250	190.00	2个月	自提
美心食品有限公司	糯米粉1千克×18袋	袋	250	191.00	2个月	自提
香特莉食品工业有限公司	糯米粉1千克×18袋	袋	250	192.00	2个月	自提
荣昌食品厂	糯米粉1千克×18袋	袋	250	193.00	2个月	自提
新华粮油食品商品	绿豆	千克	100	14.00	2个月	自提
富力粮油公司	绿豆	千克	150	15.70	2个月	自提
贺王粮油商品	绿豆	千克	150	15.80	2个月	自提
林林粮油食品店	绿豆	千克	100	16.00	2个月	自提
晋源粮油食品店	黄豆	千克	200	7.40	2个月	自提
振华粮油食品公司	黄豆	千克	50	7.7	2个月	自提
珲春粮油经营部	黄豆	千克	150	7.75	2个月	自提
桂林粮油食品店	黄豆	千克	200	7.80	2个月	自提

（2）百货类订购信息如表9-47所示。

表9-47　002单位用户百货类订购信息

求购单位	品种、规格	单位	求购数量	求购单价/元	交货时间	交货时间
长宁实验幼儿园	亚光肥皂	箱	100	110.00	0.5个月	自提
上海动物保健公司	亚光肥皂	箱	100	114.00	0.5个月	自提
控江医院	亚光肥皂	箱	100	116.00	0.5个月	自提
上海儿科医院	亚光肥皂	箱	100	122.00	0.5个月	自提
春申百货商店	百花肥皂	箱	200	110.00	0.5个月	自提
星晨实业公司	百花肥皂	箱	100	113.00	0.5个月	自提
英修实业公司	百花肥皂	箱	100	117.00	0.5个月	自提
怡发工贸经营部	百花肥皂	箱	100	119.00	0.5个月	自提
爱货工贸公司	美人焦香皂4块/盒	盒	250	27.00	0.5个月	自提
大顺贸易公司	美人焦香皂4块/盒	盒	250	27.80	0.5个月	自提
万竹贸易公司	美人焦香皂4块/盒	盒	250	28.80	0.5个月	自提
二联商务中心	美人焦香皂4块/盒	盒	250	30.00	0.5个月	自提
职工学校	芳姿香皂4块/盒	盒	200	25.00	0.5个月	自提
上海业余科技学院	芳姿香皂4块/盒	盒	200	26.50	0.5个月	自提
华东电力培训中心	芳姿香皂4块/盒	盒	200	27.00	0.5个月	自提
行知技术学院	芳姿香皂4块/盒	盒	200	27.50	0.5个月	自提
德华幼儿园	加厚花面盆36厘米	个	50	15.00	0.5个月	自提
红星幼儿园	加厚花面盆36厘米	个	50	17.00	0.5个月	自提
白玉兰幼儿园	加厚花面盆36厘米	个	50	17.50	0.5个月	自提
东山幼儿园	加厚花面盆36厘米	个	50	18.00	0.5个月	自提

续表

求购单位	品种、规格	单位	求购数量	求购单价/元	交货时间	交货时间
上海市民办杨波外国语学校	加厚花面盆32厘米	个	50	13.00	0.5个月	自提
浦东新区实习学校	加厚花面盆32厘米	个	50	14.40	0.5个月	自提
海滨寄宿中学	加厚花面盆32厘米	个	50	15.00	0.5个月	自提
高东寄宿中学	加厚花面盆32厘米	个	50	15.50	0.5个月	自提

3）003单位用户订购信息

（1）茶叶类订购信息如表9-48所示。

表9-48　003单位用户茶叶类订购信息

求购单位	品种、规格	单位	求购数量	求购单价/元	交货时间	交货时间
五岭茶庄	黄盒茉莉227克×100盒/箱	箱	60	19.00	1个月	自提
五湖茶叶店	黄盒茉莉227克×100盒/箱	箱	40	20.30	1个月	自提
长春茶叶服务部	黄盒茉莉227克×100盒/箱	箱	40	20.70	1个月	自提
古华茶店	黄盒茉莉227克×100盒/箱	箱	60	21.00	1个月	自提
东升阳茶叶店	黄听茉莉227克×40听/箱	箱	50	1 120.00	1个月	自提
东方茶叶商店	黄听茉莉227克×40听/箱	箱	50	1 146.00	1个月	自提
申江茶社	黄听茉莉227克×40听/箱	箱	50	1 148.00	1个月	自提
四海茶文化发展公司	黄听茉莉227g×40听/箱	箱	50	1 150.00	1个月	自提
永兴茶叶店	龙井茶125克/听	听	500	23.00	1个月	自提
永红茶叶店	龙井茶125克/听	听	500	23.32	1个月	自提
红叶茶叶店	龙井茶125克/听	听	300	23.32	1个月	自提
汪怡记茶艺馆	龙井茶125克/听	听	300	24.40	1个月	自提
汪裕记茶叶商店	绿茶100克×160听/箱	听	320	9.00	1个月	自提
沪浙茶叶联营部	绿茶100克×160听/箱	听	320	9.80	1个月	自提
青山茶叶商店	绿茶100克×160听/箱	听	320	9.80	1个月	自提
杭州茶叶店	绿茶100克×160听/箱	听	320	9.90	1个月	自提
和生茶庄	一枝春乌龙茶125克×150盒/箱	盒	400	6.60	1个月	自提
春芽茶叶商店	一枝春乌龙茶125克×150盒/箱	盒	200	7.00	1个月	自提
茗香茶庄	一枝春乌龙茶125克×150盒/箱	盒	300	7.00	1个月	自提
顺昌茶叶商店	一枝春乌龙茶125克×150盒/箱	盒	300	7.80	1个月	自提
恒丰茶馆	明前绿7千克×10千克/箱	箱	50	1 163.00	1个月	自提
翁隆泰茶庄	明前绿7千克×10千克/箱	箱	40	1 174.00	1个月	自提
益民茶叶商店	明前绿7千克×10千克/箱	箱	40	1 181.00	1个月	自提
四海茶馆	明前绿7千克×10千克/箱	箱	30	1 182.00	1个月	自提
通盈茶庄	散茉莉6千克/听	听	90	348.00	1个月	自提
黄山永茶庄	散茉莉6千克/听	听	80	352.00	1个月	自提
黄山茶叶公司华新店	散茉莉6千克/听	听	80	352.00	1个月	自提
黄龙茶庄	散茉莉6千克/听	听	70	356.00	1个月	自提

（2）针棉织品类订购信息如表9-49所示。

表9-49　003单位用户针棉织品类订购信息

求购单位	品种、规格	单位	求购数量	求购单价/元	交货时间	交货时间
上海宜川购物中心	全毛提花毛毯1×2.5千克	条	20	261.00	2个月	自提
长风百货商店	全毛提花毛毯1×2.5千克	条	20	267.00	2个月	自提
大明商场	全毛提花毛毯1×2.5千克	条	20	268.00	2个月	自提
万丰丝棉行	全毛提花毛毯1×2.5千克	条	20	269.00	2个月	自提
万荣商场	全毛提花毛毯1×2.5千克	条	30	258.00	2个月	自提
上南商场	全毛提花毛毯1×2.5千克	条	30	262.00	2个月	自提
上圆百货公司	全毛提花毛毯1×2.5千克	条	20	262.00	2个月	自提
上海第一百货商店	全毛提花毛毯1×2.5千克	条	20	263.00	2个月	自提
上海第二百货商店	272A外毛中粗毛线1×30千克	千克	110	77.00	2个月	自提
上海第四百货商店	272A外毛中粗毛线1×30千克	千克	110	78.00	2个月	自提
上海第五百货商店	272A外毛中粗毛线1×30千克	千克	90	80.00	2个月	自提
上海第六百货商店	272A外毛中粗毛线1×30千克	千克	90	84.00	2个月	自提
上海国际购物中心	273纯毛毛线1×30千克	千克	250	83.00	2个月	自提
千村百货商店	273纯毛毛线1×30千克	千克	150	86.00	2个月	自提
千乐喜百货商店	273纯毛毛线1×30千克	千克	250	87.00	2个月	自提
顺北百货商店	273纯毛毛线1×30千克	千克	150	88.00	2个月	自提
川江百货商店	白毛巾毯1×52克/1×20条	条	60	24.00	2个月	自提
川沙百货商店	白毛巾毯1×52克/1×20条	条	60	24.50	2个月	自提
久天百货商店	白毛巾毯1×52克/1×20条	条	20	24.70	2个月	自提
久盛百货商店	白毛巾毯1×52克/1×20条	条	20	25.00	2个月	自提
广中百货商店	提格床单133×200厘米/1×20条	条	100	20.00	2个月	自提
广厦百货商店	提格床单133×200厘米/1×20条	条	100	21.00	2个月	自提
广裕百货商店	提格床单133×200厘米/1×20条	条	60	21.00	2个月	自提
广意百货商店	提格床单133×200厘米/1×20条	条	60	22.00	2个月	自提

4）004单位用户订购信息

（1）粮油食品类订购信息如表9-50所示。

表9-50　004单位用户粮油食品类订购信息

求购单位	品种、规格	单位	求购数量	求购单价/元	交货时间	交货时间
二良粮油综合经营部	大米50千克/袋	袋	1 000	240.00	1个月	自提
七宝粮油食品商店	大米50千克/袋	袋	1 000	250.00	1个月	自提
又一春粮油是商店	大米50千克/袋	袋	1 000	252.00	1个月	自提
三友粮油批发经营部	大米50千克/袋	袋	1 000	258.00	1个月	自提
大东粮油商行	不淘洗米10千克/袋	袋	2 000	60.00	1个月	自提
三林粮油食品商店	不淘洗米10千克/袋	袋	2 000	63.00	1个月	自提
三官粮油商行	不淘洗米10千克/袋	袋	2 000	64.00	1个月	自提

续表

求购单位	品种、规格	单位	求购数量	求购单价/元	交货时间	交货时间
悦香食品商店	不淘洗米10千克/袋	袋	2 000	67.00	1个月	自提
益民食品一厂	面粉25千克/袋	袋	1 000	120.00	1个月	自提
浦东食品厂	面粉25千克/袋	袋	1 000	129.00	1个月	自提
海东食品厂	面粉25千克/袋	袋	1 000	133.00	1个月	自提
海斯特食品有限公司	面粉25千克/袋	袋	1 000	134.00	1个月	自提
悦香食品有限公司	精制面粉25千克/袋	袋	1 000	147.00	1个月	自提
联民食品厂	精制面粉25千克/袋	袋	1 000	151.00	1个月	自提
康乐食品厂	精制面粉25千克/袋	袋	1 000	153.00	1个月	自提
精英食品有限公司	精制面粉25千克/袋	袋	1 000	154.00	1个月	自提
鲜得福食品有限公司	糯米1千克×18袋	千克	3 000	7.20	1个月	自提
豫园食品厂	糯米1千克×18袋	千克	2 500	7.65	1个月	自提
鑫怡食品有限公司	糯米1千克×18袋	千克	2 500	7.80	1个月	自提
蓝丰食品厂	糯米1千克×18袋	千克	2 000	7.80	1个月	自提
嘉维食品有限公司	糯米粉1千克×18袋	袋	200	190.00	1个月	自提
新梅龙食品厂	糯米粉1千克×18袋	袋	250	191.90	1个月	自提
梅林食品有限公司	糯米粉1千克×18袋	袋	250	192.40	1个月	自提
石化粮油食品有限公司	糯米粉1千克×18袋	袋	300	193.00	1个月	自提
玉兰粮油经营部	绿豆	千克	100	14.00	1个月	自提
正红粮油食品商店	绿豆	千克	150	15.65	1个月	自提
申腾粮油商行	绿豆	千克	150	15.75	1个月	自提
长德粮油供应站	绿豆	千克	100	16.00	1个月	自提
甘泉粮油杂品店	黄豆	千克	150	7.40	1个月	自提
古美粮油食品商店	黄豆	千克	150	7.67	1个月	自提
仓桥粮油食品商店	黄豆	千克	150	7.70	1个月	自提
中林粮油食品商店	黄豆	千克	150	7.90	1个月	自提

（2）百货类订购信息如表9-51所示。

表9-51 004单位用户百货类订购信息

求购单位	品种、规格	单位	求购数量	求购单价/元	交货时间	交货时间
大同中心住宿学校	亚光肥皂	箱	120	110.0	0.5个月	自提
华山医院	亚光肥皂	箱	80	115.00	0.5个月	自提
东新医院	亚光肥皂	箱	100	117.00	0.5个月	自提
新华医院	亚光肥皂	箱	100	120.00	0.5个月	自提
益壮实业经营部	百花肥皂	箱	125	110.00	0.5个月	自提
浦华工贸经营部	百花肥皂	箱	125	114.00	0.5个月	自提
泰力工贸实业公司	百花肥皂	箱	125	117.00	0.5个月	自提
亨大贸易公司	百花肥皂	箱	125	118.00	0.5个月	自提
闰捷贸易公司	芳姿香皂4块/盒	盒	150	25.00	0.5个月	自提

续表

求 购 单 位	品种、规格	单位	求购数量	求购单价/元	交货时间	交货时间
利流贸易公司	芳姿香皂 4 块/盒	盒	150	26.50	0.5 个月	自提
杨杨贸易中心	芳姿香皂 4 块/盒	盒	250	27.00	0.5 个月	自提
绿洲贸易公司	芳姿香皂 4 块/盒	盒	250	27.50	0.5 个月	自提
亚克利实业公司	美人焦香皂 4 块/盒	盒	200	27.00	0.5 个月	自提
邦尼实业公司	美人焦香皂 4 块/盒	盒	300	28.00	0.5 个月	自提
弘林实业公司	美人焦香皂 4 块/盒	盒	200	28.60	0.5 个月	自提
汇昆实业公司	美人焦香皂 4 块/盒	盒	300	29.00	0.5 个月	自提
上海市物资学校	加厚花脸盆 36 厘米	个	100	13.00	0.5 个月	自提
上海市化工学校	加厚花脸盆 36 厘米	个	50	17.00	0.5 个月	自提
上海市司法学校	加厚花脸盆 36 厘米	个	25	17.50	0.5 个月	自提
上海市商业会计学校	加厚花脸盆 36 厘米	个	25	18.20	0.5 个月	自提
上海市粮食学校	加厚花脸盆 32 厘米	个	75	13.00	0.5 个月	自提
长宁路幼儿园	加厚花脸盆 32 厘米	个	75	14.20	0.5 个月	自提
延安路幼儿园	加厚花脸盆 32 厘米	个	25	14.70	0.5 个月	自提
甜甜幼儿园	加厚花脸盆 32 厘米	个	25	15.00	0.5 个月	自提

5）005 单位用户订购信息

（1）茶叶类订购信息如表 9-52 所示。

表 9-52　005 单位用户茶叶类订购信息

求 购 单 位	品种、规格	单位	求购数量	求购单价/元	交货时间	交货时间
武进茶庄	黄盒茉莉 227 克×100 盒/箱	箱	60	19.00	1 个月	自提
芳明茶庄	黄盒茉莉 227 克×100 盒/箱	箱	60	20.50	1 个月	自提
牡丹茶烟酒商店	黄盒茉莉 227 克×100 盒/箱	箱	40	20.90	1 个月	自提
青松茶庄	黄盒茉莉 227 克×100 盒/箱	箱	40	21.50	1 个月	自提
苗红茶庄	黄听茉莉 227 克×40 听/箱	箱	50	1 128.00	1 个月	自提
松雪茶庄	黄听茉莉 227 克×40 听/箱	箱	50	1 148.00	1 个月	自提
松鹤茶庄	黄听茉莉 227 克×40 听/箱	箱	50	1 150.00	1 个月	自提
枫叶茶庄	黄听茉莉 227 克×40 听/箱	箱	50	1 150.00	1 个月	自提
国华茶庄	龙井茶 125 克/听	听	500	22.00	1 个月	自提
佩佩茶庄	龙井茶 125 克/听	听	300	23.50	1 个月	自提
宝兴茶庄	龙井茶 125 克/听	听	500	24.50	1 个月	自提
建民茶庄	龙井茶 125 克/听	听	300	24.50	1 个月	自提
春江茶庄	绿茶 100 克×160 听/箱	听	320	9.30	1 个月	自提
南林茶庄	绿茶 100 克×160 听/箱	听	320	9.70	1 个月	自提
芳明茶庄	绿茶 100 克×160 听/箱	听	320	9.80	1 个月	自提
文羊茶庄	绿茶 100 克×160 听/箱	听	320	10.00	1 个月	自提
万康茶庄	一枝春乌龙茶 125 克×150 盒/箱	箱	400	6.80	1 个月	自提
万利茶庄	一枝春乌龙茶 125 克×150 盒/箱	箱	300	7.00	1 个月	自提

续表

求购单位	品种、规格	单位	求购数量	求购单价/元	交货时间	交货时间
上川烟什合作商店	一枝春乌龙茶 125 克×150 盒/箱	箱	300	7.00	1 个月	自提
卫星烟什合作商店	一枝春乌龙茶 125 克×150 盒/箱	箱	200	7.50	1 个月	自提
丰收茶社	明前绿 7 千克×20 斤/箱	箱	50	1 155.00	1 个月	自提
广福茶社	明前绿 7 千克×20 斤/箱	箱	50	1 179.00	1 个月	自提
丰收茶社	明前绿 7 千克×20 斤/箱	箱	30	1 183.00	1 个月	自提
长峰茶社	明前绿 7 千克×20 斤/箱	箱	30	1 184.00	1 个月	自提
枫泾食品商店	散茉莉 6 千克/听	听	90	348.00	1 个月	自提
炼塘茶叶烟酒商店	散茉莉 6 千克/听	听	90	352.00	1 个月	自提
爱建土特产商店	散茉莉 6 千克/听	听	70	553.80	1 个月	自提
海星茶叶商店	散茉莉 6 千克/听	听	70	552.80	1 个月	自提

（2）针棉织品类订购信息如表 9-53 所示。

表 9-53　005 单位用户针棉织品类订购信息

求购单位	品种、规格	单位	求购数量	求购单价/元	交货时间	交货时间
七宝商厦	全毛提花毛毯 1×2.5 千克	条	20	263.00	2 个月	自提
华联商厦	全毛提花毛毯 1×2.5 千克	条	20	265.00	2 个月	自提
人民百货商店	全毛提花毛毯 1×2.5 千克	条	20	269.00	2 个月	自提
人民商场	全毛提花毛毯 1×2.5 千克	条	20	270.50	2 个月	自提
九州名品城	全毛提花毛毯 1×2.5 千克	条	30	257.00	2 个月	自提
九州商厦	全毛提花毛毯 1×2.5 千克	条	25	261.90	2 个月	自提
九鹿商苑	全毛提花毛毯 1×2.5 千克	条	25	263.00	2 个月	自提
又一村商场	全毛提花毛毯 1×2.5 千克	条	20	264.00	2 个月	自提
三门百货商店	272A 外毛中粗毛线 1×30 千克	千克	150	76.00	2 个月	自提
三元百货商店	272A 外毛中粗毛线 1×30 千克	千克	150	80.00	2 个月	自提
三兴百货商店	272A 外毛中粗毛线 1×30 千克	千克	50	83.00	2 个月	自提
三花百货商店	272A 外毛中粗毛线 1×30 千克	千克	50	84.80	2 个月	自提
三峡百货商店	273 纯毛毛线 1×30 千克	千克	250	85.00	2 个月	自提
三真百货商店	273 纯毛毛线 1×30 千克	千克	250	86.00	2 个月	自提
三联百货商店	273 纯毛毛线 1×30 千克	千克	150	87.00	2 个月	自提
大方百货商店	273 纯毛毛线 1×30 千克	千克	150	87.20	2 个月	自提
大正商厦	白毛巾毯 1×52 克/1×20 条	条	60	24.00	2 个月	自提
大世界经营公司	白毛巾毯 1×52 克/1×20 条	条	4	24.50	2 个月	自提
大发商厦	白毛巾毯 1×52 克/1×20 条	条	40	25.20	2 个月	自提
大伟百货商店	白毛巾毯 1×52 克/1×20 条	条	20	25.20	2 个月	自提
大华百货商店	提格床单 133×200 厘米/1×20 条	条	100	20.00	2 个月	自提
大名百货商店	提格床单 133×200 厘米/1×20 条	条	80	20.50	2 个月	自提
庆庆百货商店	提格床单 133×200 厘米/1×20 条	条	80	21.18	2 个月	自提
大观园购物中心	提格床单 133×200 厘米/1×20 条	条	60	22.20	2 个月	自提

6) 006 单位用户订购信息

(1) 粮油食品类订购信息如表 9-54 所示。

表 9-54　006 单位用户粮油食品类订购信息

求购单位	品种、规格	单位	求购数量	求购单价/元	交货时间	交货时间
十六铺粮油食品交易市场	大米 50 千克/袋	袋	1 000	248.00	1 个月	自提
三官粮油综合经营部	大米 50 千克/袋	袋	1 000	251.00	1 个月	自提
大陆粮油综合经营部	大米 50 千克/袋	袋	1 000	252.00	1 个月	自提
大盈粮油商店	大米 50 千克/袋	袋	1 000	253.00	1 个月	自提
万航粮油食品商店	不淘洗米 10 千克/袋	袋	2 000	58.00	1 个月	自提
中华粮油食品商店	不淘洗米 10 千克/袋	袋	2 000	63.00	1 个月	自提
长征食品店	不淘洗米 10 千克/袋	袋	2 000	64.00	1 个月	自提
长宁粮油批发站	不淘洗米 10 千克/袋	袋	2 000	66.00	1 个月	自提
益元食品厂	面粉 25 千克/袋	袋	1 000	126.00	1 个月	自提
益民食品二厂	面粉 25 千克/袋	袋	1 000	127.00	1 个月	自提
海皇食品有限公司	面粉 25 千克/袋	袋	1 000	130.00	1 个月	自提
浦盛食品有限公司	面粉 25 千克/袋	袋	1 000	131.00	1 个月	自提
得好食品厂	精制面粉 25 千克/袋	袋	1 000	145.00	1 个月	自提
康明食品厂	精制面粉 25 千克/袋	袋	1 000	151.00	1 个月	自提
清诚食品有限公司	精制面粉 25 千克/袋	袋	1 000	152.00	1 个月	自提
康谊食品厂	精制面粉 25 千克/袋	袋	1 000	154.00	1 个月	自提
德莱鲜食品厂	糯米	千克	2 500	7.30	1 个月	自提
嘉士德食品有限公司	糯米	千克	2 500	7.65	1 个月	自提
福祥食品厂	糯米	千克	2 500	7.68	1 个月	自提
源诚食品厂	糯米	千克	2 500	7.68	1 个月	自提
鲁江食品厂	糯米粉 1 千克×18 袋	袋	250	191.00	1 个月	自提
嘉士宝食品厂	糯米粉 1 千克×18 袋	袋	250	191.60	1 个月	自提
奥奇食品厂	糯米粉 1 千克×18 袋	袋	250	192.00	1 个月	自提
翔殷食品厂	糯米粉 1 千克×18 袋	袋	250	192.00	1 个月	自提
外滩粮油杂品商店	绿豆	千克	200	14.00	1 个月	自提
汇丰粮油批发部	绿豆	千克	100	15.60	1 个月	自提
民生粮油食品商店	绿豆	千克	100	15.75	1 个月	自提
白鹤杂粮店	绿豆	千克	100	16.00	1 个月	自提
禾丰粮油食品商店	黄豆	千克	100	7.40	1 个月	自提
四川北路粮油经营部	黄豆	千克	150	7.65	1 个月	自提
四团粮油经营部	黄豆	千克	150	7.70	1 个月	自提
叶榭粮油公司	黄豆	千克	200	7.80	1 个月	自提

（2）百货类订购信息如表 9-55 所示。

表 9-55　006 单位用户百货类订购信息

求 购 单 位	品种、规格	单位	求购数量	求购单价/元	交货时间	交货时间
长风百货公司	亚光肥皂	箱	80	112.00	0.5 个月	自提
职工医院	亚光肥皂	箱	120	115.00	0.5 个月	自提
上海海员医院	亚光肥皂	箱	100	115.50	0.5 个月	自提
光明百货商店	亚光肥皂	箱	100	116.00	0.5 个月	自提
春意贸易公司	百花肥皂	箱	125	111.00	0.5 个月	自提
宝胜贸易实业公司	百花肥皂	箱	125	112.00	0.5 个月	自提
金得利实业公司	百花肥皂	箱	125	115.00	0.5 个月	自提
环沪实业公司	百花肥皂	箱	125	119.50	0.5 个月	自提
高福工贸公司	芳姿香皂 4 块/盒	盒	250	24.00	0.5 个月	自提
浦东天原百货商店	芳姿香皂 4 块/盒	盒	250	26.50	0.5 个月	自提
高通贸易经营部	芳姿香皂 4 块/盒	盒	150	27.50	0.5 个月	自提
三林贸易公司	芳姿香皂 4 块/盒	盒	150	28.00	0.5 个月	自提
上海干部培训中心	美人焦香皂 4 块/盒	盒	300	25.00	0.5 个月	自提
上海理工大学	美人焦香皂 4 块/盒	盒	300	28.00	0.5 个月	自提
上海农学院	美人焦香皂 4 块/盒	盒	200	29.00	0.5 个月	自提
上海体育学院	美人焦香皂 4 块/盒	盒	200	30.00	0.5 个月	自提
安亭师范学校	加厚花脸盆 36 厘米	个	50	14.00	0.5 个月	自提
南京邮电学校	加厚花脸盆 36 厘米	个	50	17.00	0.5 个月	自提
陈太路星星百货公司	加厚花脸盆 36 厘米	个	50	18.00	0.5 个月	自提
水丰百货公司	加厚花脸盆 36 厘米	个	50	18.50	0.5 个月	自提
上海药剂学校	加厚花脸盆 32 厘米	个	50	13.00	0.5 个月	自提
上海水产	加厚花脸盆 32 厘米	个	50	14.25	0.5 个月	自提
上海中医学校	加厚花脸盆 32 厘米	个	50	14.40	0.5 个月	自提
上海师范学校	加厚花脸盆 32 厘米	个	50	15.00	0.5 个月	自提

7）007 用户单位订购信息

（1）茶叶类订购信息如表 9-56 所示。

表 9-56　007 用户单位茶叶类订购信息

求 购 单 位	品种、规格	单位	求购数量	求购单价/元	交货时间	交货时间
黄山茶叶公司虹桥店	黄盒茉莉 227 克×100 盒/箱	箱	50	19.00	1 个月	自提
黄山茶社	黄盒茉莉 227 克×100 盒/箱	箱	50	21.00	1 个月	自提
乾源泰茶叶加工厂	黄盒茉莉 227 克×100 盒/箱	箱	50	21.00	1 个月	自提
皖南茶庄	黄盒茉莉 227 克×100 盒/箱	箱	50	22.00	1 个月	自提
群峰茶叶店	黄听茉莉 227 克×40 听/箱	箱	40	1 132.00	1 个月	自提
翠峰茶叶店	黄听茉莉 227 克×40 听/箱	箱	40	1 138.00	1 个月	自提
徽卅茶庄	黄听茉莉 227 克×40 听/箱	箱	60	1 152.00	1 个月	自提

续表

求购单位	品种、规格	单位	求购数量	求购单价/元	交货时间	交货时间
永新茶庄	黄听茉莉 227 克×40 听/箱	箱	60	1 153.00	1 个月	自提
大丰土特产食品公司	龙井茶 125 克/听	听	400	22.93	1 个月	自提
飞虹食品商店	龙井茶 125 克/听	听	400	23.20	1 个月	自提
大同南货商品商店	龙井茶 125 克/听	听	400	23.60	1 个月	自提
万有食品商店	龙井茶 125 克/听	听	400	24.20	1 个月	自提
上海第一食品有限公司	绿茶 100 克×160 听/箱	听	320	9.30	1 个月	自提
上海第二食品有限公司	绿茶 100 克×160 听/箱	听	320	9.58	1 个月	自提
万康兴食品品商店	绿茶 100 克×160 听/箱	听	320	9.80	1 个月	自提
广泰南北货店	绿茶 100 克×160 听/箱	听	320	10.00	1 个月	自提
川湘土特产商店	一枝春乌龙茶 125 克×150 盒/箱	盒	400	6.60	1 个月	自提
天天食品商店	一枝春乌龙茶 125 克×150 盒/箱	盒	400	6.80	1 个月	自提
丰盛食品商店	一枝春乌龙茶 125 克×150 盒/箱	盒	200	7.00	1 个月	自提
开阳食品商店	一枝春乌龙茶 125 克×150 盒/箱	盒	200	7.50	1 个月	自提
五昌食品商店	明前绿 7 千克×10 千克/箱	箱	40	1 163.00	1 个月	自提
云飞烟茶商店	明前绿 7 千克×10 千克/箱	箱	40	1 181.00	1 个月	自提
天乐食品商店	明前绿 7 千克×10 千克/箱	箱	40	1 188.00	1 个月	自提
快乐食品商店	明前绿 7 千克×10 千克/箱	箱	40	1 189.00	1 个月	自提
琳琳茶庄	散茉莉 6 千克/听	听	100	348.00	1 个月	自提
长江土特产商店	散茉莉 6 千克/听	听	80	352.00	1 个月	自提
长松土特产商店	散茉莉 6 千克/听	听	70	353.00	1 个月	自提
今晨土特产商店	散茉莉 6 千克/听	听	70	354.00	1 个月	自提

（2）针棉织品类订购信息如表 9-57 所示。

表 9-57　007 用户单位针棉织品类订购信息

求购单位	品种、规格	单位	求购数量	求购单价/元	交货时间	交货时间
飞人百货商店	全毛提花毛毯 1×2.5 千克	条	20	264.00	2 个月	自提
飞虹百货商店	全毛提花毛毯 1×2.5 千克	条	20	265.00	2 个月	自提
飞鹏百货商店	全毛提花毛毯 1×2.5 千克	条	20	270.00	2 个月	自提
心族商厦	全毛提花毛毯 1×2.5 千克	条	20	275.00	2 个月	自提
小世界商城	全毛提花毛毯 1×2.5 千克	条	25	259.00	2 个月	自提
丰调商城	全毛提花毛毯 1×2.5 千克	条	25	264.00	2 个月	自提
天山百货商店	全毛提花毛毯 1×2.5 千克	条	25	283.00	2 个月	自提
天天购物中心	全毛提花毛毯 1×2.5 千克	条	25	284.00	2 个月	自提
天乐商场	272A 外毛中粗毛线 1×30 千克	千克	100	77.00	2 个月	自提
天宫商场	272A 外毛中粗毛线 1×30 千克	千克	100	81.00	2 个月	自提
天都商场	272A 外毛中粗毛线 1×30 千克	千克	100	84.00	2 个月	自提
天鹅商厦	272A 外毛中粗毛线 1×30 千克	千克	100	85.00	2 个月	自提
天裕百货公司	273 纯毛毛线 1×30 千克	千克	200	83.00	2 个月	自提

续表

求购单位	品种、规格	单位	求购数量	求购单价/元	交货时间	交货时间
元芳商务中心	273 纯毛毛线 1×30 千克	千克	200	86.50	2 个月	自提
云山商场	273 纯毛毛线 1×30 千克	千克	200	87.00	2 个月	自提
云海购物中心	273 纯毛毛线 1×30 千克	千克	200	87.00	2 个月	自提
云雁商城	白毛巾毯 1×52 克/1×20 条	条	40	24.00	2 个月	自提
五星公司	白毛巾毯 1×52 克/1×20 条	条	40	24.40	2 个月	自提
五岭商场	白毛巾毯 1×52 克/1×20 条	条	40	24.70	2 个月	自提
五联商场	白毛巾毯 1×52 克/1×20 条	条	40	25.00	2 个月	自提
五湖百货公司	提格床单 133×200 厘米/1×20 条	条	80	20.00	2 个月	自提
五福商店	提格床单 133×200 厘米/1×20 条	条	80	20.60	2 个月	自提
太山商场	提格床单 133×200 厘米/1×20 条	条	80	21.00	2 个月	自提
友宁商场	提格床单 133×200 厘米/1×20 条	条	80	22.00	2 个月	自提

8）008 单位用户订购信息

（1）粮油食品类订购信息 9-58 所示。

表 9-58 008 单位用户粮油食品类订购信息

求购单位	品种、规格	单位	求购数量	求购单价/元	交货时间	交货时间
新新粮油食品商店	大米 50 千克/袋	袋	1 000	248.00	1 个月	自提
长宁粮油食品商店	大米 50 千克/袋	袋	1 000	250.00	1 个月	自提
大盈粮管所门市部	大米 50 千克/袋	袋	1 000	253.00	1 个月	自提
万大粮食商店	大米 50 千克/袋	袋	1 000	255.00	1 个月	自提
大隆粮食食品土产公司	不淘洗米 10 千克/袋	袋	2 000	58.00	1 个月	自提
长征粮油店	不淘洗米 10 千克/袋	袋	2 000	62.00	1 个月	自提
申浦粮油食品公司	不淘洗米 10 千克/袋	袋	2 000	63.00	1 个月	自提
白鹤粮油经营部	不淘洗米 10 千克/袋	袋	2 000	66.00	1 个月	自提
益民食品四厂	面粉 25 千克/袋	袋	1 000	128.00	1 个月	自提
益友食品厂	面粉 25 千克/袋	袋	1 000	130.00	1 个月	自提
海东食品厂	面粉 25 千克/袋	袋	1 000	133.00	1 个月	自提
益民食品七厂	面粉 25 千克/袋	袋	1 000	134.00	1 个月	自提
康佳食品厂	精制面粉 25 千克/袋	袋	1 000	147.00	1 个月	自提
清清食品厂	精制面粉 25 千克/袋	袋	1 000	151.00	1 个月	自提
康福食品厂	精制面粉 25 千克/袋	袋	1 000	152.00	1 个月	自提
旗丰食品有限公司	精制面粉 25 千克/袋	袋	1 000	154.00	1 个月	自提
新黎食品厂	糯米	千克	2 500	7.25	1 个月	自提
溢香食品厂	糯米	千克	2 500	7.60	1 个月	自提
新翔食品厂	糯米	千克	2 500	7.66	1 个月	自提
新海食品厂	糯米	千克	2 500	7.80	1 个月	自提
锦江食品有限公司	糯米粉 1 千克×18 袋	袋	200	191.00	1 个月	自提
新丰食品厂	糯米粉 1 千克×18 袋	袋	300	191.60	1 个月	自提

续表

求购单位	品种、规格	单位	求购数量	求购单价/元	交货时间	交货时间
蒙娜莎食品厂	糯米粉1千克×18袋	袋	250	191.70	1个月	自提
蓝港食品加工厂	糯米粉1千克×18袋	袋	250	191.90	1个月	自提
发达粮油经营部	绿豆	千克	125	14.00	1个月	自提
宁国粮油商店	绿豆	千克	125	15.60	1个月	自提
永丰粮油食品商店	绿豆	千克	125	15.70	1个月	自提
民华粮油食品商店	绿豆	千克	125	16.00	1个月	自提
宁江粮油商店	黄豆	千克	150	7.50	1个月	自提
汇原粮油食品商店	黄豆	千克	150	7.65	1个月	自提
兰村粮油经营部	黄豆	千克	200	7.67	1个月	自提
四平粮油食品公司	黄豆	千克	100	7.80	1个月	自提

（2）百货类订购信息如表9-59所示。

表9-59　008单位用户百货类订购信息

求购单位	品种、规格	单位	求购数量	求购单价/元	交货时间	交货时间
五联百货商店	亚光肥皂	箱	100	113.00	0.5个月	自提
邮电百货公司	亚光肥皂	箱	100	114.50	0.5个月	自提
宝治医院	亚光肥皂	箱	120	115.00	0.5个月	自提
中医医院	亚光肥皂	箱	80	118.00	0.5个月	自提
科苑百货商店	百花肥皂	箱	130	109.00	0.5个月	自提
上新贸易公司	百花肥皂	箱	120	114.00	0.5个月	自提
友利贸易公司	百花肥皂	箱	125	116.00	0.5个月	自提
芙蓉贸易公司	百花肥皂	箱	125	120.00	0.5个月	自提
丰茂贸易公司	芳姿香皂4块/盒	盒	150	25.00	0.5个月	自提
宝丰工贸公司	芳姿香皂4块/盒	盒	250	26.00	0.5个月	自提
剑兴贸易公司	芳姿香皂4块/盒	盒	250	27.00	0.5个月	自提
美联贸易公司	芳姿香皂4块/盒	盒	150	28.00	0.5个月	自提
亿佳百货公司	美人焦香皂4块/盒	盒	200	26.00	0.5个月	自提
华丰实业公司	美人焦香皂4块/盒	盒	200	28.00	0.5个月	自提
华尔佳贸易公司	美人焦香皂4块/盒	盒	300	29.00	0.5个月	自提
使众实业贸易公司	美人焦香皂4块/盒	盒	300	30.00	0.5个月	自提
奉顺工业学校	加厚花脸盆36厘米	个	50	15.00	0.5个月	自提
上海海运学校	加厚花脸盆36厘米	个	50	16.50	0.5个月	自提
上海市轻工业学校	加厚花脸盆36厘米	个	50	17.00	0.5个月	自提
上海市经济管理学校	加厚花脸盆36厘米	个	50	18.00	0.5个月	自提
浙江商业会计学校	加厚花脸盆32厘米	个	50	13.00	0.5个月	自提
安徽粮食学校	加厚花脸盆32厘米	个	50	14.50	0.5个月	自提
上海航空学校	加厚花脸盆32厘米	个	50	14.60	0.5个月	自提
上海银行党校	加厚花脸盆32厘米	个	50	15.00	0.5个月	自提

三、消费资料采购业务综合实训时间安排

消费资料采购业务综合实训环节建议分两次进行，粮油食品类产品采购业务综合实训与百货类产品采购业务综合实训各做一次，每次实训时间为 4 课时，为保证实训效果，建议 4 节课连排。

参 考 文 献

[1] 朱水兴. 工业企业采购与采购管理[M]. 北京：中国经济出版社，2001.
[2] 王槐林. 采购管理与库存控制[M]. 北京：中国物资出版社，2002.
[3] 魏国辰. 采购实际操作技巧[M]. 北京：中国物资出版社，2003.
[4] 孙明贵. 采购物流实务[M]. 北京：机械工业出版社，2004.
[5] 阙祖平. 商品采购管理[M]. 大连：东北财经大学出版社，2004.
[6] 秦文纲. 采购与仓储管理[M]. 杭州：浙江大学出版社，2004.
[7] 国际贸易中心（ITC 联合国贸发组织/世界贸易组织）. 如何进行商务谈判[M]. 北京：中国物资出版社，2005.
[8] 国际贸易中心（ITC 联合国贸发组织/世界贸易组织）. 如何评估与初选供应商[M]. 北京：中国物资出版社，2005.
[9] 刘中，等. 物流项目招投标管理[M]. 北京：电子工业出版社，2006.
[10] 赵继新，杨军. 采购管理[M]. 北京：高等教育出版社，2006.
[11] [英]彼得·贝利，等. 采购原理与管理[M]. 王增东，等译. 北京：电子工业出版社，2006.
[12] 稽美华. 现代采购与仓储管理[M]. 杭州：浙江大学出版社，2007.
[13] 曾益坤. 采购与仓储实务[M]. 北京：中国财政经济出版社，2007.
[14] 孙宗虎，程淑丽. 采购和供应管理流程设计与工作标准[M]. 北京：人民邮电出版社，2007.
[15] 北京中交协物流人力资源培训中心. 采购原理与战略[M]. 北京：机械工业出版社，2007.
[16] 北京中交协物流人力资源培训中心. 采购过程与合同管理[M]. 北京：机械工业出版社，2008.
[17] 张瑞夫，等. 现代采购管理实务[M]. 上海：上海交通大学出版社，2008.
[18] 张芮，伍蓓. 采购运作管理[M]. 北京：中国物资出版社，2008.
[19] 邓清华，李强. 工厂采购作业控制[M]. 北京：中国时代经济出版社，2008.
[20] 翟光明. 采购与供应商管理[M]. 北京：中国物资出版社，2009.
[21] 王志文. 物流采购管理[M]. 上海：上海交通大学出版社，2009.
[22] 赵明晓. 连锁企业商品采购[M]. 北京：清华大学出版社，2010.
[23] 韦克俭，等. 实用采购与供应链管理[M]. 北京：中国人民大学出版社，2010.
[24] 靳元，谷祥盛. 优秀采购主管工作标准[M]. 北京：中国时代经济出版社，2010.
[25] 孟祥如. 物流项目招投标管理[M]. 北京：北京大学出版社，2010.
[26] 张琼，李志君. 连锁采购实务[M]. 大连：东北财经大学出版社，2010.
[27] 吴汪友. 采购管理实务[M]. 北京：电子工业出版社，2010.
[28] 张彤，陈玉庚. 采购与供应商实务[M]. 北京：中国物资出版社，2010.
[29] 刘宝红. 采购与供应链管理[M]. 北京：机械工业出版社，2015.